Ullstein

ÜBER DAS BUCH:

Atlantis – mit diesem Namen ist die Vorstellung vom Goldenen Zeitalter der Menschheit verbunden. Immer mehr Menschen unserer Zeit entdekken seine alten Ideale: Naturmedizin, Kontakte zu anderen Bewußtseinsebenen, die Kraft des Mondes, die Wirksamkeit der Engel. Die Bewohner von Atlantis sollen als Gedankenstruktur von den Sternen gekommen sein, um sich auf der Erde in eine materielle Form zu verwandeln. Könnte dies der Grund sein, warum der Mensch das Universum erkundet? Was ändert sich für uns, wenn wir den endgültigen Beweis dafür haben, daß wir in diesem riesigen Kosmos nicht allein sind? Dazu äußern sich Philosophen, Astronomen, Theologen und Professor Jesco von Puttkamer von der NASA. Schließlich kann es jede Minute eintreten, daß SETI, das technisch aufwendigste Projekt der Amerikaner, intelligente Funksignale aus dem All empfängt. Und es wartet eines der größten archäologischen Abenteuer auf uns: die Öffnung der jüngst entdeckten Geheimtür in der Cheopspyramide. Verbirgt sich in der bislang ungeöffneten Kammer die noch immer nicht gefundene Mumie des Pharao oder eine Botschaft der untergegangenen Zivilisation von Atlantis?

DER AUTOR:

Rainer Holbe, Jahrgang 1940, begann seine Laufbahn als Journalist bei der »Frankfurter Rundschau«, ehe er für Illustrierte, Radio und Fernsehen arbeitete. Seine Show »Starparade« gehörte zwölf Jahre zu den beliebtesten Sendungen des ZDF. Neben Talk-Shows und dem Frühstücksfernsehen moderierte er bei RTL auch die Reihe »Unglaubliche Geschichten«, die bei SAT.1 als »Phantastische Phänomene« eine moderne, auf den neuesten wissenschaftlichen Stand gebrachte Fortsetzung fand. Holbe ist Autor zahlreicher Bücher zu vielfältigen Thematiken und wurde mit der »Goldenen Kamera« ausgezeichnet. Er lebt im Großherzogtum Luxemburg.

Weitere Veröffentlichungen (u. a.):
Bilder aus dem Reich der Toten (1987); *Ein Toter spielt Schach* (1988); *Zeitgeist* (1991); *In hundert Tagen um die Welt* (1992); *Blick in die Zukunft* (1994).

Rainer Holbe

Neue phantastische Phänomene

Erinnerungen an Atlantis

Ullstein

Phantastische Phänomene
Ullstein Buch Nr. 35523
im Verlag Ullstein GmbH,
Frankfurt/M – Berlin
Ursprünglich unter dem
Titel erschienen:
Erinnerungen an Atlantis

Ungekürzte Ausgabe
Mit 31 Abbildungen

Umschlagentwurf:
Vera Bauer
Unter Verwendung einer
Abbildung von Don
Landwehrle/The Image Bank

Taschenbuchausgabe mit
freundlicher Genehmigung der
F. A. Herbig Verlagsbuch-
handlung GmbH, München

Printed in Germany 1995
Druck und Verarbeitung:
Ebner Ulm
ISBN 3 548 35523 4

August 1995

Vom selben Autor
in der Reihe
der Ullstein Bücher:

Blick in die Zukunft (35425)

Bildnachweis
Pressestelle SAT.1, Berlin;
Joachim Rittstieg; Archiv des
Autors.

Wissenschaftliche Beratung
Dr. Johannes Fiebag

Die Deutsche Bibliothek –
CIP-Einheitsaufnahme

Holbe, Rainer:
Neue phantastische Phänomene :
Erinnerungen an Atlantis / Rainer
Holbe. – Ungekürzte Ausg.,
Taschenbuchausg. – Frankfurt/M ;
Berlin : Ullstein, 1995
(Ullstein-Buch ; Nr. 35523 :
Sachbuch)
ISBN 3-548-35523-4
NE: GT

Für UPUAUT –
den Öffner
der Wege

Inhalt

1 Ich grüße Dich, Sphinx!

Ein Dialog mit der Ewigkeit

Indem ich in Dein Antlitz sehe, Sphinx, erhoffe ich mir Antwort auf viele Fragen. Natürlich weiß ich, daß ich nicht der erste bin, der zu Dir in die Silberwüste gekommen ist. Wir armseligen Neugeborenen. Immer wieder glauben wir, wir wären die ersten. Doch vor uns haben schon Narren gesehen, wie die Sonne auf- und untergeht und wie der Mond seine Gestalt wechselt. Wie sie waren, sind auch wir. Nur sie waren größer als wir, denn die Pyramiden hinter Deinem Rücken stehen bis auf den heutigen Tag, während die Staubhügel, auf denen wir uns abmühten und die wir Reiche, Länder und Nationen nennen, vom Wind auseinandergeweht wurden.
Oh ja, wir haben viel gelernt, seit den Tagen, als Deine steinernen Tatzen zum ersten Mal den Staub der Wüste berührten. Wir wissen, daß hinter dem Toben der Gewitternacht kein blitzeschleudernder Dämon steht und daß die gelbe Scheibe, die sich des nachts auf unserer Netzhaut abbildet, der Trabant unserer geliebten Erde ist, mächtig und stets bereit, das Wasser der Ozeane zu bewegen. Wir haben gelernt, das Feuer zu entzünden, das uns wärmt, in den Weltraum hinausträgt, aber auch den Planeten vernichten kann. Doch wir wissen nicht, wie wir es löschen, wenn sein verzehrender Atem lodert.
Wir sind durch die Zeiten gezogen, Sphinx, auf der Suche nach den Gefilden, aus denen wir seit unserer Geburt in diese Welt verbannt sind. Auf dieser Reise zum verlorenen Paradies, dem goldenen Zeitalter der Menschheit, bin ich nun zu

Dir gekommen. Mich treibt eine Ahnung, daß Du ein Wächter sein könntest zu jenem Garten Eden. Kann sein, daß dieses geheimnisvolle Atlantis nur ein Ort unserer kollektiven Sehnsucht ist und daß niemals auch nur ein Stein davon gefunden wird. Bemerkenswert ist nur, daß wir es in unseren Köpfen bewegen und daß es in den Herzen vieler Menschen klingt wie eine Urerinnerung an eine geistige Heimat.
Sind wir nicht alle, Du, steinerne Sphinx, und ich, fleischgewordener Geist, Kinder einer fernen Erinnerung, in der wir alles wußten, lebten, träumten, erschufen und schließlich vernichteten? Atlantis ist wieder aufgetaucht als ein Panorama unserer Möglichkeiten. Unsere Physiker haben entdeckt, daß der Geist Materie schafft und Hermes Trismegistos nicht nur ein Träumer war, wenn er feststellte, daß alles auf dieser Welt eine Entsprechung hat: So wie im großen so im kleinen, so wie oben so unten.
In dieser Zeit bekennen sich viele zu ihren Begegnungen mit universeller Intelligenz, die sie Engel nennen, weil wir Namen brauchen und Begriffe. Viele meiner Zeitgenossen lassen es einfach geschehen, wenn Informationen sie erreichen, die von philosophischer Klarheit sind.
Sicher, Sphinx, gibst Du mir recht, daß wir nicht nach den Quellen solcher Botschaften forschen müssen, sondern daß die Botschaft allein wichtig ist und das, was sie in uns verändert. Ja, ich stimme Dir auch zu, daß es in diesem Sinne unwesentlich ist, ob Atlantis wirklich eine historische Wirklichkeit hat. Alles gewinnt an Realität, sobald es unser Bewußtsein erreicht.
Viele meiner Zeitgenossen erinnern sich an ihre atlantische Zeit, sprechen darüber wie von einer Reise, die sie im Sommer zu einem anderen Kontinent geführt hat. Sie erzählen dabei wundersame Dinge und setzen sich deshalb oft genug dem Spott ihrer Mitmenschen aus. Viele berichten auch von

ihren Ausflügen im Traum, in dem sie – schillernden Bewußtseinskugeln gleich – das Universum erforschen. Ein Professor lehrt seine Studenten, Träume als Signale ihrer Seele zu deuten und sich im Traum darüber klar zu werden, daß sie träumen.
Wir sind auch gerade dabei, die filigranen Zusammenhänge zwischen Geist, Seele und Körper wiederzuentdecken. Der Mensch ist der Meister seines Schicksals. Und wir bestimmen, ob wir krank oder gesund, glücklich oder unglücklich sind. Wir haben Übungen erfunden, um unser Abwehrsystem zu stärken und uns unabhängig zu machen von jeder Art Medizin. Mag sein, daß wir stolz sind auf all diese Dinge. Doch ich meine, Sphinx, daß alle Neuentdeckungen eigentlich nur verschüttete Erinnerungen sind an eine Zeit, in der vieles selbstverständlich war, was wir heute als Erkenntnis bejubeln. Mag sein, daß Atlantis seinen Platz hat im kollektiven Unbewußten des Menschengeschlechts. Auch dort, so meine ich, ist es gut aufgehoben.
Kann es sein, Sphinx, daß nur deshalb so viel Unglück auf der Welt ist, so viel Ungerechtigkeit und Krieg, so viel Lüge und Qual, weil wir Mühe haben uns zu erinnern, daß es einmal ganz anders gewesen ist? Niemand weiß, welchen Platz wir auf der Spirale der Menschheitsentwicklung gerade erreicht haben. Die Evolution ist längst nicht beendet, und vielleicht haben die Engel in diesem Buch recht, wenn sie sagen, daß es Menschenkenntnis nicht geben kann, weil es den Menschen noch nicht gibt. Er sei so groß, daß selbst sie ihn nicht sehen.
Du hast Jahrtausende unter dem Sand der Wüste verbracht, verborgen vor den Blicken ganzer Generationen. Als sie Dich ausgruben und Dein stolzes Gesicht wieder nach Osten schaute, dort, wo der Sonnengott seine tägliche Reise über den Horizont beginnt, da verbreitetest Du Furcht unter den

Menschen. Was war das für ein Ungeheuer: halb Tier, halb Mensch? Sie schossen mit Kanonen auf Dich, trafen Deine Nase und den herrlichen Bart. Aber sie konnten Dich ebensowenig vernichten wie die stolzen Pyramiden hinter Dir.

In meinem Schweigen, Sphinx, komme ich Dir nah. Ich ahne, daß es so viele Welten gibt, wie Sterne sind. Es gibt die Welt der Lebenden und die Welt der Toten, die Welt der Wissenden und die der Schlafenden, es gibt die Welt unserer Träume und die unserer Sehnsucht. Und jede Welt ist so wahr wie die Kristalle, aus denen die Sandkörner der Wüste bestehen.

Unser Weg ist der des Erkennens. Wenn wir die Zeit mit der Ewigkeit verbinden, wenn wir begreifen, daß wir sowohl Schöpfer als auch Geschöpfe sind, werden wir ein weiteres Rätsel unserer Existenz gelöst haben. Sphinx, Du schaust in das Dunkel der Geschichte, von der Du und ich ein Teil sind. Und vielleicht erblickst Du ja tief am Anfang der Zeiten das goldschimmernde Atlantis. Doch dahinter, verborgen im Nichts, erkennst Du auch unsere Zukunft. Ist es das, was Dich so schweigsam macht?

2 Abenteuer Cheops

Millionen warten auf die Öffnung der Pyramidentür

Die Reporter der größten internationalen Fernsehanstalten nehmen ihre Position ein. Sie stehen auf einem schon Wochen vorher festgelegten Platz, so daß im Hintergrund des Bildes stolz die große Pyramide von Gizeh in den Himmel ragt, das letzte der sieben antiken Weltwunder. Seit ihrem Bau beschäftigt das steinerne Grab des Cheops die Phantasie der Menschen. Napoleon soll in der Einsamkeit der Königskammer sein unabwendbares Schicksal erfahren haben, Cäsar stand hier, voller Ehrfurcht vor dem Rätsel ägyptischer Macht. Das Gebiet um die Pyramide ist weiträumig abgesperrt. Auch zum steinernen Sphinx haben die Touristen keinen Zutritt. Die Kameltreiber und Pferdevermieter, die sonst ihre internationale Kundschaft durch den Wüstensand schaukeln, sind für einen Tag arbeitslos. Sie bleiben gelassen, wissen sie doch, daß eine Sensation bevorsteht, vergleichbar der Öffnung des Grabes des Tutenchamun im Tal der Könige, aus dem 1922 der englische Archäologe Howard Carter einen bis dahin unvorstellbaren Schatz gehoben hat, der längst zum Kulturerbe der Menschheit gehört: goldene Ketten, funkelnde Edelsteine, Möbel aus den edelsten Hölzern, die Sarkophage des jungen Königs und schließlich sein eigenes, in feines Gold ziseliertes Antlitz.

Wird man heute auf ähnliche Schätze stoßen? Schließlich wurde die Mumie des Pharao bisher nicht in der nach ihm benannten Pyramide gefunden. Haben Grabräuber sie entfernt und mit ihr all die wertvollen Beigaben, die dem toten

Herrscher seine Reise ins Jenseits erleichtern sollten? Oder haben die Skeptiker recht, die immer schon behaupteten, dieses gigantische, nach mathematisch-astronomischen Grundsätzen errichtete Bauwerk sei niemals ein Grabmal gewesen und der relativ unbedeutende Pharao Cheops – er lebte von 2551 bis 2528 v.d.Z. – hätte weder mit der Konstruktion noch mit dem Errichten der Pyramide etwas zu tun gehabt?

In seinem Werk *Hitat* beschreibt der arabische Historiker Muhammad al-Makrizi (1634–1742) die »westliche Pyramide als Schatzkammer für Geräte und Bildsäulen aus kostbaren Edelsteinen, mit Glas, das sich zusammenfalten läßt, ohne zu zerbrechen, mit seltsamen Talismanen, Heilmitteln und tödlichen Giften«.

Im *Hitat* steht auch, was Mystiker aller Zeiten schon vermutet haben: Die große Pyramide ist viel älter, als es die moderne Geschichtsschreibung wissen will. Was sind schon 4500 Jahre gegenüber 70 000 Jahren, als das wohl auch heute noch perfekteste Bauwerk der Erde in den Wüstensand gesetzt worden ist, konstruiert von einer technisch und ethisch perfekten Zivilisation? Waren es die Atlantider, die einst von den Sternen kamen und ihr Wissen vor den Bedrohungen einer großen Flut auf ewige Zeiten schützen wollten? Da ist immer mal wieder von einem gewissen Henoch die Rede, der die Pyramide errichten ließ, »um die Bücher der Wissenschaft und der Erkenntnis sowie andere wertvolle Gegenstände aufzubewahren«.

Werden wir also bald mehr über die Konstrukteure, die Bauweise und über die Motive erfahren, warum dieser steinerne Gigant ausgerechnet auf dem kargen Wüstenplateau, acht Kilometer westlich des großen Vater Nil, errichtet wurde?

Die Techniker in den Übertragungswagen des Fernsehens haben inzwischen die Richtstrecken geschaltet. *Nippon TV* in Tokio, *NBC* im amerikanischen Burbank, *TF 1* in Paris und zwanzig weitere große Fernsehanstalten haben sich live diesem Ereignis zugeschaltet, das etwa 600 Millionen Menschen auf dem ganzen Erdball zu einem archäologischen Abenteuer vereint. Wochen vorher hatten Tageszeitungen und Magazine das Interesse an der großen Geschichte der alten ägyptischen Reiche geweckt. In den Kinos liefen wieder Filme wie »Kleopatra« und »Sinuhe der Ägypter«. Kommerzielle Fernsehstationen registrierten erstaunt ungewohnt hohe Einschaltquoten bei Reportagen über die versunkene Welt am Nil.

Die Schlagzeilen in den großen Boulevardzeitungen wurden von Tag zu Tag größer. Würde man die Bundeslade der Israeliten in der verborgenen Kammer finden oder das Buch der Bücher, in dem endlich die wahre Geschichte der Menschheit zu lesen wäre? Selbsternannte Experten vermuteten gar die vermißten Relikte einer außerirdischen Zivilisation, die lang herbeigesehnte Botschaft aus dem Kosmos, eine Rezeptur für die geschundene und vom Untergang bedrohte Menschheit.

Während ein internationales Team von Experten sich mit modernstem elektronisch gesteuerten Gerät der kleinen, 20 mal 20 Zentimeter im Quadrat messenden Falltür nähert, läuft noch einmal der Film von der Entdeckung der Kammer über die Bildschirme aller fünf Kontinente.

Begonnen hatte alles vor fünf Jahren, als dem Maschinenbauingenieur Rudolf Gantenbrink aus München zufällig ein Buch über die sieben Weltwunder in die Hände kommt. Fasziniert betrachtet er die Rekonstruktion des Koloß von Rhodos, liest über die hängenden Gärten von Babylon, das Mausoleum von Halikarnassos und die Pyramiden von Gizeh, die als einzige übriggeblieben waren. Die Cheops-Pyramide fesselt seine Aufmerksamkeit. Der Techniker ent-

deckt eine Menge Ungereimtheiten in den Beschreibungen, läßt sich nicht bluffen von esoterischen Aufzeichnungen über geheimnisvolle Energien. Auch der Mathematik der Cheops-Pyramide begegnet er mit Skepsis. Gantenbrink – finanziell unabhängig – stürzt sich in das größte Abenteuer seines Lebens. Er reist nach Ägypten, klettert mit den Touristen durch den engen Gang zur Königskammer und dem leeren Sarkophag, studiert die Untersuchungen eines japanischen Archäologenteams, das 1987 mit elektronischen Geräten das steinerne Monument durchleuchtete und dabei ein ganzes Labyrinth von unbekannten Korridoren und Kammern lokalisierte.
Gantenbrink reist auch nach Luxor und Theben, besucht die anderen Zeugen ägyptischer Hochkultur und ist entsetzt über deren Zustand. Eisige Wüstenwinde und eine erbarmungslose Sonne haben in Jahrtausenden weniger Schaden angerichtet als die Touristen aus aller Welt, die mit ihren qualmenden Ausflugsbussen auftauchen und durch ihre körperlichen Ausdünstungen dem weichen Gestein mit seinen kunstvollen Abbildungen im Inneren der zahlreichen Bauwerke irreparable Schäden zufügen.
Aus dem archäologischen Laien Gantenbrink wird ein *Archäotechniker,* ein Mann, der eine moderne und kostspielige Technik zur Erhaltung ägyptischer Bauwerke einsetzen möchte, die längst von den Vereinten Nationen zum Kulturerbe der Menschheit erklärt wurden.
Die ägyptische Altertumsverwaltung akzeptiert seinen Vorschlag, als erstes eine Entlüftungseinrichtung in dem für Besucher geöffneten Teil der großen Pyramide einzubauen. So wird die Luftfeuchtigkeit reduziert und der Verfall der steinernen Mauern und ihrer – meist nur noch in Fragmenten vorhandenen – unschätzbaren Bemalungen verlangsamt. Obwohl die Apparaturen geräuschlos arbeiten, haben sie be-

reits den Unwillen zahlreicher esoterisch ausgerichteter Besucher erregt, die Gantenbrink vorwerfen, mit den elektrischen Installationen die in der Pyramide einmalige Schwingung zu stören. Deshalb wird das System bisweilen abgeschaltet, hauptsächlich nach Sonnenuntergang, wenn es immer wieder kleinen Gruppen gelingt, unter Umgehung offizieller Vorschriften in das Innere der Königskammer vorzudringen. Eine halbe Stunde Meditation im steinernen Sarg können dann schon mal 1000 Mark kosten, ohne Quittung und bar auf die Hand eines Aufsehers.

Gantenbrinks Geschenk an die Ägypter – unter seiner Aufsicht angebracht – war wohl der Grund, weshalb er als Gegenleistung die Erlaubnis erhielt, einen schmalen Schacht zu erforschen, der von der Kammer der Königin in einem Winkel von 45 Grad acht Meter durch das Gestein führen sollte. Der Maschinenbauingenieur ließ sich Zeit. Akribisch konstruierte er ein kleines Raupenfahrzeug, das mit seinen Kunststoffketten sowohl am Boden als auch an der Decke Halt findet, mit Halogenscheinwerfern und einer zigarrengroßen Videokamera ausgerüstet ist und gut eine Viertelmillion Mark repräsentiert. Gantenbrink nannte das technische Wunderwerk nach dem ägyptischen Gott *Upuaut,* dessen Segen für die Expedition weit weniger wichtig war als das Wohlwollen des Deutschen Archäologischen Institutes in Kairo, das mißtrauisch die Aktionen des Nicht-Wissenschaftlers beobachtet. Gantenbrinks Aktivitäten gleichen verblüffend den Arbeiten des deutschen Kaufmanns Heinrich Schliemann, der – ebenso vermögend wie kenntnisreich – das von Homer beschriebene Troja und den gewaltigen Goldschatz des Königs Priamos ausgrub. Auch Schliemann hat sich sein Leben lang gegen die etablierten Wissenschaftler verteidigen müssen, die ihm sogar vorwarfen, die gefundenen antiken Ge-

schmeide vorher bei einem Athener Juwelier gekauft zu haben.
Inzwischen überträgt ein stationär im Erdorbit verankerter Satellit der staunenden Welt Bilder aus dem Inneren des uralten Menschheitsrätsels. Moderne Kommunikationstechnik ermöglicht es, daß nicht nur ein Kreis elitärer Wissenschaftler Zeuge eines historischen Ereignisses wird, sondern Menschen in den Bambushütten der Tropen ebenso dabei sein können wie andere in den Wolkenkratzern der großen Städte. Der Film zeigt ein bereits historisches Ereignis, aufgenommen vor fast zwei Jahren.
Langsam schiebt sich der Roboter durch den engen Kalksteinschacht. Ein Kabel verbindet ihn mit der Steuerungsanlage in der Königinnenkammer. Auf dem Monitor verfolgen Gantenbrink und seine Mitarbeiter die Fahrt des *Upuaut*. Längst ist das kleine Fahrzeug über die vermutete Länge von acht Metern hinaus. Die Halogenscheinwerfer strahlen in eine Welt, die seit der Errichtung der Pyramide noch nie ein Mensch gesehen hat. Die schwenkbare Mini-Kamera erfaßt glattpolierte Wände, zeigt kleine Unebenheiten des Bodens, feinen Sand auf der Fahrbahn aus Naturstein. Die exakte Konstruktion deutet darauf hin, daß der Gang bereits beim Bau der Pyramide eingeplant und nicht nachträglich gebaut worden sein kann. Meter für Meter kriecht *Upuaut* in die Höhe. Die Techniker geben immer mehr Kabel. 55 Meter sind bereits abgerollt. Wohin wird die Reise gehen?
Und dann die Sensation: Der Roboter stoppt nach 65 Metern. Der Weg ist versperrt, das Hindernis unüberwindbar. Die Scheinwerfer beleuchten eine Art Schiebetür, die offensichtlich von oben in den Schacht geführt wurde. Die schwenkbare Kamera erfaßt zwei Metallverstrebungen an der Steinplatte: matt glänzendes Kupfer, das erste Metall, das in der großen Pyramide jemals entdeckt worden ist.

Gantenbrink lenkt den Roboter auf die Tür zu, steuert einen Laserstrahl auf die untere Kante, der darunter verschwindet. Die Tür liegt nicht hart am Boden auf. Und noch etwas anderes entdeckt das Auge der Kamera: eine feine schwarze Staubschicht. Daraus werden britische Wissenschaftler später schließen, daß hinter der Tür ein großer Hohlraum liegen muß. Da es in dem Gang nicht den geringsten Luftzug gibt, kann der Staub nicht von außen hineingeweht sein. Stammt er aber aus dem Bereich hinter der Tür, dann ist der dort liegende Raum ziemlich groß und verfügt über eine eigene Luftzirkulation. Außerdem meint ein britischer Spezialist, daß es sich nur um organischen Staub handeln kann, also um das Verfallsprodukt von Stoffen, Pflanzen oder menschlichen Körpern.
Und noch etwas findet Rudolf Gantenbrink bemerkenswert: »Am Anfang des Schachtes ist der Kalkstein grob und kaum behauen. Im Bereich der Tür hingegen ist er glatt. Das spricht dafür, daß wir hier zumindest an einem wichtigen Punkt innerhalb der Pyramide angelangt sind.«
Ein weiteres Indiz für die sich anbahnende archäologische Sensation ist das Material der seltsamen Tür, die aus weichem Turah-Kalkstein besteht, mit dem die Ägypter vor allem ihre Grabkammern ausstatteten.
Rudolf Gantenbrink forschte weiter und entdeckte mittlerweile in einem Gang, der über der Tür und der geheimen Kammer liegt, seltsame Ausbuchtungen. Dem englischen Archäologie-Korrespondenten David Keys ist aufgefallen, daß der Höhenabstand vom Boden der Königskammer 21,5 Meter beträgt; exakt dieselbe Höhendifferenz liegt auch zwischen dem Boden der Königinnenkammer und der vermuteten neuen Kammer. Ein Hinweis auf die komplizierte mathematische Struktur der Pyramide und auf die verblüffende logistische Genialität der Erbauer.

Der Deutsche Rudolf Gantenbrink hat schon jetzt seinen Namen in das Jahrtausende alte Buch der Geschichte der großen Pyramide geschrieben. »Wir haben ein komplett neues Bauelement entdeckt und außerdem zum ersten Mal Metall«, sagt er. »Nicht nur deshalb müssen sämtliche Karten der Pyramide aufgrund unserer Untersuchungen geändert werden.«

Aus den Spekulationen um das Geheimnis der Tür hält sich der Techniker raus. Für Glaubensfragen, sagt er, sei er nicht zuständig. Dafür mutmaßt der Ägyptologe Dr. Eiddon Edwards vom Britischen Museum: »Es ist nicht anzunehmen, daß eine steinerne Tür nur einen Eingang blockiert, wenn nichts dahinter ist.«

Doch Gantenbrink erfährt auch, was seinem Landsmann Heinrich Schliemann hundert Jahre vorher geschehen ist: die totale Ablehnung durch die etablierte deutsche archäologische Wissenschaft, die Arroganz von Ägyptologen, die der Direktor des Deutschen Archäologischen Institutes in Kairo in dem Satz zusammenfaßt: »Es gibt keine Kammer hinter der Tür.« Und ein Mitarbeiter ergänzt: »Es ist alles nur Einbildung.«

Trotzdem haben sich etwa zwanzig Fernsehstationen entschlossen, ihren Millionen Zuschauern den großen Moment zu ermöglichen: einen Blick hinter den Vorhang einer Jahrtausende alten Geschichte.

3 Der große Augenblick

Ein Geheimnis wird enträtselt

»Jeden Tag, oft bis in die späte Nacht hinein, hat das *Upuaut*-Team in und an der großen Pyramide gearbeitet«, sagt der Reporter. »Im Frühjahr erkundete der Miniroboter den bisher noch unerforschten Nordschacht und zeichnete sensationelle Bilder auf. Inzwischen wissen wir, daß bei früheren Exkursionen auch Werkzeuge aus der Entstehungsgeschichte dieses Monumentes gefunden wurden, die wir Ihnen später zeigen werden: eine Steinkugel, die offensichtlich als Lot verwendet wurde und eine kupferne Zange, mit der man wahrscheinlich die Kiefer von Mumien öffnete. Eine Sensation!«

Das Plateau von Gizeh ist für diese Stunden zum Zentrum der Welt geworden. Japaner und Amerikaner, Russen und Polynesier, sie alle spüren die historische Bedeutung, fühlen sich als Bewohner des Planeten, der eines seiner Geheimnisse preisgeben wird. Haben die frühen Konstrukteure der Pyramide diesen Moment erwartet, an dem sich die Menschen – verbunden durch eine Kette von im Weltraum stationierter Satelliten – zum ersten Mal als *Menschheit* fühlen können? Haben wir die Botschaft verstanden, daß dieses steinerne Bauwerk Zeugnis ablegt für die kosmische Intelligenz seiner Konstrukteure?

In der deutschen Fernsehzentrale läuft der Film über die mathematisch-astronomische Ausrichtung der Cheops-Pyramide über die *MAZ*-Maschinen. Computerinformationen machen deutlich, was bisher nur nüchterne Zahlen wa-

ren: 146,6 Meter ist sie einst hoch gewesen, eine Zahl, die der Entfernung Erde–Sonne in Millionen Kilometern entspricht. Ihre durch die doppelte Zahl der Höhe dividierte Grundfläche ergibt die berühmte Zahl Pi gleich 3,1416.
Auf dem Bildschirm erscheint die große blaue Kugel – die Erde –, vom Mond aus fotografiert. Die Kamera macht eine imaginäre Reise, nähert sich dem Globus, durchstößt eine zart-weiße Wolkendecke. Die Zuschauer sehen das Mittelmeer, die Umrisse Nordafrikas. Verblüfft erkennen sie, daß der Standort der Pyramide genau im Schwerpunkt der Kontinente liegt. Der durch sie laufende Meridian teilt die Ozeane und Landmassen des Planeten in zwei gleich große Teile und ist außerdem der längste über Land führende Nord-Süd-Meridian. Doch es wird noch aufregender: Vom Standort der Pyramide ist es genauso weit zum Nordpol wie zum Mittelpunkt der Erde. Die beiden Abstände sind absolut identisch.
Woher kannten die Erbauer der Pyramide den Umfang des Planeten Erde, gemessen am Äquator: 40 076,592 Kilometer? Maßstabsgerecht entspricht er dem Umfang des Steinkolosses in der Wüste. Daß die Spitze der Pyramide für den Nordpol steht und der Umfang für den Äquator und daß auch diese beiden Punkte maßstabsgetreu voneinander entfernt sind, gehört zu den weiteren mathematischen und geometrischen Besonderheiten.
»Die Pyramide ist eine riesige Sonnenuhr«, sagt der Kommentator. »Die von ihr von Oktober bis März geworfenen Schatten zeigen die Jahreszeiten und die Länge des Jahres an. Die Länge der Steinplatten, welche die Pyramide umgeben, entspricht der Schattenlänge eines Tages.«
Inzwischen hat das *Upuaut*-Team den für das Anheben der Tür konstruierten Apparat positioniert. Ursprünglich war vorgesehen, die Falltür von der südlichen Außenwand der

Pyramide durch den mit Geröll verstopften Schacht freizulegen. Gantenbrink und seine Mitarbeiter hatten zur Inspektion eine halsbrecherische Kletterpartie gewagt, einer alpinen Exkursion nicht unähnlich. Nach langen Beratungen entschied man sich dann doch für die andere Möglichkeit. Der Perfektionist Gantenbrink überläßt nichts dem Zufall. Natürlich muß eine Aktion funktionieren, die gewissermaßen vor den Augen der Weltöffentlichkeit stattfindet. Monate an Vorbereitungszeit waren nötig, um die Arbeitsgänge so zu planen, daß keine Schäden an dem kostbaren Bauwerk auftreten. Niemals war schweres Gerät eingesetzt worden, genauso wie damals, als dieses mysteriöse Werk begonnen wurde. Spuren von Hämmern, Äxten und Keilen sind bisher an keinem der 2,3 Millionen Kalksteinblöcke entdeckt worden, die millimetergenau aneinandergefügt, die Masse der Pyramide ausmachen. Welche Energie bewegte jeden dieser Steine, der ein durchschnittliches Gewicht hat von 2,5 Tonnen? Das größte Bauwerk der Erde ist so gigantisch, daß sowohl Londons Westminster-Abtei mit der St.-Pauls-Kathedrale oder die Dome von Florenz und Mailand und schließlich die Peterskirche darin Platz fänden.
»Was sagen Sie denn Ihren Besuchern, wer die Pyramide gebaut hat und wie alt sie ist?« fragt der Reporter einen ägyptischen Fremdenführer, der sich malerisch vor ein Kamel postiert hat, das rhythmisch den Kiefer bewegt.
»Nun, meine Auskünfte entsprechen denen der ägyptischen Altertumsforschung«, sagt der Mann. »Danach wurde die Pyramide als Grabmal für den Pharao Khufu – griechisch Cheops – gebaut, der von 2551 bis 2528 vor Christus regiert hat. 100 000 Sklaven haben damals mit extra dafür konstruierten Hebevorrichtungen die Steine aufeinander geschichtet. Dazu brauchten sie fast dreißig Jahre.«
So einfach war das also. Heutige Ägyptologen verlassen sich

bei ihrer Darstellung noch immer weitgehend auf die Berichte des griechischen Historikers Herodot, der einst vor Ort recherchierte, nur leider 2000 Jahre nach der Regierungszeit des alten Cheops. Ägyptische Priester hatten ihm die Entstehungsgeschichte erzählt, und es ist doch recht erstaunlich, welche Glaubwürdigkeit sie noch heute besitzen.
Selbst arabische Archäologen ignorieren die Aufzeichnungen ihres Glaubensbruders Masaudi aus dem 10. Jahrhundert, wonach Surid, einer der ersten Könige von Ägypten, die beiden größeren Pyramiden auf dem Gizeh-Plateau vor der großen Sintflut bauen ließ, um das gesamte arithmetische und geometrische Wissen seiner Zeit festzuhalten. Noch im 16. Jahrhundert verwies der arabische Historiker Abu Sai'id el Bachi auf eine Inschrift an der damals noch erhaltenen Außenwand der Pyramide. Dort war als Zeitpunkt der Erbauung ein astronomischer Hinweis angebracht, der auf das Sternbild Lyra im Zeichen des Krebses deutet, einer Konstellation, die vor 73 000 Jahren aufgetreten ist.
In der vom Fernsehen ausgerichteten Experten-Runde ging es hoch her. Besonders die deutschen Ägyptologen bestanden auf den »bisher gesicherten Ergebnissen jahrzehntelanger Altertumsforschung«. Alles andere sei pure Spekulation und fern jeder etablierten Wissenschaft. Spannend wurde es, als ein vom japanischen Fernsehen produzierter Beitrag über die in den Jahren 1987 und 1988 veranstaltete Suche nach verborgenen Kammern in der Pyramide eingespielt wurde. Französische und japanische Ingenieure hatten Meßinstrumente zur Überprüfung der Schwerkraft ebenso eingesetzt wie moderne Radargeräte, um hinter den dicken Mauern verborgene Objekte zu orten.
In ihrem Abschlußbericht der Waseda-Universität stellten die Wissenschaftler fest, daß es unter dem Sphinx einen Hohlraum geben muß, von dem ein noch unerforschter Gang zur

Cheops-Pyramide führt, und daß sie hinter dem Königinnen-Gang mehrere Hohlräume von bisher unbekannter Größe vermuten. Mit ihren Geräten hatten sie außerdem einen Raum geortet, »der mit Sand gefüllt ist, in dem mehrere unbekannte Gegenstände enthalten sind. Diese Kammer setzt sich noch unter der Pyramide fort.«

»Die Menschheit braucht ihre Mythen und Geheimnisse«, sagte der Leiter der Fernsehdiskussion. »Und eigentlich bin ich ein bißchen traurig, daß heute eines dieser Rätsel entschlüsselt wird. Was werden wir dabei finden? Vielleicht den berühmten Stein der Weisen?«

»Mit Sicherheit nicht«, sagte ein Berliner Historiker. »Schon deshalb nicht, weil es ihn nicht gibt.«

»Eine klare Aussage der etablierten Wissenschaft«, spottete der Philosoph, der aus Prag eingeflogen war. »Es gibt eben nichts, was es nicht geben darf.«

»Doch was ist mit den angeblich geheimnisvollen Kräften, die sich im Zentrum der Pyramide befinden?« wollte der Moderator wissen.

»Alles Humbug«, entgegnete der Historiker. »Auch da ist nichts bewiesen.«

»Experimente haben offenbar ergeben, daß maßstabsgerecht nach dem Vorbild der Cheops-Pyramide errichtete Gebilde seltsame Wirkungen zeigen«, sagte der Moderator. Ein in der Runde anwesender Philologe, der sich zu den New-Age-Ideen kalifornischer Esoterik-Schulen bekannte, berichtete daraufhin von Experimenten, die mit den noch unbekannten Pyramidenkräften gemacht worden seien.

»Pflanzen sind besonders gut gewachsen, verschmutztes Wasser wurde wieder rein, Nahrungsmittel verfeinerten sich und stumpf gewordene Rasierklingen wurden auf wunderbare Weise wieder scharf«, berichtete der Mann. »Wir mit unseren Pyramidenmodellen aus Holz und Plastik haben hochinteressante Dinge entdeckt, sind aber auch auf völlig Unerklärliches gestoßen: Eine Pflanze ändert plötzlich ihr Verhalten, magnetisches Metall kehrt seine Polarität um, eine Milchprobe wird zu Joghurt, eine andere trocknet einfach ein, ein Kompaß über der Pyramidenspitze schwingt an einem Tag hin und her, am nächsten rührt er sich nicht vom Fleck. Wir können zwar von unseren Pyramiden wahrheitsgemäß berichten, daß da in ihrem Inneren etwas vor sich geht, was außerhalb von ihnen nicht geschieht, aber wir können nie ganz genau sagen, was dieses ›Etwas‹ ist.«

»Irgendwo in der Geschichte der Pyramidenforschung muß es einen roten Faden geben, eine Moral.« Der Philosoph strich sich durchs Haar. »Nehmen wir einmal an, daß die Erbauer der großen Pyramide ein wertvolles Wissen besaßen und ihre Informationen dort einmauerten. Warum haben sie sich dann so große Mühe gegeben, dieses Wissen zu verbergen?

Taten sie es aus dem gleichen Grund wie jemand, der Informationen deshalb zurückhält, weil er nicht sicher ist, ob sie der Empfänger versteht? Die großen Religionsstifter haben ihre Botschaften stets auf zwei Verstandesebenen verkündet, auf der für Außenstehende und auf der für Eingeweihte.«

»Sind die möglichen Botschaften der Cheops-Pyramide wirklich so vielschichtig, daß sich ihr Wahrheitsgehalt erst erschließt, wenn die Empfänger auf einem entsprechenden geistig-intellektuellen Niveau angelangt sind?« wollte der Moderator wissen.

»Dann werden wir noch lange warten müssen«, spöttelte der New-Age-Mann.

Der Philosoph ließ sich nicht beirren.

»In den Geheimschulen des Altertums verfuhr man jedenfalls nach dieser Methode, und die ersten Bewohner des späteren Ägypten waren offenbar Pioniere auf diesem Gebiet. Sie

müssen irgendwie gewußt haben, daß der Mensch Jahrhunderte braucht, bis er wieder gelernt hat, mit dem Wissen umzugehen, das in der Pyramide schlummert.«
Die einzige Frau in der Runde – eine Kunsthistorikerin – meldete sich zu Wort. Souverän vertrat sie die Idee, daß es sich bei der Cheops-Pyramide unmöglich um das Grabmal eines Pharaos handeln könne. »Hier ist ein Wissen in Stein gegossen, das allen Erdbeben und Strömungen der Zeiten standhalten konnte, Hammer und Meißel trotzend, Radar und Laserstrahl widerstehend und in stoischer Ruhe darauf wartend, daß der Mensch wieder selbst zum Schlüssel wird, der die Türen öffnen kann.«
»Gäbe es einen besseren Wächter vor den Portalen des Wissens als den Sphinx, diese sonderbare Mischung aus Tier, Mensch und Gott, lächelnd über des Menschen Ratlosigkeit, der sich den Zugang selbst versperrt?« ergänzte der Philosoph.
»Wunschgedanken«, ereiferte sich der Historiker. »Sie deuten in diesen riesigen Steinhaufen Dinge hinein, die es nur in Ihrer zweifellos blühenden Phantasie gibt.«
»Und doch werden Sie zugeben müssen, daß die Mystiker aller Zeiten immer wieder zum Symbol der Pyramide zurückkehrten. Sie verkörpert in alten Schulen den Gang der menschlichen Seele auf ihrer Wanderung durch die Welt von der Einheit, der Pyramidenspitze, in die Vielfalt, dem Pyramidensockel. Jetzt scheint sich ein Wandel anzukündigen, und es geht von der Vielfalt zurück in die Einheit«, antwortete der Philologe.
In diesem Moment startete die Regie den Einspielfilm über den Pyramidengürtel, der auf wunderbare Weise um die Erde gelegt ist, mit der Cheops-Pyramide als Ausgangspunkt. Tatsächlich liegt sie mit nur $1/60$ Grad Abweichung exakt auf dem 30. Breitengrad. Die benachbarte Chephren-Pyramide

weicht sogar nur 13/3600 Grad nach Süden davon ab. Unweit davon die Mykerinos-Pyramide und die von Sakkara, die wenig exakt in Stufenform angelegt ist und auch keine Hohlräume enthält. Überhaupt bauten Ägyptens Pharaonen früher kleine Kopien der Gizeh-Pyramiden, oft dilettantisch, aus Lehmziegeln nach.
Pyramiden unterschiedlicher Größe gibt es auf allen Kontinenten. Oft waren sie der astronomisch angelegte Mittelpunkt großer Städte wie im späteren Mexiko, in Peru oder in den feuchtheißen Dschungeln des jetzigen Guatemala. Teotihuacan nannten die Azteken eine Stadt, die vor 2100 Jahren im gerodeten Urwald errichtet wurde, von 200 000 Menschen bewohnt und von der Sonnenpyramide gekrönt, die auf einer Fläche von 220 mal 225 Metern eine Höhe von 63 Metern erreichte. In der chinesischen Provinz Shaanxi soll sich mit gut 300 Metern die größte Pyramide der Welt befinden. In seinem Buch »Die weiße Pyramide« (Herbig-Verlag) zitiert Hartwig Hausdorf zahlreiche Aufzeichnungen von China-Reisenden über Riesen-Pyramiden, die in der westlichen Welt bislang unbekannt sind. Es gibt das Protokoll des amerikanischen Aufklärungsfliegers James Gaussmann: »Direkt unter uns lag eine gigantische weiße Pyramide ... Das Bemerkenswerte war die Spitze: ein großes Stück edelsteinähnliches Material.«
Tempelartige Aufbauten soll es auf weiteren chinesischen Pyramidenspitzen geben, so westlich von Xian, wo mehrere große Pyramiden stehen.
Die meisten der im irdischen Pyramidengürtel befindlichen Bauwerke sind nicht unbedingt als von Menschenhand konstruierte Gebilde zu erkennen. Die Natur hat viele von ihnen inzwischen zu bizarren Hügeln geformt, die mit Gräsern und Bäumen bewachsen sind. Nördlich des prähistorischen Monumentes von Stonehenge liegt Silbury Hill, ein mysteriöser

Kulthügel, auf den ein spiralförmiger Weg führt. Ähnliche Monumente gibt es in Australien, in Europa und natürlich auf den beiden Teilen des amerikanischen Kontinents.
Erst mit der modernen Tauchtechnik und der parallel dazu entwickelten Unterwasserfotografie gelang es, pyramidenähnliche Formen auch unter der Oberfläche der Ozeane aufzuspüren. Dr. Manson Valentine, der Leiter einer französischen Tauchexpedition, entdeckte 1978 südlich von Florida 400 Meter tief auf dem Meeresgrund eine riesige Pyramide, deren Blöcke von Hand geschnitten sind. 1981 wurde eine unterseeische Pyramidenstadt im Golf von Mexiko entdeckt, und ein paar Jahre davor konnte Professor Ray Brown von der Spitze einer im Meer verborgenen Pyramide eine Kristallkugel bergen, die bereits mehrfach in seiner Universität von Mesa in Arizona öffentlich ausgestellt wurde.
Hier endete der eingespielte Film.
»Sind alle diese Pyramiden rund um unseren Erdball Hinweise auf eine frühe, uns bisher unbekannte menschliche Zivilisation? Oder müssen wir hier den Präastronautik-Experten eine Tür öffnen, die immer wieder von Besuchern einer außerirdischen Zivilisation sprechen?«
Der Moderator sprach ein Reizthema an. Sofort schlug der Historiker mit gespieltem Entsetzen die Hände vors Gesicht.
»Das darf doch alles nicht wahr sein«, stöhnte er.
»Die exakte mathematisch-astronomische Ausrichtung deutet jedenfalls auf eine Intelligenz, die man unseren auf den Bäumen hockenden Vorfahren gemeinhin abspricht«, äußerte sich der Astrophysiker in der Runde. Er hatte seine Lebensarbeit darauf ausgerichtet, alte Mythen durch die Erkenntnisse moderner Physik und Bewußtseinsforschung als frühe Wahrheiten zu dokumentieren. »Alles deutet darauf hin, daß die drei Pyramiden im heutigen Gizeh Orientierungspunkte für frühe Raumfahrer waren, die Landeplätze

im heutigen Memphis oder in Jerusalem erreichen wollten. Wir wissen, daß die Spitzen der drei Gizeh-Pyramiden in altägyptischer Zeit mit einer Mischung aus Gold und Silber überzogen waren, den sogenannten *Benbenets,* die in der Sonne weithin sichtbar leuchteten. Ideale Markierungspunkte für eine frühe Raumfahrt.«

»Da gibt es doch auch die berühmte Karte des osmanischen Kapitäns Piri Reis, die dieser 1513 nach alten Vorlagen gezeichnet hat und die sowohl die Küsten Europas in unglaublicher Präzision zeigt wie auch Mittel- und Südamerika einschließlich der Anden, die doch erst 1530 von Pizzaro entdeckt wurden«, ergänzte der New-Age-Mann.

»Die Sensation aber war die von Feuerland bis zur Antarktis eingezeichnete Landbrücke«, ereiferte sich der Astrophysiker. »Sie liegt nämlich schon seit 11 000 Jahren unter dem Meer. Woher konnte der türkische Seemann von ihrer Existenz wissen? Erst geophysikalische Messungen aus den fünfziger Jahren bewiesen: Die Piri-Reis-Karte ist von unglaublicher Genauigkeit.«

»Aber was hat das alles mit der Pyramide zu tun?« fragte der Moderator.

»Das will ich Ihnen gerne sagen«, antwortete der Gefragte und räkelte sich selbstbewußt in seinem Sessel. »So exakt die Angaben der Piri-Reis-Karte auch sind, fällt doch eine gewisse Verzerrung auf, die den Eindruck erweckt, als sei das Original aus großer Höhe aufgenommen worden. Man verglich sie mit modernen Karten, die aufgrund von Aufnahmen aus dem Weltall hergestellt wurden, und kam zu einem erstaunlichen Ergebnis. Die Karte des alten Seemanns zeigt die Welt so, wie sie von einem Satelliten gesehen wird, der hoch über Kairo schwebt. Mit anderen Worten: über der großen Pyramide.«

»Es gibt neuerdings sogar Überlegungen, ob nicht Christoph

Kolumbus mit einer Kopie der Piri-Reis-Karte aufgebrochen ist«, meldete sich der New-Age-Mann noch einmal zu Wort. »Notizen in seinem Schiffstagebuch bestätigen, daß er über Angaben verfügte, die auf die Ostküste Amerikas hinweisen. Ich kann auf Wunsch gerne daraus zitieren.«

An dieser Stelle brach der Moderator das Gespräch ab. Auf den überdimensionalen Bildschirm im Hintergrund wird wieder das Bild von Gizeh geschaltet, Tausende von Kilometern vom Studio entfernt. Der Reporter ist sichtbar aufgeregt.

»Wir hören gerade vom Team, daß die Öffnung der Kammer kurz bevorsteht. Der Miniroboter des *Upuaut*-Projektes ist seit Tagen schon vor Ort und zeigt noch immer die Tür mit den Kupferbeschlägen, das einzige Metall, das bisher in der Pyramide gefunden wurde. Ist der große Augenblick gekommen?«

Auf den Fernsehschirmen der Welt, auf diesen bläulich schimmernden Zauberspiegeln des 20. Jahrhunderts, erscheint ein atemberaubender Blick über das Pyramidenfeld von Gizeh mit den Monumenten des Cheops, Chephren und Mykerinos. Die im Westen sich langsam senkende Sonne wirft ein rötliches Licht über das Plateau. Die an einem Kran angebrachte automatische Kamera schwenkt nach Nordosten und zeigt die größte Stadt Afrikas im Dunst von Autoabgasen und Industrieschwaden. Silbern reflektiert der Nil den sich langsam neigenden Tag. Der Bildregisseur im Übertragungswagen schaltet auf die Kamera im Hubschrauber, der die Pyramiden überfliegt. Winzig wirkt in dieser Einstellung der gigantische Park an technischen Fahrzeugen und Satellitenschüsseln neben der Großartigkeit der Pyramide. Dann erscheint das vertraute Gesicht des Projektleiters. Er wirkt ruhig und selbstbewußt, so als wolle er niemandem zeigen, daß es für ihn der Höhepunkt seines Lebens werden wird, das Ziel jahrelanger konzentrierter Arbeit.

»Wir haben jetzt die Greifer unserer Maschine unter der Tür positioniert und werden in wenigen Sekunden den Kompressor einschalten, mit dessen Hilfe der quadratische Stein angehoben werden soll.«
Der Mann spricht englisch, aber die Simultanübersetzer in den angeschlossenen Sendezentralen sind schnelle Leute. Zeitgleich übertragen sie jedes seiner Worte in die jeweilige Landessprache. Auf dem chinesischen Festland und den japanischen Inseln, von Grönland bis Feuerland konzentrieren sich die Menschen auf ein Ereignis, das weit hinausreicht in die Zeit, das ihre gemeinsamen Wurzeln berührt und an die Grenzen kosmischen Denkens führt.
»Die Tür bewegt sich«, sagt der Projektleiter. »Wir werden sie jetzt auf jeden Fall öffnen. Die Geschwindigkeit wird von einem Computer kontrolliert, so daß auch der geringste Widerstand registriert wird und das Unternehmen stoppt, um die Pyramide nicht zu beschädigen.«
Der Projektleiter atmet kräftig durch. In Computersimulationen war der Vorgang Hunderte von Malen variiert worden. Jetzt war aus dem Spiel Ernst geworden. Keine Probe hatte es geben können; historische Ereignisse haben ihre eigene Dramaturgie. Die Fernsehbilder zeigen die Steuerzentrale am Ausgang des Südschachtes. Hier wird der Miniroboter mit der schwenkbaren Kamera bedient, hier befindet sich aber auch die Fernsteuerung für die hydraulische Hebevorrichtung an der Pyramidentür. Beide Geräte werden manuell über ein Glasfaserkabel gesteuert. Auf dem Monitor ist das Bild unverändert: die kleine quadratische Tür mit den kupfernen Beschlägen.
In der Ü-Wagen-Regie schaltet der Bildmischer auf eine Totale: Langsam senkt sich die Sonnenscheibe zwischen die Pyramiden. Für Ra, den Herrn der Erde und des Himmels, geht eine Tagesreise zu Ende. Ihm dankte man einst für rei-

che Ernten und glorreiche Siege. Ihm galt die Verehrung als Schöpfer des Lebens und Herr über die Finsternis.
Die Kommentatoren schweigen, um die Klänge von Beethovens Neunter Symphonie nicht zu unterbrechen, die vom Ü-Wagen eingespielt wird. Zeit für die internationalen Fernsehanstalten, den letzten Werbeblock einzublenden. Schon ein Jahr vorher waren die Sendezeiten gebucht worden, für Rekordsummen und ein Millionenpublikum.
In Los Angeles registriert die Polizei kaum Autoverkehr um diese Zeit, auch in Hamburg und London sind die Straßen weit weniger befahren als sonst. In Paris ist das Stimmengewirr in den Bistros nahezu verstummt. Der Fernsehapparat – seit Jahren weniger beachtet – gewinnt seine alte Wertigkeit zurück. Wie in den Frühzeiten der Television widmet man ihm die ganze Aufmerksamkeit.
»Wir geben ab nach Kairo«, sagt der Studioregisseur von *NBC*. Auch die anderen TV-Stationen des Globus blenden sich wieder ein. Der Projektleiter erscheint in Großaufnahme. Nach kurzem Zögern sagt er nur ein einziges Wort: »Go!«
Sofort kommt Bewegung in die hydraulisch gesteuerten Stahlarme, die langsam und vorsichtig die vom Sturm der Zeiten bisher unangetastete Kalksteintür nach oben drücken. Im Übertragungswagen hat der Regisseur längst auf den *Upuaut*-Roboter geschaltet, dessen eingebaute Kamera zum Auge für die Menschheit wird: Millimeterweise hebt sich die Tür. Unendlich behutsam stemmt moderne Technik das steinerne Fragment nach oben, in den Schacht hinein, der vorher mühsam von Geröll befreit worden war. Zentimeter um Zentimeter erschließt sich der Welt ein Geheimnis, das Jahrtausende im kalten Gestein der Pyramide verschlossen war, umgeben und beschützt von der Einsamkeit der schweigenden Wüste ...

4 Prophezeiungen in Stein

Ein großer Tag in der Wüste

Nichts auf diesem Planeten hat einen so heißen, mächtigen Atem wie der Wind aus der Wüste. Heulend bricht er aus ihrem Inneren, fegt den fauligen Dunst der Nilsümpfe hinweg, wo er den trägen Feluken in die Segel fährt. Der Wind der Wüste bäumt sich auf und brüllt wie ein Tier, reißt alles mit sich fort, die Menschen genauso wie ihre Träume. Doch es gibt einen Zauber, der sein Wüten zähmt, seine Flügel erlahmt und seine Macht bändigt.

Zarter Weihrauch steigt aus den goldenen Kesseln auf, die weißgekleidete Priester rund um die Pyramide aufgestellt haben: Zögernd erst, dann immer mutiger stellt sich das Schwache gegen das Starke, mischen sich betäubende Wirbel in das Mahlen des Windes. Erstaunt erst, dann zögernd willigt er ein, unterwirft sich der Wollust des Duftes, bis Frieden herrscht zwischen den Elementen.

Die Zeit ist gekommen, die alle Zeiten in sich vereint. Es gibt keine Vergangenheit und keine Zukunft, nur einen einzigen großen Moment. Siebenmal hatte sich Ra dort unten im Osten über dem Fluß erhoben, war über das goldene Land gewandert und schließlich im Westen als feurige Kugel zersplittert. Ehrfurchtsvoll lagen die Menschen im Staub, um sich zu erheben zu einem Gesang, der lauter war als das Brausen des Meeres und die Stimmen der Vulkane.

Das Werk war vollbracht, die Ewigkeit hatte ihre steinerne Form gefunden. Mit den Kräften der Natur, die Eisen

schwimmen lassen und Stein schweben, war der Plan erfüllt: die Pyramide der Aufzeichnungen.
Hept-suht würde gemeinsam mit Ra Ta, Isis und Araaraart die Versiegelung vornehmen. Tief im Inneren des heiligen Tempels sollten die Erinnerungen an Atlantis und Poseidia aufbewahrt werden, das Wissen des Kosmos Jahrtausende überdauern, um einst in Weisheit verwandelt zu werden. Bis dahin würde sich die Pyramide den Unwissenden verschließen, würden ihre steinernen Wächter den Ansturm der Barbaren genauso zurückweisen wie das Verlangen falscher Propheten. Doch das Erbe der atlantischen Epoche sollte nicht nur in den geheimen Kammern deponiert werden, die ganze Pyramide würde eine Botschaft sein für jene, die Himmel und Erde, das Sichtbare und das Unsichtbare, das erhabene Große und das majestätische Kleine als Einheit erkennen.
Die klobigen Quader aus den Steinbrüchen am Nil waren aufgetürmt, um die Mechanik des Universums zu enthüllen, auf das Geheimnis der Sterne zu zeigen und das große Rätsel der Zeit. Es würden Menschen kommen, die im Staub der Wüste einen gigantischen Berg aus groben Steinen sehen, zusammengetragen neben zwei anderen wirren Hügeln. Manche würden diese Gebirge ersteigen, steinerne Platten entfernen und zum Bau ihrer eigenen Häuser unten am Fluß verwenden. Eroberer würden kommen, die ihren Gelehrten befehlen, das Gestein zu vermessen, zu katalogisieren und seinen Sinn zu erfahren. Und so wird dieser Atlas aus Formeln und Zahlen zögernd beginnen, die Legende der universellen Intelligenz zu erzählen.
Das Wissen aus Atlantis würde ein armseliges Bauernvolk am Nil zu einer bewunderten vieltausendjährigen Kultur erküren, würde ihre Priester und Pharaonen in unsterbliche Heroen verwandeln, verehrt und bewundert über Generationen.

Ra steht im Zenit, genau über der Spitze der großen Pyramide. Die Musik der vielen Orchester auf dem weiten Plateau steigert sich zu einer einzigen großen Melodie. Die Gestalt in ihrem weißen, golddurchwirkten Gewand entsteigt dem Dunkel des Monuments. Hermes – den die ägyptischen Priester als ihren Gott Thot verehren werden – versiegelt die Kammern, legt das Erbe seines Volkes in den Schoß der Zeit. Ein Quader verschließt den Eingang; leicht und mühelos war er von den heiligen Männern an diese Stelle gebracht worden.

Hept-suht beginnt unter den Blicken der versammelten Völker, die Pyramide zu erklimmen. Doch jener würde lügen, der ihn das Monument hätte hinaufsteigen sehen. Hept-suht schwebt, kümmert sich nicht um das Gesetz der Schwerkraft, so wie man alle Gesetze wird ändern müssen, um dem kosmischen Willen zu genügen, der Veränderung bedeutet. Nichts steht still, weder die Gedanken der Menschen noch die majestätischen Spitzen der Berge. Stillstand bedeutet Tod, ein Zustand, der nicht vorgesehen ist im Wirken des Alls.

Hept-suht hat die Spitze der Pyramide erreicht und berührt nun jenes kugelförmige, schimmernde Gebilde aus goldfarbenem Metall. Keiner von den Tausenden, die dort unten im Sand diesen Klang fühlen, der sie vereint, mit allem was ist, wird ihn jemals beschreiben können. Niemals wieder wird eine solche Musik den Planeten zum Schwingen bringen, werden Menschen das Mirakel erfahren.

So mag es gewesen sein, folgt man den Aussagen sogenannter Medien, die immer wieder – in Trance versunken – von Atlantis berichten. Merkwürdige Übereinstimmungen enthalten sowohl die Berichte des amerikanischen Sehers Edgar Cayce (1877–1945) mit den Aussagen der Okkultistin Helena Petrowna Blavatsky (1831–1891) und des Anthroposophen Rudolf Steiner (1861–1925) zur Errichtung und Bedeutung der Großen Pyramide. Da ist von jenen Kräften der Natur die Rede, »die Eisen schwimmen lassen und Steine schweben«, da wird von dem »kegelförmigen Gebilde aus Metall oder Messing« auf ihrer Spitze und unisono vom »Aufbewahrungsort alten atlantidischen Wissens« gesprochen.

Edgar Cayce – der schlafende Prophet – war vor allem als Heiler tätig. In seinen *Readings* sprach er jedoch nicht nur über medizinische Fragen, sondern machte auch Voraussagen für die Zukunft der Menschheit, über die Strukturen von Atlantis und dessen Untergang in einer Katastrophe, deren Hauptursachen er im Verfall moralischer Werte und dem daraus resultierenden Mißbrauch einer hochentwickelten Technik sah. Für das verbleibende Jahrhundert – er starb 1945 – sah er die bevorstehende Demokratisierung Chinas ebenso voraus, wie er in einem Rußland jenseits des Kommunismus die Hoffnung der Menschheit erblickte. Wenn er recht behält, stehen undenkbare geographische Änderungen bevor: Los Angeles, San Francisco und New York, große Teile Japans und Nordeuropas verschwinden von der Landkarte. Atlantis aber soll aus den Fluten des Ozeans erneut aufsteigen. Als letzten Termin für seine Prophezeiungen nannte Cayce das Jahr 1998. Auch er sah in der Großen Pyramide von Gizeh einen steinernen Kalender der Menschheit und ihrer Evolution.

In ihrem 1925 erschienenen Buch »The Great Pyramid. Its Divine Message« versuchen die britischen Ingenieure David Davidson und Herbert Aldersmith ihre Behauptungen zu belegen, daß die Erbauer der Pyramide ihr Wissen über die Naturgesetze in einer generalisierten Formel zusammengefaßt haben, ähnlich wie Einstein dies in seiner Relativitätstheorie getan hat. Das Gangsystem stelle in graphischer Weise wichtige Daten der Geschichte dar. So wollte Davidson für 1953 chiffriert ein Ereignis gesehen haben, das die Welt für immer verändern wird. Dieses Datum entspricht in etwa dem ersten Test einer Wasserstoffbombe und dem Ausbruch des Korea-Krieges.

Davidson und Aldersmith kommen nach eingehender Untersuchung der steinernen Chronik – die übrigens die historischen Höhepunkte der Vergangenheit zeitgenau wiedergegeben haben soll – zur Erkenntnis, daß die Auskünfte der Pyramide nur bis zum September 2002 reichen. Die Aussage ist das Resultat komplizierter mathematischer Ausmessungen und noch komplizierterer Deutungen. Nur soviel: Die beiden Engländer zogen eine vertikale Linie vom Ende der Königskammer zum unterirdischen Kammerkomplex und maßen von diesem Schnittpunkt aus bis zum Ende des Sackgassenkorridors. Der sich daraus ergebende Zeitraum entspräche dem Stadium der Beendigung unseres Weltzeitalters. Zwischen 1995 und 2025 werde »ein Königreich des Geistes entstehen, das durch ethische Wertmaßstäbe gekennzeichnet ist«.

Kein fröhlicher Geist ohne die Bedrohungen der Materie: Vulkanausbrüche kündigen sich an, und die bestehende Zivilisation soll schließlich im Jahr 2025 untergehen. Doch wie schon die Bibel verheißt: Die Gerechten werden überleben und eine neue Gesellschaft, eine neue Welt erschaffen. Nach dem englischen Pyramidologen Adam Rutherford ist das letzte Datum, das sich aus der großen Pyramide herauslesen läßt, das Jahr 2979.

Zum zweiten Mal in der neueren Menschheitsgeschichte gibt ein Jahrtausendwechsel Anlaß zu Prophezeiungen und Spekulationen auf Endzeitkatastrophen und euphorischen Neubeginn. Das Wassermannzeitalter bringt eine neue Philosophie und ökologische Menetekel. Ob es bereits ange-

brochen ist oder sein Anfang unmittelbar bevorsteht – darüber gehen die Meinungen auseinander.
Daß sich dabei Wünsche und Hoffnungen, Neugier und Phantasie auf das letzte große Menschheitsrätsel im Staub der afrikanischen Wüste konzentrieren, ist verständlich. Doch die Pyramide schweigt. Weiß sie vielleicht, daß alle Antworten von den Menschen selber kommen müssen?

5 Rätselhafter Mars

Wege zum roten Planeten

Ein Planet mit einer Vielzahl von Pyramiden in einer sinnvollen Struktur auf seiner Oberfläche verteilt – das weist diesen Himmelskörper klar als Standort einer intelligenten Population aus. Oder wie der amerikanische Astronom Carl Sagan sagte: »Intelligentes Leben auf der Erde manifestierte sich zuerst durch die geometrische Regulation seiner Konstruktionen.«

Selbst wenn alte Kulturen Dinge um ihrer selbst willen errichteten, nicht für die Zukunft gedacht oder als ein Zeichen für außerirdische Beobachter, so haben sie damit Denkanstöße gesetzt, die weit in die Zeiten reichen.

Die *heilige Architektur* der Ägypter ist eine geometrische Architektur, die nach fundamentalen mathematischen Gesetzen angelegt wurde. Sie war auch eine Botschaft an ihre eigene Kultur, eine Verkörperung der Philosophie und trotzdem ein Vermächtnis für die Nachwelt, ob beabsichtigt oder nicht: Eine Botschaft, die es dem Empfänger ermöglicht, die darin enthaltenen Informationen auszuwerten; wenn er sie erst einmal verstanden hat.

Eines ist inzwischen sicher: Die meisten prähistorischen Kultstätten auf der Erde – die Tempel der Mayas ebenso wie die Dolmen von Stonehenge, die steinernen Gesichter auf der Osterinsel und die faszinierenden Linien von Nazca –, sie waren nicht nur Einweihungsstätten animistischer Religionen, sondern systematisch angelegte Hinweise auf Natur und Kosmos. Noch wissen wir nicht, was das alles zu bedeuten hat, aber wir wissen, es bedeutet etwas, und es gibt bemerkenswerte Vorgänge, die von der Erde weg in die Tiefe des Universums weisen.

Im Juli 1976 funkte die amerikanische NASA-Sonde *Viking 1* bei der Landung auf dem roten Planeten etwa 300 000 Fotos von der Oberfläche des Mars zur Erde. Bei der Auswertung des umfangreichen Materials, das den kleinen Bruder der Erde als gebirgigen Staub- und Wüstenplaneten zeigt, fiel das Foto mit der Nummer 34A72 besonders auf. Es zeigt eine Struktur in der Marsregion Cydonia, die deutlich an ein menschliches Gesicht erinnert. Erst vier Jahre später werteten Computerspezialisten das Bild aus. Als sie im NASA-Archiv ein weiteres Foto dieses rätselhaften Gebildes entdeckten und mit modernsten Verfahren analysierten, verstärkten sich ihre Vermutungen, daß es sich um eine symmetrische, künstlich geschaffene Monumentalstruktur handeln könne, »das erhabene Abbild eines menschlichen Antlitzes gegen den Hintergrund der Marslandschaft«.

Etwa 15 Kilometer von diesem 1500 Meter langen Gebilde entfernt entdeckten die Computerexperten Vincent Di Pietro und Gregory Molenaar »sechs riesige Pyramiden, die wie ihre ägyptischen Schwestern offenbar astronomisch ausgerichtet sind«.

Der Biologe und Physiker Richard C. Hoagland vermutet in seinem Buch *The Monuments of Mars,* daß Pyramidenstadt und Marsgesicht Teile einer riesigen Anlage waren, die nach der Richtung des Sonnenaufgangs zur Sommersonnenwende auf dem Mars vor 500 000 Jahren ausgerichtet ist. Hoagland entdeckte weiter, daß die Marsansiedlung nach den Gesetzen einer harmonikalen Geometrie angelegt wurde, ähnlich wie die antiken Tempelbauten auf der Erde.

In einem Interview mit der amerikanischen Zeitschrift *Wildfire* vertrat Hoagland die Ansicht, daß die Cydonia-Region auf dem Mars »eine grundlegende Botschaft von jemandem ist, der von vielen Daten, die er besaß, die wichtigsten vermitteln wollte«. Mehr noch. Der Wissenschaftler vermutet, daß die Strukturen von Cydonia eine Information enthalten, wie eine uns noch fremde Energie erzeugt und weitergeleitet wird. Er verweist dabei auf Beobachtungen des Planeten Neptun, der fünf Milliarden Kilometer von der Sonne entfernt am dunklen Rand unseres Sonnensystems seine Bahn zieht. Obwohl er über keine erkennbare Energiequelle verfügt, herrschen dort bizarre Wetterverhältnisse mit Stürmen, die 2000 Stundenkilometer erreichen. Woher aber stammt deren Energie?

Ist das Licht der Sonne, die unsere Erde erhellt, nicht – wie bisher angenommen – das Produkt einer gigantischen thermonuklearen Fusion, sondern funktioniert sie nach einem anderen Modell? Hoagland: »Wenn es uns gelingt, die steinernen Botschaften auf dem Mars und auf der Erde zu entschlüsseln, wäre das Geheimnis einer Energiequelle gelöst, die unser Leben total verändern würde.«

Mit dieser kosmischen Entdeckung könnten Umweltprobleme gelöst, der Ozongürtel der Erde repariert und das ganze Weltwirtschaftssystem umgestaltet werden, das bisher auf einer begrenzten Energie aufgebaut ist, für die viel bezahlt werden muß.

»Die ultimative Freiheit«, so Hoagland optimistisch, »die das mit sich brächte, würde uns zum ersten Mal in der Geschichte der Menschheit erlauben, uns nur noch der einen Frage zu widmen: Was es wirklich bedeutet, Mensch zu sein.«

Nach Hoaglands Modell könnte diese Energie aus einem hypothetischen Bereich zwischen der vierten und fünften Dimension kommen, aus dem Überraum.

»Wir haben es hier mit einer Physik zu tun, die die Materie transzendiert und überall im Universum vorhanden ist«, sagt

Hoagland. Sind ihre Formeln im Stein irdischer und außerirdischer Pyramiden verborgen?
Mystiker aller Zeiten vermuten, daß ein intelligentes Universum beständig versucht, in Kommunikation mit der Erde zu treten. Ist daher möglicherweise die Sprache der Steine nur eines von vielen Angeboten? 1976 – im Jahr der *Viking*-Mission – erschienen in den Kornfeldern Südenglands die ersten künstlich erzeugten Kreise. Das Phänomen hat an Anzahl und Komplexität in demselben Maß zugenommen, wie die Untersuchung der NASA-Daten fortgeschritten ist. Ein Quantensprung zu immer seltsameren Strukturen, den sogenannten Piktogrammen, ist unübersehbar. Inzwischen gibt es ein ausführliches Literaturangebot zu diesem Thema, so daß hier nur auf einen möglichen Zusammenhang zwischen dem Kornkreis-Phänomen und den steinernen Strukturen auf Erde und Mars hingewiesen werden soll. Die echten Kornkreisbotschaften unterscheiden sich von den zahlreichen Fälschungen durch ihre faszinierende, extreme Eleganz und die Tatsache, daß ein lebendiges System – Halme und Ähren – zwar beeinflußt, aber nicht beschädigt wird.
Wohl nicht zufällig tauchten die ersten Kornkreisfiguren innerhalb eines großen Dreiecks rund um die alten Kultstätten Stonehenge, Avebury und Silbury Hill auf. Schließt sich hier ein gigantischer Kreis quer durch Raum und Zeit? Sind die mathematischen Aussagen aus Stein so wichtig, daß sie uns auf so vielerlei Weise immer wieder vor Augen geführt werden? Richard C. Hoagland und sein Team versuchten im Sommer 1991 ein Kornkreispiktogramm in Cheesefoot Head zu entschlüsseln und wollen dabei festgestellt haben, daß einige der wichtigsten Figuren auf die Marsmonumente weisen. Auf der Erde wie auf dem roten Planeten sei das gleiche Maßsystem verwendet worden.

»Dies kann zweierlei bedeuten«, mutmaßt Hoagland. »Jene, die Cydonia hinterlassen haben, sind zurück. Oder eine neue Gruppe von Wesen, die dasselbe Wissen haben, kommt jetzt zur Erde. Sie versuchen auf sanfte, äußerst feinfühlige Weise, uns dies zu vermitteln.«

Hoagland schließt aber auch nicht aus, »daß die Biologie selbst eine Manifestation überdimensionaler Kräfte ist«. Anders gesagt: Sind die Zeichen in den Kornfeldern Botschaften des Planeten oder die Reaktion auf die kollektiven Ängste seiner Bewohner?

Liefern die Kornkreise den Schlüssel zur freien Energie? Gibt es eine bemerkenswerte Verbindung zwischen den Vorgängen auf dem Mars und der Vergangenheit des Menschengeschlechts?

»Alles läuft auf einen Punkt hinaus, auf den Dezember 1993«, sagte Richard C. Hoagland hoffnungsvoll. »Der Tag, an dem die neuen Fotos von der Cydonia-Region zur Erde gefunkt werden, könnte sich als der wichtigste Tag in der Geschichte der Menschheit erweisen. Alles deutet darauf hin, daß auf dem Mars etwas von großer Bedeutung auf uns wartet, etwas, das das Leben eines jeden Menschen auf der Erde grundlegend verändern könnte.«

Wichtigste Tage der Menschheitsgeschichte sind von selbsternannten Propheten schon öfter angekündigt gewesen. Oft fielen sie ganz aus, manchmal nahmen sie einen weniger dramatischen Verlauf als erwartet.

Am 16. September 1992 schickte die NASA für 1,7 Milliarden Dollar ihren *Mars Observer* auf die Reise, einen Satelliten, der nach 337 Tagen Flug am 24. August 1993 zunächst in eine elliptische Umlaufbahn auf den Mars einschwenken sollte. Danach würden Techniker des *Jet Propulsion Laboratory* in Kalifornien mit Hilfe kleiner Antriebsdüsen den Himmelsspäher auf eine Kreisbahn in 380 Kilometer Höhe schicken,

auf der er an jedem der kommenden 687 Tage zwölfmal die Marspole überquert.
Das Hauptziel des *Mars Observer* ist nicht – wie noch bei den *Viking*-Landegeräten – die Biologie, sondern das Klima des Himmelskörpers. Eine hochauflösende Kamera kann dabei Objekte bis drei Meter Größe ausmachen – exakt genug, um einigen Geheimnissen des Mars auf die Spur zu kommen.
Kein anderer Planet erregt die Phantasie der Menschen so wie dieser rötlich schimmernde Himmelskörper. Er ist unter den bekannten Planeten der erdähnlichste, mit einer Rotationsdauer, die nur wenig größer ist als bei der Erde, mit einer vergleichbaren Achsenneigung, die dort wie bei uns zu deutlichen Jahreszeiten führt, und mit einer Atmosphäre, die einen meist ungehinderten Blick auf seine Oberfläche gestattet.
Virginio Giovanni Schiaparelli – ein italienischer Astronom – entdeckte 1877 rätselhafte dunkle Linien, die er als Kanäle deutete, welche fruchtbare Regionen miteinander verbinden. Beweis für eine hochzivilisierte Marsbevölkerung? Hundert Jahre später ist von der damaligen Euphorie wenig geblieben. Die Raumsonden, die ab Mitte der sechziger Jahre die Oberfläche des Mars aus der Nähe erkundeten, übermittelten das Bild eines ausgetrockneten, leblosen Planeten.
Die Rolle des Wassers auf dem Mars ist nach wie vor mysteriös. *Mariner 9* entdeckte 1972 gigantische Kanalsysteme, eingegraben in globalen Wüstengebieten. Sie sollen einst, so vermuten Forscher, von Strömen flüssigen Wassers geformt worden sein. Wohin verschwand es?
Rätselhaft erscheinen Exogeologen auch die großen Sanddünen des Mars. Um den Sand umzutreiben, muß ein Wüstensturm in der dünnen Luft mit mindestens 150 Stundenkilometern blasen. War der Planet einst die Heimat einer fortgeschrittenen Zivilisation, die in einer atomaren oder

ökologischen Katastrophe unterging? Am 28. August 1993 fotogafierte die Raumsonde *Galileo* aus einer Entfernung von 2500 Kilometern den Asteroiden *Ida*, einen der unzähligen Felsbrocken, Überrest eines explodierten Planeten oder Bruchstücke von sogenannten *Asteroiden-Mutterkörpern*, wie die aktuelle Deutung der Astrophysik lautet. Das farbige Bild zeigt einen von Meteoriten-Einschlägen zernarbten schmalen Himmelskörper mit einer Länge von 50 Kilometern.

Viele der offenen Fragen sollten durch die Expedition des *Mars Observer* beantwortet werden, dessen Bordkamera fünfzigmal schärfere Bilder als die der *Viking*-Sonden würde liefern können. Endlich erhoffte man sich Klarheit darüber, ob die Monumente auf dem Mars wirklich das sind, wofür viele sie halten: Botschaften einer untergegangenen Zivilisation an die Brudermenschheit der Erde, Warnungen vor einem atomaren oder ökologischen Desaster, dem möglicherweise eine intelligente Marsbevölkerung zum Opfer gefallen ist. Romantiker wollen gar eine Träne in dem steinernen Gesicht entdeckt haben, dem sie eine ähnliche Bedeutung zuordnen wie dem Sphinx vor der großen Pyramide in Ägypten: Bewahrer ewiger Geheimnisse zu sein.

Was dann geschah ist noch immer ein kosmisches Mysterium. Am 21. August 1993 um 21 Uhr schalteten die Techniker der Kommandozentrale im kalifornischen Pasadena per Funkbefehl den Sender, der sie mit der rund 670 Millionen Kilometer entfernten Sonde verband, vorsorglich ab, weil die Treibstofftanks für den Antrieb des Satelliten zum Eintritt in die Marsumlaufbahn unter Druck gesetzt werden mußten. Als der Kontakt kurze Zeit später wieder aufgenommen werden sollte, war die Verbindung unterbrochen.

Mars Observer verfügt zwar über eine Anlage, die eigenständige Kommandos zur Vorbereitung des Eintritts in die Umlaufbahn erteilt, aber wenn es nicht gelingt, die Antenne in Erdausrichtung zu bewegen, sind keine detaillierten Informationen von der Sonde zu erhalten.

In Pasadena herrschte Krisenstimmung. Tage später wußte man im Kontrollzentrum nicht einmal, wo sich der Satellit befand. Entweder war der stumme Späher stur geradeaus geflogen in Richtung Sonne, oder sein automatisches Steuerungsprogramm hatte ihn wie geplant in die Umlaufbahn des roten Planeten gelenkt. Auch wiederholte Befehle an den Zentralcomputer des Roboters, völlig neu zu starten, waren verpufft. Am 1. September 1993 stellte die NASA die aktive Suche nach der Sonde ein.

Gerüchte machten die Runde. Von einer Explosion des Treibstoffs war die Rede, doch die Fachleute halten dies für ebensowenig wahrscheinlich wie eine Kollision mit einem Meteoriten. Auch der Verdacht, ein falscher Steuerbefehl oder ein Fehler in der Software seien schuld, erhärtete sich nicht.

Der Totalausfall von *Mars Oberserver* war nicht nur ein neuer schwerer Schlag für die NASA, sondern generell für solche Großprojekte. Aus der technischen Panne war eine Katastrophe geworden. Natürlich gab es auch wilde Spekulationen. So machte Deutschlands auflagenstärkste Boulevardzeitung mit der Schlagzeile auf: »Tatort Mars. Wer klaute unser Raumschiff?«

Gibt es auf dem Mars eine fremde Energiequelle, die unsere Raumsonden stört – plaziert vor Jahrtausenden von den Erbauern der Marsmonumente? Tatsächlich scheint das Schicksal des *Mars Observer* nur eine Wiederholung dessen zu sein, was 1989 mit der sowjetischen *Phobos*-Mission geschah.

Mit internationaler Beteiligung starteten die Russen 1988 zwei identische Raumsonden zum Mars, deren Aufgabe es

war, den Planeten zu fotografieren und Daten zu sammeln. Gleichzeitig sollte der Marsmond Phobos untersucht werden, ein Himmelskörper von der Form einer Kartoffel. Bei seinem Anflug auf den Mars ging der Kontakt mit *Phobos 1* plötzlich verloren. *Phobos 2* trat in die Umlaufbahn des Planeten ein und funkte sofort Fotos zu Erde. Später interpretierten die sowjetischen Missionskontrolleure die letzten Signale der Sonde als Hinweis darauf, daß sie plötzlich zu trudeln begann, als sei sie von etwas getroffen worden.
Wäre damit also auch *Mars Observer* – der bisher technisch perfekteste irdische Späher – einem *galaktischen Phantom* zum Opfer gefallen, über das hinter vorgehaltener Hand in den Raumfahrtzentren der Erde gesprochen wird?
Effektiv fielen in einem ganz bestimmten Sektor im Weltraum seit Mitte der sechziger Jahre sieben Sonden aus: In drei Fällen kam es zu Totalschäden, andere wiederum torkelten orientierungslos durch das All, als sie das betreffende Gebiet durchquerten. Weil es in diesem Sektor weder kosmischen Staub, Meteoritenschwärme, Magnetfelder oder Strahlungsgürtel gibt, gilt diese Zone bei den Weltraumforschern als »galaktisches Schönwettergebiet«.
Inzwischen gilt es, Geduld zu üben. Erst 1996 soll die russische Sonde *Mars 96* in Zusammenarbeit mit der NASA gestartet werden. Vielleicht schafft sie es ja, sich am fiktiven *galaktischen Phantom* vorbei zu schmuggeln, um endlich die Geheimnisse des roten Planeten lösen zu helfen.
Die Pyramiden auf dem Mars – so sie denn wirklich vorhanden sind – weisen einen Weg zu den Geheimnissen von Atlantis und seinen steinernen Zeugnissen auf der Ebene von Gizeh.

6 Gesetzestafeln aus Gold

Wer hebt die Schätze vom Izabal-See?

Ein Pyramidengürtel um den Planeten Erde, Pyramiden auf dem Mars und ein steinernes Gesicht, das in den Himmel schaut. Was hat dies alles mit Atlantis zu tun, jenem hypothetischen Kontinent, der zu den Urerinnerungen des Menschengeschlechts zu gehören scheint? Ist Atlantis eine Herausforderung für Archäologen und Historiker, für Anthropologen auf ihrer Suche nach der Herkunft des *Homo sapiens* oder für Psychologen und Psychoanalytiker, die das Goldene Zeitalter als Archetypus einstufen, als ein Modell für den vom Menschen ersehnten Idealzustand? Wahrscheinlich geht Atlantis uns alle an, ist es eine Interpretationsfrage, die frei nach dem Resonanzgesetz agiert: So wie ich mir Atlantis schaffe, so wird es sein.

Es würde den Rahmen dieser Veröffentlichung weit überschreiten, sämtliche Atlantis-Theorien und die Denkmodelle, die sie ausgelöst haben, zu erörtern. Bemerkenswert scheint, daß aufgestellte Atlantis-Ideale zum Nährboden einer wiederentdeckten Philosophie gehören, die sich auch in den Naturwissenschaften dem Ganzheitsmodell verschreibt.

Doch schon aus Respekt vor dem Griechen Platon (427–347 v.d.Z.) soll hier kurz von seiner Atlantis-Beschreibung die Rede sein, ein ausführlicher und gründlicher Text, der – salopp gesagt – den ganzen Atlantis-Boom erst ausgelöst hat. In langen Sätzen mit vielen Namen, Daten, Maßen und Einzelinformationen befaßt sich Platon mit einem antiken

Kontinent, von dessen Existenz er als Knabe von seinem Großvater Kritias dem Älteren zum ersten Mal erfahren hat. Der hatte zuvor die Notizen eines seiner Vorfahren, des Staatsreformers Solon (639–559 v.d.Z.) ausgewertet, die er sich bei einem Aufenthalt in Ägypten gemacht hatte.
Trotz dieser chronologischen Umwege sind die Aufzeichnungen exakt und dermaßen umfangreich, daß sie sogar von einigen Historikern akzeptiert und keineswegs nur als märchenhaftes Opus eingestuft wurden. Von seiner Größe her war Atlantis – nach Platon – durchaus mit den uns heute bekannten Kontinenten vergleichbar. »Er erstreckte sich von Norden nach Süden, hatte Berge, Flüsse, Seen und Ackerland«, schreibt der Grieche. Den Alltag schildert er als eine Art Goldenes Zeitalter, möglicherweise eine Metapher für die in seiner Heimat stets angestrebte Form eines Idealstaates. Atlantis – so Platon – sei in einer gigantischen Katastrophe untergegangen. Ein Stoff, aus dem schon immer die Märchen und Sagen der Völker bestanden: die Geschichte vom Aufstieg und Fall, von Schönheit und Macht.
Kein Wunder, daß sich inzwischen fast 20 000 Autoren mit Atlantis-Theorien beschäftigten und – mehr oder weniger bestimmt – Atlantis sowohl ins norwegische Spitzbergen, auf die griechische Insel Santorin, ins englische Stonehenge und auf die Azorenplatte des Atlantiks verlegten.
Zu den neuesten Theorien um die Standortfrage gehören die Forschungen des ehemaligen Mathematiklehrers Joachim Rittstieg aus Borgstedt, der sechs Jahre an der Deutschen Schule in El Salvador beschäftigt war und sich in seiner freien Zeit mit der Kultur der Mayas beschäftigte, deren Sprache durchforstete und sich hauptsächlich für die Zahlen und Daten der in Stein gemeißelten astronomischen Kalender interessierte. Ungewöhnlich ist, daß Rittstieg schon als Kind eine Sprache erlernte, die die Indianer *Zuyua* nennen und die als

Sprache des Adels bei den Azteken und Mayas noch zur Zeit der spanischen Eroberung existierte. Dorfälteste und Priester erzählten ihm alte Geschichten, sprachen von ihren Göttern, den Ereignissen ihrer Vergangenheit und immer wieder auch von *Atlan,* der untergegangenen Hauptstadt ihrer Vorfahren. Im *Codex Dresdensis* – einem Manuskript aus vorkolumbianischer Zeit – entdeckte Joachim Rittstieg das Symbol für die Stadt Atlan und wenig später auch Angaben über das Gründungs- und Untergangsdatum, die er in unsere Zeitrechnung übertrug.

Fast alle Indiostämme Mittelamerikas und die meisten der nordamerikanischen Indianer nennen Atlan als ihre Urheimat. »Sie ist in einer gigantischen Katastrophe untergegangen. Zehn Völker mußten sich eine neue Heimat suchen«, erfuhr Rittstieg von drei alten Maya-Priestern. Nach ausführlichen Berechnungen verlegt der Mathematiker die Lage der Hauptstadt des verschollenen Kontinents, Atlan, in den Izabal-See von Guatemala, der mit dem Fluß Dulce und über die Meeresbucht *El Golfette* mit dem Golf von Honduras des atlantischen Ozeans verbunden ist. Eine solche Lagebeschreibung – so Rittstieg – decke sich durchaus mit den Schilderungen von Platon, der die Hauptstadt von Atlantis als Ringstruktur beschreibt, dessen Zentrum ein Kanal mit dem Meer verbindet.

Joachim Rittstieg ist im Besitz einer exakten Lagebeschreibung und verheißt künftigen Schatzsuchern unermeßlichen Reichtum, interessierten Archäologen unsterblichen Ruhm. Schon von einem kleinen Schiff – ausgerüstet mit einem Echolot – müßte der alte Stadtkern zu orten sein. Schließlich haben schon vor einigen Jahren geophysikalische Tiefenmessungen von Bord der MS »Petty Ray« ergeben, daß unter dem Schlamm, dem Sand und den Flußsedimenten des Izabal-Sees eine feste Grundstruktur existiert, die den bei

Platon beschriebenen Ringen und der Zentralinsel entspricht. Das Zentrum von Atlan dürfte demnach 20 Meter unter der Wasseroberfläche liegen.
Neben der historischen Tragweite, die das Auffinden einer bisher verschollenen antiken Stadt zur Folge hätte, dürften auch die zu erwartenden Schätze ein Anreiz sein, die Suche nach Atlan professionell zu organisieren. Platon spricht von goldenen Gesetzestafeln, in die allgemeingültige Rechtsauslegungen graviert wurden. Während der Vorherrschaft von Atlantis auf dem ganzen atlantischen Festland müssen demnach über viele Jahrhunderte hinweg eine ziemlich große Menge von goldenen Tafeln entstanden und aufbewahrt worden sein. Auch in den Maya-Überlieferungen wird – laut Rittstieg – von goldenen Gesetzestafeln berichtet, die sich noch heute in der untergegangenen Stadt befinden sollen. Selbst in der *Edda,* der ältesten Sagensammlung des europäischen Nordens, ist von goldenen Tafeln die Rede, auf denen einst das Recht der untergegangenen Stadt *Asgard* verzeichnet gewesen sei.
»Diese alten Aufzeichnungen aus Island werfen erneut die Frage auf, ob es schon lange vor Kolumbus Kontakte zwischen Amerika und den europäischen Wikingern gegeben hat«, sagt Rittstieg. »Keine Anstrengung dürfte zu groß sein, um diese Kulturgüter zu bergen und Licht in das Dunkel der amerikanischen und europäischen Frühgeschichte zu bringen.«
Rittstieg hat inzwischen Kontakt zu dem bekannten amerikanischen Schatztaucher Mel Fisher aufgenommen, der in zahlreichen Wracks vorwiegend vor Florida und in der Karibik nicht nur alte Kanonen und zerbrochenes Tafelporzellan, sondern auch kostbaren Gold- und Silberschmuck geborgen hat. Fishers Phantasie reicht immerhin aus, sich die von Platon beschriebene Liste weiterer lohnender Objekte vorzu-

stellen: goldene Bildsäulen und Trinkgefäße, kostbare Weihegeschenke und schließlich die große Gesetzessäule. Wahrzeichen der untergegangenen Stadt war »eine goldene Kugel auf einem hohen Gebäude«.
»Eine einzige mit Schriftzeichen bedeckte Tafel, aus den Tiefen von Platons Insel herausgeholt«, schreibt schon der amerikanische Kongreßabgeordnete Ignatius Donelly (1831–1901) in seinem Buch *Atlantis, die antediluvianische Welt,* »hätte für die Wissenschaft unendlich mehr Wert, würde das Interesse der ganzen gebildeten Menschheit weit mehr erregen, als alles Gold, das die Spanier aus Peru gestohlen haben, als alle Denkmäler Ägyptens und alle noch so wertvollen Terracotten-Bruchstücke aus dem Boden Chaldäas.«
Donnelly bezog sich auf die Werke früherer Autoren, die die Kanarischen Inseln und die Azoren als Reste von Atlantis ansahen sowie auf Veröffentlichungen, die die Mayas als Abkömmlinge der Bewohner von Atlantis hielten. Immer noch werden neue Bauwerke der Maya-Kultur in den Dschungeln von Yucatán, Honduras und Guatemala entdeckt, die auf die großen architektonischen Parallelen zwischen den Reichen der Mayas und der Ägypter hinweisen: Säulen, Obelisken und Stufenpyramiden, aufrecht stehende Steintafeln mit Inschriften oder Bildern und die Verwendung von Hieroglyphen. Beide Kulturen konstruierten den Kragbogen, ebenso wie die mykenischen Griechen.
Ignatius Donelly, der die Erforschung des Atlantis-Mythos zu seinem Lebenswerk gemacht hatte, fand weitere bedeutsame Ähnlichkeiten zwischen Mittel- und Südamerika und dem Reich der Pharaonen: den Sonnenkalender, die religiöse Bedeutung der Sonne als Gottheit, die Mumifizierung hochgestellter Personen und schließlich die mathematisch-geometrische Ausrichtung der Pyramiden nach kosmischen Grundsätzen. Der Amerikaner glaubte, daß Atlantis die erste

Zivilisation auf diesem Planeten war, deren Kolonien sich vom Atlantik bis nach Zentralasien erstreckten. Während vieler Generationen sei sie zu einer mächtigen Nation geworden, deren Impulse ebenso bis zu den Ufern von Amazonas und Mississippi wie über Amerika hinaus bis zur Ostsee und dem Schwarzen Meer reichten. Damit wären – zumindest partiell – andere Atlantis-Theorien bestätigt, die jene ferne Zivilisation an verschiedenen Plätzen dieses Planeten vermuten.

Für Donelly war der Urkontinent »die wahre antediluvianische Welt, der Garten Eden, die Insel der Glücklichen, die Elysischen Felder«, mythische Synonyme für paradiesische Verhältnisse, in denen ihre Bewohner Jahrhunderte glücklich und in Frieden lebten. Nicht nur für Donelly, auch für spätere Atlantis-Sucher wie Charles Berlitz, waren die Götter und Göttinnen der alten Griechen, der Phönizier, der Hindus und Nordeuropäer einfach die Könige, Königinnen und Helden von Atlantis. Die ihnen zugeordneten mythologischen Abenteuer seien nichts anderes als »ein wirres Erinnern an tatsächliche, historische Ereignisse«.

Die späteren Reiche des alten Ägypten, die Weisheit seiner Priester und die Macht der Pharaonen wären danach ein Abbild von Atlantis und seiner Zivilisation. Bestätigen sich irgendwann diese Theorien, müßte die Geschichte der Menschheit umgeschrieben und neu definiert werden. Dann müßten die Historiker akzeptieren, daß auch die Werkzeuge aus der europäischen Bronzezeit Entwicklungen aus Atlantis waren, die Atlantider als erste Eisen herstellten und auch das phönizische Alphabet – Mutter aller europäischen Alphabete – aus Atlantis stammt.

Sicher scheint schon jetzt, daß einst Teile eines Urkontinents in einer furchtbaren Katastrophe untergingen. Die in allen Epen der Menschheitsgeschichte verzeichnete Sintflut be-

deutete wohl auch das Ende von Atlantis. Ein paar Bewohner entkamen auf Schiffen und Flößen und trugen die Nachricht zu den Völkern in Ost und West. Die Mayas sprechen von vier gigantischen Katastrophen, andere Kulturen von sieben. Das Erbe dieser Zivilisation aber schien durch die Bewohner der Kolonien überlebt zu haben, die in Afrika und Amerika, in Europa und Asien technische, naturwissenschaftliche und philosophische Erkenntnisse ihrer Ahnen übernahmen und bei der Gründung neuer Reiche deren Ideen weiterentwickelten.
Der amerikanische Sprachwissenschaftler und Historiker Cyrus H. Gordon weist darauf hin, daß der frühgeschichtliche Mensch bei seinen Reisen viel weiter vorgestoßen ist, als bisher bekannt. Der Norweger Thor Heyerdahl war von der Vorstellung, daß die Ägypter den Atlantik überquert hätten, so fasziniert, daß er eine solche Expedition mit einem nach alten Vorbildern aus Schilfgras gebauten Floß selbst unternahm.
Wenn Atlantis also wirklich das »Goldene Zeitalter der Menschheit« repräsentierte, eine zivilisierte Idealgesellschaft, wo waren dann seine Ursprünge? Lagen die Wurzeln dieser Hochkultur wirklich in unserem Sonnensystem, möglicherweise auf dem hypothetischen Planeten *Phaeton,* dessen Bewohner – über den Umweg Mars – einer drohenden Katastrophe durch eine Umsiedlung auf die Erde entgingen?
Oder folgen wir mehr den Überlegungen Zecharia Sitchins, der in orientalischen Texten Hinweise auf die *Anunnakis* gefunden hat, die vom Planeten *Nibiru* kamen? Verwirrend sind auch die Aussagen des amerikanischen Archäologen David Zink, der in den siebziger Jahren auf der zu den Bahamas zählenden Insel Bimini zahlreiche megalithische Bauten unter der Wasseroberfläche entdeckte, die ob ihrer exakten mathematisch-astronomischen Ausrichtungen auf kosmi-

sche Erkenntnisse ihrer Konstrukteure verweisen. Für einen konventionellen Historiker bediente sich Zink ungewöhnlicher, unterstützender Maßnahmen: Er engagierte sogenannte Medien, besonders sensitive Menschen, die in Trance zu den Ursprüngen der verschollenen Zivilisationen zurückkehrten.
Als sie ihre rituellen Übungen vor Ort abgeschlossen hatte, erklärte zum Beispiel die als medial geltende Studentin Carol Huffstickler, daß Bimini nicht nur »ein heiliger Ort, sondern auch eine Stätte geistiger Weihen voll besonderer Energie« sei. Befragt, welche Kultur die Bauten ursprünglich errichtete – ein im Dezember 1975 entdeckter Tempel erinnerte in Form und Umfang an die Anlage von Stonehenge –, antwortete Carol: »Wahrscheinlich die Atlantider. Es waren die gleichen Erbauer, die auch die geometrischen Linien auf der Ebene von Nazca geschaffen haben. Bimini ist älter als Stonehenge.«
In einer weiteren Befragung erklärte Carol, daß die megalithische Anlage von Stonehenge auf 16 000 Jahre v.d.Z. datiert werden müsse anstatt – wie heute angenommen – auf 2775 v.d.Z. »Stonehenge wurde nach der Überschwemmung gebaut, die Bimini-Tempel vor der Überschwemmung«, sagte Carol. Über den Ursprung der Stätte glaubte sie, daß »kosmische Rassen den Planeten bevölkert hatten, Rassen, die von Planet zu Planet reisen und sich dort ausbreiten und eine Religion lehren, die der Entwicklung der bereits auf dem Planeten Lebenden angepaßt ist«.
David Zink erkannte Parallelen zwischen Carols Aussagen und den alten Berichten vom Fall des Geistes in die Materie. Enthielten die Mythen der Menschen brauchbare Elemente, mit deren Hilfe historische Forschung betrieben werden konnte? Bei Carols nächster Sitzung tauchte zum ersten Mal das Wort »Plejaden« auf, eine Gruppe von 300 Sternen aus

dem Sternbild Stier. Sie bewegt sich mit großer Geschwindigkeit durch das Weltall und ist 400 Lichtjahre von unserer Sonne entfernt. Sieben der Sterne – gigantische Sonnen – sind mit bloßem Auge zu erkennen, andere sind nur mit astronomischen Fernrohren auszumachen. Die Namen kommen aus der griechischen Mythologie und bedeuten die sieben Töchter des Atlas und der Pleione: Alkyone, Maia, Asterope, Taygeta, Celoeno, Electra und Merope – auch »die sieben Schwestern« genannt. Die Chinesen verehrten die Plejaden schon um 2400 v.d.Z., und auch in der Bibel findet sich ein Hinweis auf diesen Sternenhaufen, als Gott Hiob zurechtweist: »Kannst du die Bande des Siebengestirns zusammenbinden ...?«

Obwohl es am Himmel auffallendere Sternbilder gibt, standen bei den alten Völkern überall auf der Welt die Plejaden im Mittelpunkt. In Polynesien sind sie als »die sieben kleinen Augen des Himmels« bekannt, und die alten griechischen Tempel waren so gebaut, daß sie dem Auf- und Untergang der Plejaden zugewandt waren. Die Zahl Sieben galt in der alten Welt als heilig, und bei einigen Völkern der Nordhalbkugel begann das Jahr mit dem Meridiandurchgang der Plejaden am Abend vor Allerheiligen. Die »sieben Zwerge« oder »die sieben Geißlein« der deutschen Märchen dürften ihren Ursprung in der mythischen Bedeutung der Sieben haben.

Angesichts dieses Hintergrundes war der Archäologe Zink besonders überrascht, als das Medium Carol vor den unterseeischen Fragmenten der Bimini-Insel in Trance plötzlich von den Plejaden sprach, deren Bewohner auf einer Art galaktischer Mission waren. Ihr Aussehen – so die junge Frau – war nicht besonders menschenähnlich; ihr Äußeres wird mehr durch das Bewußtsein bestimmt, durch die Gestalt des Geistes, die sich analog zu den Vorstellungen verändert. Erreicht ein Wesen dieses Bewußtseinsniveau, ist es seine moralische Pflicht, die Schwingungsfrequenzen der Geschöpfe zu beobachten, die sich nach einem ähnlichen Muster entwickeln. Ein Grund für das Erscheinen auf der Erde war, den Entwicklungsprozeß bei der auf diesem Planeten lebenden Rasse zu beschleunigen.

»Bei ihrer Ankunft entdeckten die Plejadenbewohner eine Hauptstadt auf einem Kontinent, ein bedeutendes Handelszentrum und auch ein religiöser Mittelpunkt«, berichtete Carol weiter. »Die dort lebenden Menschen waren bereit für einen Kontakt.«

Carol beschrieb sie als Anhänger eines Sonnenkultes, aber sie sah nirgendwo Anzeichen einer Ernte, Werkzeuge oder Waffen. »Das ergibt keinen Sinn«, sagte sie. »Wenn sie dabei sind, etwas aufzubauen, brauchen sie Werkzeuge. Es sei denn, sie arbeiten mit Gedankenkraft.«

Zink und seine gebannt zuhörenden Mitarbeiter erfuhren bald, was damit gemeint war, als Carol fortfuhr: »Es war eine telepathische Kultur, sehr viel ausgeprägter als heute. Da auch die Kommunikation telepathisch erfolgte, bestand wenig Bedarf an Betätigung. Der Grund, weshalb die Bewohner der Plejaden kamen, war, bestimmte Tätigkeiten anzuregen. Sie sahen, daß die Menschen körperlich tätig werden mußten ... später würden sie dann wieder geistig arbeiten können.«

Die Plejadenbewohner wählten Bimini als einen ihrer Standorte für den Bau einer heiligen Stätte, um dort mit Hilfe geomagnetischer Erdfelder, die auf noch unbekannte Weise durch periodisch sich ergebende Stellungen bestimmter Planeten und der Sonne zueinander wirken, das menschliche Bewußtsein positiv zu verändern. Für Zink und seine Kollegen wirkten die Aussagen der jungen Frau wie eine Lesung aus einem Science-fiction-Roman.

Unkonventionellen Methoden historischer Forschung

durchaus nicht abgeneigt, beschlossen sie, weitere medial begabte Menschen an dem Projekt zu beteiligen. Um mögliche Absprachen untereinander zu verhindern, wußten die Personen nichts voneinander und wurden zu unterschiedlichsten Zeiten in die Befragungen einbezogen.
So erhielt Zink von einem befreundeten Parapsychologen den Hinweis auf das Medium Anne, »eine Frau von höchster Empfindlichkeit, ein fast absoluter Empfänger«. Ihre Antworten auf die Fragen des Teams bestätigten fast hundertprozentig die Aussagen von Carol Huffstickler. Danach waren die Plejaden Ausgangspunkt einer nach außen drängenden, allumfassenden Liebe. Die Bewohner der Plejaden waren Wesen von strahlendem Glanz, Botschafter guten Willens, die der Menschheit in schwierigen Entwicklungsphasen halfen, wenngleich von Zeit zu Zeit auch Besucher aus anderen Bereichen der Milchstraße aufgetaucht sein sollen. Aus den über hundert Seiten umfassenden Protokollen von Carol und Anne nur einige Details: Danach war es um etwa 30 000 v.d.Z. zu einer Auswanderung von den Plejaden zur Erde gekommen. Diese Emigranten benötigten jedoch keine Raumschiffe – wie zum Beispiel die *Ancient Astronaut Society* behauptet –, sondern nutzten eine Art geistige Energie für den Transport durch Raum und Zeit. Dem Geist näher als der Materie repräsentierten sie eine Art »sanft strahlende Individuen«. Überraschenderweise deckt sich dies mit Berichten von Plato, Plotinus und dem Seher Cayce über den Ursprung des Menschen. New-Age-Philosophen und einige Naturwissenschaftler akzeptieren das menschliche Individuum als geistiges Wesen. Berichte über außerkörperliche Erfahrungen in Träumen oder in Todesnähe gehören längst zum Repertoire zeitgenössischer Sachbücher. Erwähnt seien hier nur die Untersuchungen von Dr. Raymond Moody und Prof. Elisabeth Kübler-Ross, daß Bewußtsein als ein unab-

hängiges Energiesystem außerhalb des materiellen Körpers existiert.
Die Bewohner der Plejaden, ihrer Gestalt nach der Energie näher als der Materie, erbauten Tempel, die das Bewußtsein des Menschen heben, seine körperlichen Gebrechen heilen und ihn an seinen Ursprung erinnern sollten, der außerhalb des planetarischen Systems liegt. Die Architektur verwandte bestimmte heilige Zahlen, die sich auf die Struktur des Universums bezogen und auf das Leben auf dem Planeten Erde. Die sakralen Bauten waren so ausgerichtet, daß sie bestimmten Konstellationen der Sterne, der Sonne und des Mondes entsprachen. Die dosierte Energie dieser Himmelskörper geriet in den geometrisch geformten Tempeln in Schwingung, wurde verstärkt und diente der Erhöhung des Bewußtseins und der Heilung. Die nützliche Wirkung solcher Stätten – so die Aussagen der Medien – wurde dadurch gesteigert, daß man sie an Orten erbaute, die eine Beziehung zum Magnetfeld der Erde besitzen. Einer dieser Tempel hat über Jahrtausende hinweg Erdbeben und Überschwemmungen getrotzt: die große Pyramide von Gizeh.
»Diese Hypothese könnte die Frage klären helfen«, sagt David Zink, »warum in fast allen geschichtlichen Epochen ein so großes Interesse an den Plejaden bestand, das weit über die rein astronomische Beobachtung hinausging. So fand ich während meiner Expeditionen auf Bimini reichlich Material, mit dem zu belegen ist, daß die Plejaden einen außergewöhnlichen Einfluß auf das Bewußtsein des vorgeschichtlichen Menschen ausübten.«
Die englische Kultstätte Stonehenge, die gigantischen Linien von Nazca, die steinernen Riesen der Osterinsel, die Tempel von Tikal und die große Pyramide von Gizeh könnten ihren Ursprung in jenem sagenhaften Atlan haben, verborgen im tiefen Wasser des Sees von Izabal.

7 Priester-Architekt und Heilerin

Leben auf Atlantis im Spiegel der Erinnerung

Zu den phantastischen Phänomenen unserer Zeit gehört die Wiederentdeckung der Reinkarnation, der Wiedergeburt. Während die Möglichkeit wiederholter Erdenleben in verschiedenen Körpern, sozialen Schichten und geographischen Situationen im Osten der Erde als Naturgesetz gilt, ist sie im Westen eine – von den meisten Menschen belächelte – Spielerei, ein Denkmodell überspannter Esoteriker. Auch hier gibt es zahlreich ernsthafte Literatur mit recherchierten Fallbeispielen, die sich oft auf verblüffende Weise als Indiz für eine mögliche Wiedergeburt verwenden lassen. Resultate im Sinne einer wissenschaftlichen Beweisführung sind nicht möglich, handelt es sich doch um Prozesse, die sich dem Quantifizieren und Qualifizieren entziehen. Schon deshalb wird aus der Wiedergeburt ein religiöser Vorgang gemacht, zumal auch die katholische Kirche bis zu ihrem Konzil von Konstantinopel dem Gedanken mehrerer Erdenleben eines einzigen Individuums nicht widersprochen hat.

Eine Diskussion über das Für und Wider der Reinkarnation kann es deshalb auch hier nicht geben, doch gehört diese interessante Gedankenkombination sehr wohl in ein solches Buch und wird an anderer Stelle auch angesprochen.

Im Zusammenhang mit dem Atlantis-Thema ist interessant, daß immer mehr Psychotherapeuten und Ärzte, die in ihren Praxen mit sogenannten Rückführungstherapien arbeiten, auf Patienten mit Erinnerungen an Atlantis stoßen. Die anonym ausgetauschten Protokolle gleichen sich oft auf verblüffende Weise, obwohl die betroffenen Menschen sich nicht kennen und in völlig unterschiedlichen sozialen Schichten leben. Eine oft erreichte Übereinstimmung bietet auch das Geburtsdatum der Patienten, die überproportional häufig zwischen 1938 und 1957 geboren sind und die Blutgruppe 0 haben. Zu ihnen gehört die Heilpraktikerin Ingrid Zinnel, die als Psychotherapeutin sowohl bei ihren Klienten wie bei sich selbst Atlantis-Bilder festgestellt hat und zu deren Verifizierung sie auch die Hilfe der Astrologie in Anspruch nimmt.

»Zusammen mit Kollegen habe ich festgestellt, daß diejenigen, die den Pluto im Löwen haben – also zwischen 1938 bis August 1957 geboren sind, Erinnerungen an Atlantis haben«, sagt sie. »Zu der Zeit, als auf Atlantis die größten Schwierigkeiten begannen, lag der Frühlingspunkt im Löwen. Heute haben wir genau die konträre Situation als den Wiedergeburtsaspekt mit den gleichen Konflikten wie damals.«

In den Geheimwissenschaften des Mittelalters ist immer wieder von einem Weltenjahr die Rede, das etwa 2000 Jahre dauern soll, nach den Tierkreiszeichen benannt wird und eine bestimmte Qualität spiegelt. So begann etwa zur Zeit von Christi Geburt das Zeitalter der Fische, die Epoche der Erinnerungen und Erfindungen. Um das Jahr 2000 – viele Auguren mutmaßen mit der Landung des ersten Menschen auf dem Mond im Juli 1969 – begann das Wassermann-Zeitalter als Periode der Vergeistigung und Kommunikation unter den Menschen. Von dieser *Mondan-Astrologie* spricht Ingrid Zinnel, wenn sie sagt, daß genau gegenüber dem Beginn des heutigen Wassermann-Zeitalters der Wechsel von der Jungfrau- zur Löwen-Epoche stattgefunden habe, die Zeit des Untergangs von Atlantis.

»Der Löwe ist das Prinzip der Macht«, erklärt sie. »Und es

ging dabei um Machtstrukturen, um materielle Zwänge, die längst eine Zeit der Vergeistigung abgelöst hatten. Die Individuen, die damals den Untergang eines Systems mit auslösten, sind nach dem geistigen Prinzip gefordert, ihr damaliges Verhalten zu korrigieren. Jetzt ist die Zeit für sie gekommen. Wir erleben ähnliche Verhältnisse.«

Die Therapeutin verwendet nicht die alttestamentarischen Begriffe von *Schuld* und *Sühne,* weil diese nach dem karmischen Denkmodell nicht existieren. Das physikalische Prinzip von *Ursache* und *Wirkung* ist ihr schon lieber. »Das Karma sieht weder Bestrafung noch Lob vor. Es ist ein Resonanzgesetz nach dem Motto: Wie man in den Wald hineinruft, so schallt es heraus. Oder auch: Jeder ist seines Glückes Schmied. So simpel funktioniert das«, sagt sie. »Der Mensch wird magisch angezogen vom Ort seiner Taten oder Untaten. Dies kennt man ja aus der Kriminalliteratur: Die Polizei wartet meist nicht vergebens am Tatort auf den Täter. Und wir gehen alle zurück an einen bestimmten Punkt – in diesem Leben oder vor tausend Jahren. Jeder, der Atlantis-Forscher ist, der von Atlantis fasziniert ist und sich darüber informiert, ist letztendlich auch ein früherer Atlantider, der sich seiner heutigen Aufgabe bewußt werden soll. Dabei helfen ihm seine Träume, seine Phantasien, aber auch eine mögliche Therapie. Man sollte seinen Standort zumindest so ausloten können, daß man weiß, ob man sich im Licht oder im Dunkeln befindet.«

Irgendwann wurde Ingrid Zinnel selbst in ihrem Gefühlsleben mit den Bildern aus Atlantis konfrontiert. Sie sah weiße, eigentümliche Gebäude, die an südliche Szenarien erinnern, aber viel feiner, viel weniger materiell. Sie lebte unter Priestern in einem Tempelbezirk, den sie von ihrer Geburt bis zum Tode hin nicht verlassen durfte.

»Dies war für mich die Zeit meiner irdischen Leben«, erinnert

sich die Heilpraktikerin, »die mit dem Wort *glücklich* nur ungenügend umschrieben werden kann. In den Reinkarnationstherapien erinnern sich meine Patienten hauptsächlich an problematische, unangenehme Ereignisse, weil ja nur diese ungelöste, traumatische Zustände schaffen. Aber irgendwann muß man auf seiner Reise durch frühere Leben auch mal zum Glück kommen, und das war für mich meine erste körperliche Existenz auf Atlantis, eine Zeit der Erfüllung, der Geborgenheit und der absoluten Harmonie.«
Ein Auszug aus dem Interview-Protokoll von Ingrid Zinnel beschreibt geradezu eine atlantidische Idylle:
»Der Tempel war eine Stätte für all jene, die seelisch und körperlich aus dem Gleichgewicht geraten und dorthin gekommen waren, um ihr Heil wiederzuerlangen. Eine der angewandten Methoden, an die ich mich genau erinnere, war die Heilung über Wasser. Auf der einen Seite stand der Patient mit seinem Leid, auf der anderen Seite dieses klaren, feinstofflichen Flusses der Priester. Wir stellen uns heute geistige Heilung als Berührung vor, als körperlichen Energiefluß vom Heiler zum Heilsuchenden. Aber die Berührung in Atlantis hätte die Kraft des Göttlichen im Priester verhindert. Also mußte der Priester, der nie persönliche Bedürfnisse anmelden wollte und auch gar keine hatte, über einen Bach – über dem noch eine Art Wasserbrücke lag, als würden sich Wasseradern kreuzen – die Hände legen. Auf der anderen Seite wusch sich der Kranke an der Stelle, die ihm Pein bereitete. Von diesem Ritual habe ich übrigens nirgendwo gelesen oder darüber gehört. Es ist tief in meinem Inneren verankert und taucht als Bild immer wieder auf.«
Die Priester, so Ingrid Zinnel, lebten nicht im Zölibat, sondern hatten eine vollkommen natürliche Sexualität. Ein Junge und ein Mädchen waren füreinander bestimmt, »und astrologisch gesehen – und mit Astrologie wurde viel gear-

beitet – waren dies Gegenpole. Es wurde also immer jemand mit seinem geistigen Gegenüber verheiratet. Man sagte, die beiden kommen füreinander auf die Welt. Uns wurde damals gesagt: Ein Mensch, der alleine ist, kann keine vollendete Kraft haben, weil er ja nur Hälfte ist, zu dem eine andere Hälfte gehört. Nur die Verbindung zwischen beiden Polen garantiert die ganze Kraft.«

Kennt Ingrid auch Details über die Kommunikation auf Atlantis? War sie verbal oder mehr telepathisch?

»Unter den Priestern gab es beides«, antwortet sie. »Die Fähigkeit war größer, geistige Schwingungen auszusenden und aufzunehmen. Es gab einfach eine größere Sensibilität für alle Sinne. Da wir auch eine Stimme hatten, wurde sie benutzt. Zur materiellen Welt gehört der Klang, die Vibration. Die Stimme war wie ein Musikinstrument und diente eigentlich weniger der Kommunikation, die sich mehr auf geistiger Ebene vollzog.«

In den Aussagen vieler Medien wie Cayce oder Blavatzky, aber auch in den Protokollen heutiger Reinkarnationssitzungen wird immer wieder darauf hingewiesen, daß die atlantische Zivilisation einen für heutige Begriffe unvorstellbar großen Zeitraum einnahm, der den Erkenntnissen der Geschichtswissenschaften total widerspricht. Keine uns bekannte Hochkultur – mit Ausnahme der ägyptischen Reiche – hat länger als tausend Jahre existiert. Atlantis aber soll von seinen Anfängen bis zum Zeitpunkt des Zerfalls und der folgenden Katastrophen über hunderttausend Jahre als organisiertes Gemeinwesen überlebt haben.

»Zeitangaben – so sie überhaupt in Reinkarnationssitzungen auftauchen – sind meist sehr ungenau, weil es dabei auch nicht um historische Verifizierungen geht«, erklärt Ingrid Zinnel. »Doch erstaunlich ist, daß viele Klienten gleich von mehreren Leben auf dem Urkontinent berichten.«

Auch Ingrid Zinnel will noch ein zweites Mal auf Atlantis und später im Reich der ägyptischen Pharaonen gelebt haben. Um ihre Aussagen durch Kürzungen nicht zu verändern, folgt eine weitere Passage aus dem Original-Interview:

»In einer späteren Inkarnation auf Atlantis hatte sich meine Seele eine männliche Form ausgesucht, um leichter an die Macht zu kommen. Als Mann hatte ich das Wissen aus meinem weiblichen Leben mitgenommen und es benutzt, um der große Magier zu sein. Es war wieder die Position des Heilers, aber die Tempelbezirke waren schon zerstört. Da ging es nicht mehr um Frieden und Harmonie. Es waren zu viele Kontakte zur materiellen Ebene da, und deshalb ging es auch immer um Macht und Bereicherung, obwohl das alte Wissen noch vorhanden war und die äußere Form gewahrt wurde ... In der Spätzeit von Atlantis suchte man nach dem Rezept der ewigen Jugend, dem Jungbrunnen, und über die Kristallkunde den Stein der Weisen, das Elixier des Göttlichen. Auch das ist schon ein Spiegel unserer heutigen Welt. Wir sehen alle nicht mehr so alt aus, wie wir eigentlich aussehen würden. Wir sind dabei, die Zeit zu überziehen. Dafür stehen die Intensivstationen in den Krankenhäusern mit ihren oft grausamen Methoden, das Leben um jeden Preis zu verlängern, genauso wie Operationen an Bauch, Nase oder Busen, um dadurch schöner und begehrenswerter zu sein. Diese Korrekturen am Körper gab es auch damals in Atlantis, aber wir waren uns dabei durchaus bewußt, daß wir in einem Pakt mit dem Dunklen standen. Das Spritzen von Zellpräparaten junger Lämmer zur möglichen Erneuerung unserer eigenen Organe ist nichts anderes als Magie, nur weiß es heute keiner mehr. Die Suche nach dem Lebenselixier begann schon damals und taucht immer wieder auf, durch alle Zeiten hindurch.«

Bemerkenswert sind viele Informationen aus Reinkarnationsprotokollen, in denen die alten ägyptischen Reiche seit ihren Anfängen bis zu ihrem Ende zur Zeit der Königin Kleopatra nicht nur als physische, sondern auch als psychische Nachfolger von Atlantis genannt werden. Wie sehr sich im Laufe der Jahrtausende trotz schriftlicher und mündlicher Überlieferungen das alte Wissen veränderte, zeigt sich in dem späteren, doch sehr materiell ausgerichteten Totenkult der Priester- und Herrscherkasten. Hatte man für das gemeine Volk noch das Totenbuch parat, eine Art Reiseführer in transzendente Welten, traute man den dort veröffentlichten Hinweisen für das eigene Wohlergehen im Jenseits nur wenig. Gigantische Nekropolen wurden gebaut – Städte für die Toten – und die Technik des Einbalsamierens derart kultiviert, daß verblichene Pharaonen und deren Angehörige noch heute als lederne Relikte in den Schauräumen des ägyptischen Museums liegen – ausgehöhlte Körper, die mit dem wahren Menschen nichts zu tun haben. Auch dazu Angaben von Ingrid Zinnel, die ein weiteres Leben im damaligen Ägypten der Oberklasse geführt haben will, wobei exakte historische Bezüge fehlen, obwohl – wie sie sagt – es Wege gäbe, dies herauszufinden. Da sie aber gerade zu dieser ägyptischen Existenz starke Berührungsängste empfinde und ihren Ablauf fast als einen Makel ansehe, wolle sie diese Episode auf ihrem langen Weg durch die Zeit nicht unnötig aufwerten. Daten und Fakten seien ohnehin nicht von Belang, gehe es doch bei den inneren Bildern nur darum, sich selbst kennenzulernen, »denn was ich einmal war, bin ich in meiner Grundstruktur noch heute. Eine frühere Schuld mindert sich in dem Maße, wie ich sie erkenne.«
»Die Entwicklung der menschlichen Rasse auf Atlantis ging den Weg vom reinen Geist bis zur starren Materie. Frühe Atlantider waren eher konturlose Wesen, bis sich die humanoi-

den Gestalten bildeten, wie wir sie heute als menschliche Rasse erkennen. Mit der Bildung des Skelettes, des Gehirns, wurde der Geist gefangen. Man begann seinen Körper als die eigentliche Wahrheit zu begreifen, und der Gedanke, ihn mit dem Tod zu verlieren, war grauenvoll. Also ersannen die herrschenden Ägypter als unmittelbare Nachfahren der Atlantider die Technik des Einbalsamierens als eine Methode, mit dem Körper unsterblich zu werden. In Wirklichkeit ist ihre Seele an Ketten gebunden und mit der Materie vereint worden ... Es war, wenn man so will, der Fluch von Atlantis. Über eine unvorstellbar lange Zeit herrschte ein freier, ungebundener Geist, der sich in wiederum unvorstellbar langen Zeiträumen einen idealen Körper schuf, der stets mit den sich verändernden physikalischen Gesetzen im Einklang war. Der Körper – so wie wir ihn kennen – wurde dermaßen zum Lieblingsobjekt des Geistes, daß es eine grauenvolle Vorstellung war, ihn eines Tages aufzugeben. Also glaubte man, über die Unsterblichkeit des Leibes die Unsterblichkeit der Seele zu sichern. Das Fazit: Sie haben ihre eigene Größe eingemauert. Natürlich versprach man sich von dieser Technik auch einen Erfolg im Jenseits, Größe und Sicherheit nach dem Motto: Auch dort ein Gott sein! Aber man ist gar nicht erst über die Schwelle gekommen.«

Wenn im herabgeminderten Tagesbewußtsein – im Alpha-Zustand des Gehirns – oder in Träumen, beim Therapeuten oder in Stunden am Strand sich die Bilder aus dem Urgrund der Seele durchsetzen, ist damit auch eine Botschaft verbunden. Wie gehen Menschen mit ihren subjektiven Erfahrungen um, die sie in einer Epoche gemacht haben wollen, deren historische Wirklichkeit umstritten ist? Was bedeuten also mögliche Erinnerungen aus Atlantis für den Menschen unserer Zeit?

»Es sind meist destruktive Strukturen, an die sich die Klienten erinnern«, erklärt Ingrid Zinnel. »Diese Informationen bleiben nicht schemenhaft, sondern gewinnen Gestalt in der Gegenwart. Wir sind sozusagen der Schatten von Atlantis. Das Akzeptieren unseres Fehlverhaltens führt zu einer Entwicklung zum Positiven. Nehmen wir mal die Umweltzerstörung. Wenn wir erkennen, daß es nicht die Großkonzerne allein sind, die zur Katastrophe führen, sondern unser eigenes bequemes Denken, unser momentanes naturfernes Bewußtsein, erst dann kommt es zur spirituellen Umkehr. Wir müssen Frieden mit uns selbst schließen, bevor wir andere einbeziehen.«

Die Therapeutin Zinnel fordert ihre Klienten auf, den Weg vom Erkennen zum Handeln zu gehen. Esoterisches Schönreden allein helfe nicht weiter. Geist und Materie gelte es zu harmonieren, Mut zu zeigen wie die Leute von *Greenpeace*, die sich mit einem Boot vor die Verklappungsdampfer stellen, um die Meere vor Giftmüll zu schützen.

»Wir brauchen offenbar die Materie, um unser geistiges Potential zu erkennen«, vermutet Ingrid. »Bisher sind wir den Weg von der Einheit in die Vielfalt gegangen. Im Moment gibt es fast sechs Milliarden Menschen auf der Erde. Unsere Seelen spalten sich in immer kleinere Teile. Wir *vereinzeln* uns dabei zu Individuen, von denen jedes so unverwechselbar ist wie ein ganzes Universum. Doch es gibt schon die ersten, ganz leisen Stimmen, die zur Rückkehr in die Einheit mahnen. Eine Partnerschaft ist ein solcher Rückzug. Zwei Menschen, die sich miteinander verbinden, haben jeder ihr eigenes Ziel und ein gemeinsames. Wenn wir lernen, einen Menschen zu diesem Weg aufzufordern, dann können wir es auch mit Zweien oder mit Dreien versuchen. Irgendwann entsteht dann ein Ring, und wir sind alle zusammen wieder auf der Pyramidenspitze angekommen.«

Während Ingrid Zinnel in ihrer Praxis als Heilpraktikerin und

Therapeutin arbeitet, konzentriert sich Merete Mattern in Berlin auf ihre Tätigkeit als Architektin. Beide sind sich nur einmal im Studio der »Phantastischen Phänomene« begegnet. Merete war Professorin für Landschaftsgestaltung an der Technischen Universität in Berlin und lehrte Architektur und Ökologie in Charlottesville in den Vereinigten Staaten. In Cannes erhielt sie von einer internationalen Jury zusammen mit ihrem Kollegen Mario Sama den ersten Preis für das Modell einer »Stadt der Zukunft«, von dem sie behauptet, daß es ein Abbild aus ferner Vergangenheit ist. Unterstützt werden diese Aussagen durch Erfahrungen aus einer Reinkarnationstherapie, der sie sich über ein Jahr lang unterzog.

»Dieser weltweite Wettbewerb war offen für Philosophen, Soziologen und Botaniker, also nicht gebunden an Architekten«, erzählt Merete Mattern. »Die Aufgabenstellung war: Wie sieht die Stadt der Zukunft aus? Dreitausend Leute hatten Vorprojekte eingereicht. 495 Teilnehmer wurden nach Cannes eingeladen. Und unter diesen haben Mario und ich den ersten Preis gemacht. Wir nannten unser Projekt *Solar-City,* die *Sonnenstadt.*«

Mario Sama war Merete Mattern während ihrer Zeit an der Universität von Charlottesville in Virginia als Co-Professor zugeteilt worden; Italiener, blond, vierundzwanzig Jahre alt und auf der griechischen Insel Samos geboren.

»Schon eine merkwürdige Mischung«, erzählt Merete. »Wir beide ertappten uns ständig, daß wir dasselbe wollten und dachten und daß seine architektonischen Visionen mit meinen identisch waren. Wir ergänzten uns phantastisch, haben häufig zusammen getanzt und gesungen, alles frei intoniert und dabei begonnen, diese Stadt zu entwerfen. Wir haben dabei erfahren, wie Gedanken, Musik und der Rhythmus eine Lebensstruktur beeinflussen.«

Solar-City ist eine Stadt in biologischer Bauweise mit natürlichen Materialien wie Holz und Lehm, in der ein ökologischer Selbstversorgungszyklus etabliert ist, der den Erkenntnissen aus der Natur folgt. Die beiden Konstrukteure nennen das von ihnen entwickelte System *Bionik.*

»Wir wollen Häuser nicht mehr bauen, sondern wachsen lassen«, erklärt Merete diese ungewöhnliche Form. »Aus ganz feinen Membranen soll ein Wachstumsprozeß eingeleitet werden, aus dem ein ganzheitliches Gebilde entsteht.«

Die Jury jedenfalls war begeistert, und ihr Vorsitzender, der berühmte Architekt Louis Khan, soll sogar geweint haben, als er den Preis überreichte. Dabei war alles ganz einfach. Merete und Mario hatten diese Stadt schon einmal zusammen entworfen – vor langer, langer Zeit im sagenhaften Atlantis. Sagen sie jedenfalls.

»Wir vermuten, daß uns einfach die Rückerinnerung zusammengeführt hat«, lächelt Merete. »Auch Louis Khan gehört in diesen karmischen Zusammenhang. Er gilt schließlich als einer der großen mystischen Architekten dieses Jahrhunderts, der mir auch sehr verinnerlicht vorkam.«

Während ihrer Zeit als Dozentin in Charlottesville war Merete Mattern den unterschiedlichsten medialen Menschen begegnet, die ihr unabhängig voneinander bestätigten, daß sie eine atlantidische Seele habe und vor 75 000 Jahren zum letzten Mal auf der Erde gelebt hätte. In einer Reinkarnationstherapie erfuhr sie so viele Einzelheiten, daß sie seitdem mit der Erkenntnis lebt, einst als reine Energie von den Plejaden gekommen zu sein, die sich beim Auftreffen auf die Erde zu einem feinstofflichen Körper formte, um sich den physikalischen Gesetzen des Planeten anzupassen.

»Ich hatte keine Knochen und keine Muskulatur«, sagt Merete, »doch eine humanoide Gestalt. So merkwürdig dies auch klingen mag.«

Merete lebt gut mit ihrer atlantidischen Vergangenheit. Mögen viele Zeitgenossen sie oft für überspannt und exaltiert halten, so ist sie doch unbestritten eine avantgardistische Architektin, die immer wieder durch ihre ungewöhnlichen Projekte auffällt. An ihre damalige Arbeitsweise erinnert sie sich genau, sieht im Moment jedoch kaum eine Möglichkeit, die einst verwendete Technik umzusetzen.

»Wir arbeiteten mit gewaltigen Steinen«, erzählt sie. »Kristalle und gigantische Megalithbrocken ließen sich mühelos mit einer Energie bewegen, die für die Aufhebung der Erdenschwerkraft sorgte und die wir selbst produzierten. Eine ähnliche Technik wurde beim Bau der großen Pyramide in Ägypten angewandt. Es war viel Musik in und um uns, sehr viel Harmonie, als ob ein unsichtbarer Architekt für diese Schwingung sorgte.«

Merete will damals in einer paradiesischen Gartenwelt gelebt haben, in mit kristallinen Einschnitten gemachten Höhlen, vor denen große Terrassen waren. Gläserne Pyramiden strebten sowohl in den Himmel, wuchsen aber auch in umgekehrter Form in die Erde, so wie sie heute im wiedereröffneten Louvre in Paris zu sehen sind.

»Wir hatten auch keine Möbel in unserem Sinne«, erinnert sich Merete, »sondern wir lebten auf Sträuchern und Bäumen, die körperfreundlich gewachsen waren. Wir waren ja damals noch transparent, und die Erdenschwere spielte keine Rolle. Es war eine einfache, ästhetische Kultur. Alles war edel. Wir waren umgeben von fein geschliffenen Dingen, die aber eine nützliche Funktion hatten. Wir aßen auch Früchte und Pflanzen und servierten alles in gewachsenen Schalen, also in Apfelsinen- oder Kokosnußschalen. Wir hatten auch keinen Abwasch, denn der pflanzliche Abfall wurde als Dünger wiederverwertet. Ich erinnere mich nicht, daß Tiere gegessen wurden. Es gab auch keine Hausarbeit in unserem Sinne, denn mit einem wohldosierten Klimasystem wurden

Staub und Schmutz abgesaugt. Unsere Kleidung bestand aus Energie, deshalb wurde auch nicht gewaschen. Unsere Aura wurde aufgeladen und konnte mit den verschiedensten Farben ausgeleuchtet werden, so daß wir keine stoffliche Kleidung brauchten, sondern projizierte Umhüllungen, die jeden Tag neu komponiert wurden.«

In dieser Wunderwelt gab es natürlich auch ein vertrautes Verhältnis zwischen Tieren, Menschen und Pflanzen, die in liebevoller Symbiose existierten. In guter Erinnerung sind Merete libellenartige Wesen und Vögel von einer Schönheit, die sie heute nur noch als unwirklich beschreiben kann. Das atlantidische Paradies war auf mehrere Inseln verteilt, und die Architektin ist noch heute fasziniert von einem Eiland, das aus einem gigantischen Tempelbezirk bestand, in dem Flüsse und Wasserfälle zur Heilung bedrängter Menschen eingesetzt wurden.

»Ich erinnere mich noch genau an diese Leichtigkeit, an dieses Schweben«, erzählt Merete Mattern, »als ich mich dieser Inselwelt näherte. Ich sah ein traumhaftes Wasser- und Hafensystem am Rande einer Stadt, die so schön war, daß es mich fast blendete. Ich spürte förmlich, daß alle diese Anlagen aus einem transparenten Material waren. Durchsichtige Pyramiden und kubenähnliche Gebäude, also eine in unseren Augen gläserne Stadt, aber mit schweren Steinen als Fundament. Es waren zum Teil frei schwingende, zum Teil streng geformte Konstruktionen.«

Merete war gefesselt vom Anblick der Schiffe im Hafen, die sie an Wikinger-Konstruktionen erinnerten. Holzschiffe mit traumhaft geschnitzten Ornamenten und phantastischen Segeln, mit Gold, Silber und Edelsteinen bearbeitet.

»Es war märchenhaft, bis ich merkte, daß dies auch ein Energiesystem war«, berichtet die Architektin noch heute begeistert. »Die Segel waren so konstruiert, daß die Fahrzeuge tatsächlich abheben und schweben konnten. Für die Navigation wurde ein weitverzweigtes elektromagnetisches Gitternetz verwendet, unsichtbare Leitstränge, die noch heute den ganzen Globus umspannen. In unseren Mythen ist oft von Geisterschiffen die Rede, die fliegen können. Vielleicht liegt deren realer Ursprung in atlantidischer Zeit.«

Klare Vorstellungen hat Merete Mattern auch von einem Tal, in dem Landwirtschaft betrieben wurde und terrassenförmig bearbeitete Felder von einem raffinierten Klimasystem versorgt wurden, das je nach Wunsch Regen und Licht erzeugen konnte. Wenn es zu feucht war, hat es die Luft trocken gemacht, war es zu trocken, wurde Feuchtigkeit abgesondert. Es herrschte immer eine optimale Temperatur auf jeder Terrasse, je nach den Pflanzensorten, die dort wuchsen.

»Es war traumhaft«, erinnert sich Merete. »Ich erlebte die ganze Landwirtschaft dort und sah, daß sie völlig andere Früchte hatten, völlig andere Nutzpflanzen. Manche wuchsen in runden, manche in ovalen Trichtern mit perfektem Klimaausgleich. Diese Vision diskutierte ich mit Klimaforschern in Kalifornien und stellte fest, daß sie ähnliche Projekte schon auf dem Papier erarbeitet hatten. Ich war also wieder einmal auf frühe Atlantider gestoßen.«

So wie es Menschen gibt, die wichtige Entdeckungen, physikalische Formeln oder Erfindungen im Traum gemacht und dann in die Wirklichkeit umgesetzt haben, so versucht die Berliner Architektin ihre Atlantis-Visionen zusammen mit ihren Kollegen auf ihre Brauchbarkeit in der Gesellschaft des 20. Jahrhunderts zu testen.

»Damals arbeiteten im Agrarbereich nur wenige Menschen«, berichtet Merete Mattern, »die diese Pflanzen mental in ihrem Wachstum beeinflußten. Davon angeregt, habe ich ein neues Landschaftskonzept erarbeitet, damit wir unsere heutigen Großstädte autark machen können. Wir müssen auf ganz

kleinen Flächen mit wenig Arbeit und einem ökologischen Effekt eine Produktion zur Selbstversorgung aufbauen.«
Merete will über diese Inselwelt geschwebt sein, durch eine Atmosphäre, die von der Sonne kaum durchdrungen werden konnte. Erst in der Nacht verzog sich der Nebel, und wenn Vollmond war, sollen große Feste gefeiert worden sein. Kosmisches Bewußtsein verband sie mit ihren Mit-Wesen und mit den geistigen Strukturen des Planeten Erde. Ihr Geist schuf beständig Materie, gestaltete und formte sie zu Mysterienstätten, in denen der universellen Ganzheit gehuldigt wurde. Das Leben war ein einziges Paradies. Doch wie uns die Alten berichten, scheint der Mensch nicht geschaffen für immerwährende Glückseligkeit. Er verlangt nach den Früchten der Erkenntnis, und der Traum ist vorbei. Bei Merete muß es ähnlich gewesen sein.
»Eines Tages löste ich meine Leiblichkeit auf, und ich transformierte mich wie in einer Lichtexplosion. Aber zu diesem äußeren Abbau lief parallel eine Art innerer Aufbau«, berichtet sie. »Meine transzendente Wesenheit stabilisierte sich, und ich reiste zurück in den Kosmos.«
Damit endete auch ihre Reinkarnationstherapie.

8 Engel – gibt's die?

Erfahrungen mit fremder Intelligenz

Kaum eine Sendung innerhalb der TV-Reihe »Phantastische Phänomene« hat bei den Zuschauern eine größere Resonanz ausgelöst wie die Folge über Engel, in der sich Menschen zu Begegnungen mit einer fremden Intelligenz bekannten. Da war der holländische Arzt Dr. H.C. Moolenburgh, der den Patienten in seiner stark frequentierten Praxis einen Fragebogen vorgelegt hatte: »Haben Sie schon einmal einen Engel getroffen?« Von vierhundert Menschen konnten immerhin achtunddreißig diese Frage bejahen.

Die in Wiesbaden lebende Malerin Dr. Jutta Stroeter-Bender berichtete von Engeln, die ihr Modell waren für zahlreiche Bilder; sie nahm ihren Duft wahr, ihre Musik und ihren Tanz. Die italienische Parapsychologin Dr. Paola Giovetti legte eine aktuelle Untersuchung aus ihrer Heimat vor, nach der 80 Prozent ihrer Landsleute Engel für die Gegenwart wiederentdeckt haben. Und schließlich behauptete der Religionslehrer Uwe Wolff ketzerisch, daß *jene geflügelten Wesen, die wir alle verehren,* keineswegs allein der katholischen Kirche zuzuordnen seien, weil sie nämlich überkonfessionell und auch in anderen Kulturkreisen zu finden wären.

Ganz verschwunden waren sie eigentlich nie. In allen Zeiten und überall auf der Welt tauchten sie als geflügelte Wesen auf, fristeten ein steinernes Dasein über alten Gräbern und auch mal am *Himmel über Berlin*, wo sie der Filmregisseur Wim Wenders Sätze von Peter Handke sagen ließ.

In den Zeiten der Aufklärung vertrieb der Bannstrahl der Vernunft sie zwar ins finstere Mittelalter, aber tief unter der vernünftigen Welt schlummerten sie weiter in den Träumen der Menschen. Die Ewigen konnten warten, als wüßten sie um ihre Zeit, die jetzt gekommen scheint. Sie nehmen ihre alte, federleichte Gestalt wieder an und tauchen dort auf, wo man sie am ehesten erwartet: als Schutzgeist an der Seite des Menschen.

Damit stellen sich die alten Fragen wieder ein: Sind Engel reiner Geist oder haben sie einen feinstofflichen Leib, sind sie weiblich oder männlich oder gar beides, nämlich androgyn?

Eine Erscheinung, die so flüchtig und unfaßbar ist wie die eines Engels, mußte in der Vergangenheit erst einmal dem religiösen Bereich zugeordnet werden. Dies war nicht nur im Abendland so.

Seit es Menschen gibt, scheint es auch Engel zu geben. Schon in frühen Felszeichnungen finden sich neben prähistorischen Jagdszenen geflügelte Wesen, meist in mystisches Licht getaucht. In etwa 130 Höhlen in Westeuropa wie Lascaux, Niaux, Rouffignac oder El Castillo werden die Besucher von herrlichen Malereien verblüfft, die nachweisbar vor zehn- bis fünfzehntausend Jahren entstanden sind und grazile, große und schlanke Mensch-Wesen zeigen, die von einem Strahlenkranz umgeben sind. Erinnerungen an Atlantis und seine verschiedenartigen Materialisationen geistiger Strukturen?

»Wir müssen annehmen«, so der Bewußtseinsforscher Dr. Elmar R. Gruber, »daß auch die Menschen früher Zeiten und Völker sich darüber Gedanken gemacht haben, ob es wohl etwas gibt, das in einer anderen, geistigen Sphäre existiert. Schon früh gab es die Auffassung, daß unsere Erde in andere Seinsebenen gebettet ist, die einander durchdringen und immer subtiler werden. Engel sind demnach Wesen, die in feinstofflichen Bereichen, näher dem Absoluten, näher bei der Gottheit sind.«

Psychologen vertreten gerne die Auffassung, der Engel-Glaube sei eine Art Autosuggestion. Der Mensch rede sich ein, er werde beschützt. Und wer sich danach verhalte, der sei tatsächlich geborgen. Eine Einstellung, die das Leben vereinfachen kann. In den Engel-Aussagen aus den Büchern von Gitta Mallasz – siehe das nächste Kapitel – heißt es auf die Frage, ob jeder Mensch einen Engel habe: »Nein, wir sind aus Glauben. Allein aus Glauben. Wer glaubt – dem sind wir.«

Dazu Dr. Elmar R. Gruber: »Man kann natürlich darüber diskutieren, ob es Wesen gibt, die auch außerhalb unseres Glaubens existieren. Aber sie kommen ja in unserer geistigen Ebene an, in unserem Bewußtsein. Und dann machen wir uns ein Bild und erschaffen uns unseren Engel. Je nachdem, auf welcher Bewußtseinsebene wir stehen, schaffen wir den Engel, der für uns wichtig ist.«

Engel sind für die Menschen hauptsächlich ein semantisches Problem, weil unsere Sprache keine Möglichkeiten besitzt, ein Phänomen zu beschreiben, das sich außerhalb unserer erfahrbaren Welt befindet. Das Wort *Engel* ist genauso unzureichend für die Beschreibung eines lebendigen Zustands wie das Wort *Baum* für ein Naturereignis, das aus Wurzeln, Stamm, Ästen, Blättern und Nadeln besteht, Chlorophyll erzeugt und über den komplizierten Vorgang der Photosynthese Stickstoff in Sauerstoff verwandelt, die Grundvoraussetzung für Leben auf dem Planeten. Wir sagen zu alledem einfach nur *Baum*. Deshalb gibt es auch total unterschiedliche Aussagen über Engel, so wie für jeden der Milliarden unterschiedlicher Bäume auf der Erde eigentlich verschiedene Worte gefunden werden müßten.

Die Hierarchien der Engel stürzten mit den Hierarchien der

Menschen. Als in der Französischen Revolution der Despotismus in Europa abgeschafft und der Ruf von Freiheit, Gleichheit, Brüderlichkeit zum Fanal wurde, fielen auch die geistigen Reiche der Cherubim und Seraphim. Schon als Kepler und später Giordano Bruno erkannten, daß sich nicht die Sonne um die Erde bewegt und damit der kleine blaue Planet als Mittelpunkt der Schöpfung abgelöst wurde, waren die Folgen für die irdischen Reiche fatal. Die himmlischen Strukturen mit Gott als dem Zentrum der heiligen Dreifaltigkeit, dem Reich der Erzengel und den Heerscharen untergeordneter Engel waren ohnehin immer nur ein Abbild feudalistischer Herrschaftssysteme.

Der Mathematiker Ralf Abraham, der Ethnologe Terence McKenna und der Biologe Rupert Sheldrake sehen die Wiedergeburt der Engel im Bewußtsein vieler heutiger Menschen im Zusammenhang mit der ökologischen Krise des Planeten Erde. »Alles, was sich mitteilen kann«, so McKenna, »streckt sich der Menschheit entgegen und versucht, uns von dem ziemlich pathologischen Trip abzubringen und zurück in die Familie der Natur zu holen. Die Elementargeister, die Stimmen, die Eingebungen müssen sorgfältig beachtet und geprüft werden. Wir wandern in einer Wildnis umher, und hier ertönt eine leitende Stimme.«

Die drei Naturwissenschaftler kritisieren die Unterdrückung des Irrationalen durch die Naturwissenschaft und sehen in der Dreifaltigkeit von Vater, Sohn und Heiligem Geist die Parabel von Körper, Seele und Geist. Vielleicht bilden ja immaterielle Wesen, wie es die Engel sind, Strukturen aus einem Geist heraus, der Information und Intelligenz enthält?

»Ein abstraktes, erkennendes Wesen«, so der Mathematiker Abraham, »dürfte wegen der Komplexität der mehrdimensionalen Sphären der Weltseele unmöglich direkt zu identifizieren sein. Es muß eine Form entwickeln, die in Resonanz zu unserem Bewußtsein steht. Das frühe Christentum hatte dieses Modell. Die Bibel ist voll von Engeln, Erzengeln und anderen Geistwesen.«

Ein intelligentes Universum vermittelt seine Informationen also in Lichtmetaphern, die im einzelnen die in einer bestimmten Kultur vorhandene Form annehmen. Warum also nicht geflügelte Engel-Wesen, die uns aus unseren Mythen so vertraut sind?

»Die Tatsache, daß diese Wesen zu uns sprechen«, ergänzt Terence McKenna, »bereitet den Rationalisten großes Kopfzerbrechen. Die meisten modernen Theoretiker stempeln diese Dialoge als Schizophrenie ab. Eine genaue Betrachtung der Geschichte der modernen Wissenschaft erweist jedoch, daß das Irrationale in objektivierter Form in dem Prozeß, den wir Geschichte nennen, sehr aktiv ist.«

Professor Rupert Sheldrake, der dem Planeten Erde in den *morphogenetischen Feldern* ein eigenes Bewußtsein attestiert, verweist auf die von allen Kulturen akzeptierte Verschiedenartigkeit von Engelwesen und ihre Unterteilung in »gut« und »böse«.

»Die Erzsünde Satans und anderer gefallener Engel wie etwa Mammon, dem Dämon der Habsucht, ist der Hochmut«, philosophiert Sheldrake. »Damit werden sie zur Projektion der menschlichen Seele. Wie ernst müssen wir den Gedanken nehmen, daß unsere Gesellschaft von einem solchen Geist besessen ist, dem wir mit Geld und Macht huldigen?«

Wird zwischen guten und bösen Engeln ein großer Krieg auf Erden ausgetragen? Niemand weiß, wie er über diese Möglichkeit reden soll, weil sie gängigen Modellen westlichen Denkens grundfremd ist.

»Überall, wo wir uns in der Welt der Natur und Psyche hinwenden«, ergänzt Terence McKenna, »stoßen wir auf Leben,

Beseeltheit und Kommunikationsbereitschaft. Ich bin zu der Position gelangt, daß diese Wesen, auf die wir stoßen, nichtphysisch und irgendwie autonom sind.«

Rupert Sheldrake weist darauf hin, daß Begegnungen mit Engeln am häufigsten im Traumbereich stattfinden und daß dahinter die Kontrollinstanz der Weltenseele steht. Seiner Ansicht nach kommuniziert die Weltenseele durch die Hervorbringung von Formen, die als Gebilde einer ansonsten unsichtbaren und mythologischen Welt gedeutet werden, tatsächlich mit den Menschen.

Die oben angeführten Aussagen stammen nicht von Theologen, sondern von zeitgenössischen Naturwissenschaftlern, so daß die Frage erlaubt sein muß, ob Physiker und Biologen nicht schon in Bereiche eingedrungen sind, die bisher ausschließlich ein Territorium der Mystiker waren? Deutet sich gar eine künftige Verschmelzung von Wissenschaft und Spiritualität an, eine Rückkehr zu den alten Idealen von Atlantis?

Der schwedische Mystiker Emanuel Swedenborg (1688–1772) will zahlreiche Gespräche mit Engeln geführt haben. »Die Rede eines Engels«, erkannte er, »wird ebenso laut vernommen wie die zwischen Menschen, freilich nicht von denen, die dabeistehen, sondern nur von dem Menschen selbst.« Er verweist auf die *holographischen Gedankenbündel*, die von den Engeln als Kommunikationsmittel benutzt würden. Am aufregendsten sind indes jene Äußerungen Swedenborgs zu den *holographischen Eigenschaften* der Wirklichkeit, in der menschliche und geistige Wesen zwar getrennt voneinander existieren, in einer kosmischen Einheit aber miteinander verbunden sind. 300 Jahre später stellten der Physiker David Bohm und der Gehirnforscher Karl Pribram die Idee vom *holographischen Universum* vor, nachdem die Welt einem riesigen Hologramm gleicht, in dem je-

des Teilstück, und sei es auch noch so klein, das Ganze enthält. Im Prinzip müßte es möglich sein, im Daumennagel der rechten Hand den Andromeda-Nebel zu entdecken. In diesem Modell, das als Konzeption für ein neues Weltbild fungiert, haben auch die Engel ihren Platz.
Eine große Übereinstimmung mit dem Bohmschen Gedankengut bieten die Arbeiten des indischen Politikers und Mystikers Shri Aurobindo Ghose, eines Zeitgenossen Gandhis, der auf spirituellen Forschungsreisen einen Bereich außerhalb von Raum und Zeit entdeckt haben will, bevölkert von körperlosen Wesen, »die dem menschlichen Geist so überlegen sind, daß wir dagegen wie Kinder wirken«. In ihrer wahren Gestalt stellen sich diese Wesen laut Aurobindo als *reine Schwingung* dar, vergleichbar mit der im subatomaren Bereich entdeckten Dualität von Wellenteilchen. Er stellte fest, daß man in dieser Lichtwelt Informationen nicht mehr chronologisch – Punkt für Punkt – aufnimmt, sondern in *großen Massen* absorbieren kann, und daß man in einem einzigen Moment *ausgedehnte Raum- und Zeitbereiche* zu erfassen vermag. Eine Übereinstimmung mit der von den Professoren Pribram und Bohm geteilten Auffassung von der Ganzheit als *holographischem Universum,* in dem Engel und Menschen untrennbar miteinander verbunden sind und auch Atlantis seinen Platz hat, weil es längst zur Gedankenstruktur gehört.
»Engel«, sagt der tibetische Lama Govinda, »sind keine Halluzinationen, denn ihre Realität ist die Realität der menschlichen Psyche. Sie sind Symbole, in denen die höchsten Erkenntnisse und Bestrebungen des menschlichen Geistes verkörpert sind. Ihre Visualisierung ist der schöpferische Vorgang geistiger Projektion, wodurch inneres Erleben in sichtbare Form verwandelt wird.«
Nach der Ausstrahlung der Engel-Sendung in SAT 1 fühlten

sich Hunderte von Zuschauern ermutigt, eigene Begegnungen zu schildern, die sie mit Engeln gehabt haben wollen. Ältere Menschen sind noch heute aufs tiefste betroffen, wenn sie an Ereignisse während der Kriegs- und Nachkriegszeit zurückdenken, die sie als Eingriff einer höher geordneten Wirklichkeit verstehen, als göttlichen Beistand in ausweglosen Situationen. Doch auch junge Leute registrieren erstaunt die Begegnung mit einer numinosen Ebene ihres Bewußtseins, die sich ihnen oft als helles Licht, als Vision und Erweiterung des Alltäglichen darstellt. »Es gilt, in unserer Welt Bedeutungen zu erkennen«, sagte einmal Willy Brandt. Wer sensibel und *selbstbewußt* auf Eindrücke reagiert, wer die Bedeutung von Ereignissen erforscht und hinter den Worten nach der Wirkung sucht, wird auch das Wesen der Engel als Teil seiner spirituellen Wirklichkeit entdecken.

So verschieden die geschilderten Erlebnisse der Fernsehzuschauer auch sind, ein roter Faden zieht sich durch alle Begegnungen: Nirgendwo präsentieren sich die Engel als übergeordnete Wesen, als Besserwisser oder gar als Verkünder göttlicher Weisheit.

»Wenn wir von einem Universum ausgehen«, so der Bewußtseinsforscher Dr. Elmar R. Gruber, »das seiner Vervollkommnung zustrebt, wie Teilhard de Chardin das einmal genannt hat, zu einem Punkt Omega hin, in dem sich alle Evolution punktet, dann sind alle Erscheinungen in diesem Kosmos – so weit fortgeschritten sie auch sein mögen – immer noch Teil dieser Evolution. Insofern brauchen auch Engel – an welchem Punkt ihrer geistigen Reise sie gerade stehen mögen – ihre Arbeit, um diese Evolution zu vollenden.«

9 Rendezvous mit dem Unsichtbaren

Wenn Menschen auf Engel treffen

Auf Atlantis – so scheint es – war der Traum von der Ganzheit allen Lebens schon Realität, die Einheit von Mensch und Kosmos, Geist und Materie bereits vollzogen. Doch mit der Idee von Atlantis wäre auch die Aufgabe reinkarniert: die alten Tugenden wiederzuentdecken, sich auf verschüttete Begabungen zu konzentrieren und den Kontakt zu anderen Seinsebenen wiederaufzunehmen. Dazu gehört wohl auch das Rendezvous mit dem Unsichtbaren. Da berichtet ein Arzt aus Italien von der Begegnung mit dem *Engel der Harmonie,* der ihn lehrt, Musik für autistisch gestörte Kinder zu machen. Da registriert ein Statiker aus Bühl erstaunt fremde Stimmen während seiner zahllosen Telefongespräche und nimmt Kontakt zu einer siebten Dimension auf, der sauber auf Tonbändern dokumentiert wird. Und schließlich veröffentlicht eine Ungarin in mehreren Büchern die *Antworten der Engel* auf Fragen ihrer jungen Freunde.

In Sava, tief unten im italienischen Süden, lebt der Arzt Dr. Guido Melle, ein großer, schlanker Mann Anfang siebzig. Er praktiziert schon seit Jahren nicht mehr, aber wenn Eltern mit ihren psychisch gestörten Kindern kommen, dann berührt er deren Hände, faßt ihnen in den Nacken und spielt auf dem Klavier ihre *Seelenmelodien.*

»Ihre Harmonie ist in Unordnung geraten«, sagt Melle. »Wenn sie ihre ureigene Musik hören, wenn sie den Klang ihrer Seele spüren, dann sind sie wieder im *Einklang* mit dem Kosmos.« Jedes Lebewesen hat seine eigene Schwingung, die

es spürt und umsetzt. Auf Kassette aufgenommen, können die Kinder ihre Melodie immer wieder hören. Die Wirkung ist deshalb so positiv, weil diese Harmonien einzig und allein für sie gemacht sind: Das Wesenhafte ihrer Natur wird zum Klingen gebracht.
Melle erhielt seine Mission an einem Sommermorgen von einem kleinen Jungen, der unbemerkt ins Schlafzimmer gekommen war und den Arzt aufforderte, künftig Klavier zu spielen, um den Menschen das Gefühl der Harmonie zu vermitteln.
»Ich fragte den Knaben, wer er denn sei«, erinnert sich Melle. »Er antwortete: ›Ich bin kein gewöhnliches Kind, ich bin der Engel der himmlischen Harmonien und gekommen, dir eine wichtige Aufgabe zu geben.‹ Ich war total verblüfft, weil ich Musik zwar gerne höre, aber kein Talent zum Spielen habe. So fragte ich den freundlichen Jungen, mit welchem Instrument ich das denn mal versuchen solle, und er antwortete ernst und bestimmt: ›Mit dem Klavier!‹«
Guido Melle war verwirrt, glaubte zu träumen, aber der Junge blieb sichtbar und lächelte.
»Ich wußte genau, daß ich eine Vision hatte«, erzählt er. »Es war ein Engel, aber gleichzeitig war er auch ein kleiner, blonder Junge mit herrlich weißen Zähnen.«
Der Arzt suchte Rat in einem Kloster, doch dort riet man ihm, die Weisungen zu befolgen. Seitdem spielt er auf dem großen Klavier in seinem herrlichen Haus in der Altstadt von Sava, ohne je eine einzige Note gelernt zu haben.
»Ich spiele und spiele, und was ich höre, sind wunderschöne Melodien«, sagt er. »Die Welt ist voller Musik, alles ist Klang und ein herrlicher universeller Tanz zum Lobe des Schöpfers.«
Schon die alten Griechen wußten, daß Musik die Menschen zu heroischen Taten bringen, das seelische Gleichgewicht

herstellen und Ekstase auslösen kann. Und der Musikwissenschaftler Joachim Ernst Berendt meint, »daß wir den Klangcharakter der Welt in den DNS-Genen und in den Spins der Elektronen, im Wetter und im Gesang der Blumen und Pflanzen gefunden haben und irdische Musik ein Lobgesang auf das Universum ist.« Musik – sagt er – sei die Sprache der Engel.

Keineswegs als Engel, eher als perfide Elemente, empfand der freiberufliche Statiker Manfred Boden aus Bühl jene Stimmen, die sich anfangs in seine privaten Telefongespräche einschalteten und dabei ziemliche Verwirrung stifteten. Es begann mit seltsamen Geräuschen in der Leitung, setzte sich fort mit einer Art Psychoterror bei Telefonaten mit seiner Freundin und erreichte einen kaum erwarteten Höhepunkt, als sich männlich klingende Stimmen sanft aber bestimmt als Wesen der *siebenten Dimension* zu erkennen gaben und Aussagen teils physikalischen, teils philosophischen Inhalts machten, die auf zahlreichen Tonbändern dokumentiert sind. Engel am Telefon?

Mit großer Sicherheit ist auszuschließen, daß der inzwischen verstorbene Boden über drei Jahre hinweg einem Schabernack zum Opfer gefallen ist. Die – zumindest anfangs – recht lästigen Beeinträchtigungen seiner Telefongespräche führten dazu, daß die Post auf Antrag eine Fangschaltung legte. Obwohl auch während dieser Zeit zahlreiche anonyme Stimmen registriert und mit Bodens Adapter aufgezeichnet wurden, konnte die Quelle der Anrufe nicht ermittelt werden. Ist es ohnehin nur technisch versierten Laien möglich, in ein geschütztes Fernsprechsystem einzudringen, so stellt sich zusätzlich die Frage, wer über Jahre hinweg – Tag und Nacht – Zeit und Geduld gehabt hätte, ein solches Spiel mit Boden zu treiben. Daß der Mann selbst Initiator des Spuks gewesen sein könnte, ist wegen der zahlreichen Augen- und Ohrenzeugen während der Vorgänge auszuschließen. Die Stimmen klingen computerisiert und sind in Deutsch, Englisch und Französisch zu vernehmen.

»Es sind materialisierte Gedanken«, sagt der Mainzer Physiker Professor Dr. Ernst Senkowski, der auf Wunsch Bodens bei einigen der Aufzeichnungen dabei gewesen ist und später das umfangreiche Tonbandmaterial analysierte.

Der Ablauf des Phänomens deutet darauf hin, daß sowohl die mysteriösen Gesprächspartner als auch der Inhalt der Konversation eine positive Steigerung erlebten. Waren es anfangs nur willkürliche Geräusche wie Knacken und Fauchen, setzte sich der Spuk später als eine Art Geisterstimme fort, um sich im letzten Drittel auf ein Gesprächsniveau zu begeben, dem Boden intellektuell oft nicht folgen konnte. Immer wieder verwiesen die mysteriösen Stimmen darauf, daß sie weder zeitlich noch räumlich einzuordnen seien und ihr Zustand am ehesten mit »Materie und Energie« zu umschreiben sei. Boden war ausgewählt worden, weil er »ein Medium ist«. Beachtenswert an den umfangreichen Dialogen ist der Zusammenprall völlig unterschiedlicher Ebenen: Hier der realistische Techniker, da eine Intelligenz, die offenbar getrennt von Raum und Zeit agiert.

Hier ein Auszug aus den Aufzeichnungsprotokollen. Boden hatte wieder einmal die Frage nach dem Standort seiner unbekannten Gesprächspartner gestellt:

»*Stimme:* Für uns gibt es keinen Standort.

Boden: Wie kommt ihr zu unserer Sprache?

Stimme: Das sind nur Schwingungen. Es gibt keine Sprache.

Boden: So wie ich sehe, kennt ihr den Unterschied zwischen ›gut‹ und ›böse‹. Stimmt das?

Stimme: Es gibt kein ›gut‹, und es gibt kein ›böse‹.

Boden: Ihr redet von der siebenten Dimension. Ist das ein anderer Stern?

Stimme: Die siebente Dimension ist eine Dimension und kein Stern.
Boden: Wie ist euer Aussehen?
Stimme: Wir sind Energiequanten.
Boden: Ihr seid also hochentwickelt, mehr als wir Menschen. Wie kommt das zustande?
Stimme: Durch Energieakkumulation (Akkumulation = Anhäufung. Aufbau komplexer Systeme. D. Red.)
Boden: Ist es schwierig für euch, einen Kontakt mit uns herzustellen?
Stimme: Oui, Monsieur. C'est très difficile. (Ja, mein Herr. Es ist sehr schwierig.)
Boden: Meine lieben Freunde, erzählt mir was von eurer Welt, wo ihr lebt. Wie viele seid ihr dort?
Stimme: Das kann man nicht zählen.
Boden: Ja, wie viele Millionen seid ihr?
Stimme: Es gibt keine vorstellbare Zahl, die ausreicht.
Boden: Was ist eure Tätigkeit?
Stimme: Wir haben keine.
Boden: Was macht ihr die ganze Zeit, beziehungsweise den ganzen Tag?
Stimme: Es gibt keinen Tag.
Boden: Ihr müßt doch von was leben.
Stimme: Wir sind Energie.
Boden: Seit wann habt ihr Kontakt zu uns?
Stimme: Schon immer.
Boden: Könnt Ihr unser Unterbewußtsein anzapfen?
Stimme: Ja. Wir können Energie anzapfen und Energie ausstrahlen.
Boden: Kommt ihr im Auftrag von Gott und seinem Sohn Jesus Christus?
Stimme: Es gibt keinen Gott.
Boden: Was gibt es sonst?

Stimme: Materie oder Energie.
Boden: Kennt ihr ein Licht, das so hell ist, daß die Sonne einen Schatten wirft?
Stimme: Ja.
Boden: Seid ihr in der Nähe der Galaxis?
Stimme: Für uns gibt es keinen festen Standort.«
Bei diesem Dialog ist deutlich zu spüren, wie Manfred Boden in den Mustern seines materiellen Denkens verhaftet ist und den Aussagen seiner Gesprächspartner kaum folgen kann. Als Boden sie einmal fragte, ob sie denn *Verstorbene* seien, antworten sie sibyllinisch: »Es gibt keine Verstorbenen!« Folgen wir der Diktion dieser *Energiewesen,* dann ist diese sogar richtig: Energie kann nicht ausgelöscht werden, also nicht *sterben* im Sinne von *nicht mehr sein.*
Boden hat an vielen Tagen und Nächten solche Gespräche geführt, bis sie zu seinem Leidwesen an einem Samstag vor Pfingsten abrupt abgebrochen wurden. Eine männliche Stimme hatte ihm auf französisch erklärt: »Les conversations sont terminées – die Gespräche sind beendet.«
Der ansonsten recht rational eingestellte Mann hatte über die Jahre hinweg Gefallen an den Dialogen gefunden und daraufhin versucht, über Computer wieder Kontakt zu bekommen, indem er ein paar tausend Worte als *Spielmaterial* anbot, das von der *anderen Seite* hätte variiert werden können. Der Erfolg war mäßig, wenn das Resultat auch über dem Zufall lag, wie Prof. Senkowski bestätigte.
Manfred Boden ist inzwischen gestorben, doch manche PSI-Experimentatoren wollen inzwischen Kontakt zu ihm aufgenommen haben. Hatte der Mann zu Lebzeiten für sich eine Berührungsebene erschlossen, die man als *Engel-Intelligenz* bezeichnen könnte?
Von ganz anderer Qualität sind die Erfahrungen von vier jungen ungarischen Künstlern während des Zweiten Weltkrie-

ges. In der dunkelsten Zeit ihres Lebens wurden sie mit dem Einbruch einer lichtvollen Dimension konfrontiert. Im Jahre 1943, als der Antisemitismus in ganz Europa seine Schergen fand und die Gefahr durch die näherrückenden Nazis immer größer wurde, fragen die Freunde immer öfter nach dem Sinn des Lebens inmitten einer Welt, in der das Böse überhand zu nehmen scheint. So ziehen sie vom immer chaotischer werdenden Budapest aufs Land, um in der Stille eines Dorfes besser zu sich selbst zu finden.
Drei der vier Freunde – Hanna, ihr Mann Joseph und Lili – sind Juden; Gitta ist Christin. Eines Tages beschließen sie, ihre persönlichen Probleme so klar wie möglich aufzuschreiben, um sie nachher besser gemeinsam besprechen zu können. Gitta liest als erste ihrer Freundin Hanna ihre Aufzeichnungen vor, aber im darauffolgenden Gespräch wird ihnen klar, wie nichtssagend das Geschriebene ist. Als Hanna antworten will, werden die beiden von einer fremden Stimme unterbrochen.
Von diesem Tag an – einem Freitag im Juli 1943 – hören und fühlen sie die Gegenwart einer nie gekannten, lichterfüllten Kraft, die sich später – wenn auch widerstrebend – als *Engel* identifizieren ließ. Hanna übernimmt die anspruchsvolle Aufgabe, die mental empfangenen Informationen zu übermitteln. Während der folgenden siebzehn Monate offenbart sich ihnen nun nach und nach der gesuchte Sinn. Für die jungen Menschen eröffnet sich eine Dimension, die das Leben in seiner ganzen Fülle aufzeigt und die Schrecken des Krieges mit einem unglaublichen Licht überstrahlt.
Je düsterer, hoffnungsloser und bedrängender die politische Situation wird, desto intensiver und leuchtender empfinden die vier Freunde dieses Licht. Gegen Ende des Jahres 1944 bricht die äußere Realität mit Gewalt über sie herein. Hanna, Joseph und Lili werden in ein Konzentrationslager gebracht,

in dem sie bald darauf sterben. Gitta Mallasz, die einzige Überlebende, übernahm die Aufgabe, die Dokumente dieser unvergleichlichen Erfahrungen weiterzugeben. Hanna, Lili und Joseph hatten die in 88 Gesprächen erhaltenen Botschaften niedergeschrieben und sorgfältig aufbewahrt.
In ihrem letzten Fernsehinterview vor ihrem Tode für die Sendereihe »Phantastische Phänomene« sagte Gitta Mallasz: »Es waren Botschaften, die uns Kraft zum Leben gaben. Der Inhalt war weder philosophisch noch spirituell. Es war eine *Botschaft des Lebens.* Und der Engel gab uns die Kraft, alles mit einer gewissen Ausgeglichenheit zu ertragen.«
Kamen die Informationen von einer Ebene der Engel, oder war es vielleicht das Unbewußte von Hanna, das da angezapft worden ist, eine Art *innere Stimme?*
Gitta Mallasz dementiert energisch: »Oh nein, es ist meine Hälfte im Universum, ich bin seine Hälfte in der Materie. Der Engel ist mein himmlisches Abbild, ich bin sein irdisches. Anders wäre ich nicht vollständig.«
In den Religionen verkünden Engel eine Offenbarung. War das bei den jungen Ungarn genauso?
»Das Wort Offenbarung mißfällt mir«, antwortet Gitta. »Es war so etwas Natürliches. Sogar der Engel hat mir gesagt: ›Was gibt es Natürlicheres, als daß wir miteinander sprechen?‹ Es gehört zu unserer Natur, mit einem Engel verbunden zu sein.«
Wird man von einer solche Begegnung abhängig?
Gitta Mallasz lacht: »Nein, man wird unabhängig. Anfangs dachten wir, wie wunderbar, jetzt bekommen wir auf jede Frage eine wahre Antwort. Wir müßten uns nicht mehr anstrengen, Fortschritte machen, eigenständig denken. Doch die Reaktion kam bald: ›Ich mache dich nicht zur Marionette, du sollst unabhängig bleiben.‹«
Muß man um eine solche Engel-Begegnung bitten?

»Ja, sicher«, sagt Gitta Mallasz. »Denn wenn man nicht bittet, gibt es einen Mangel. Der Engel ist da, um einen Mangel auszugleichen. Seine Aufgabe ist es, unserem Mangel an Licht abzuhelfen. Er schöpft Atem durch die Materie, indem er die Materie durchdringt. Licht und Materie zusammen ergeben den Menschen.«
Einmal stellen die jungen Leute die Frage, ob denn jeder Mensch einen Engel habe. Und die Antwort der unsichtbaren Gesprächspartner lautet:

»Nein, wir sind aus Glauben. Allein aus Glauben.
Wer glaubt – dem sind wir.
Glaubst du, daß ich eine Stimme habe –
so kann ich sprechen.
Glaubst du es nicht – so bleibe ich stumm.«

Erhalten Engel erst eine Wirklichkeit, wenn wir an sie glauben? Man kann natürlich darüber diskutieren, ob es tatsächlich solche Wesen gibt, die auch außerhalb unserer Vorstellungskraft existieren. Da sie jedoch unsere Bewußtseinsebene erreichen, werden sie zu unserer geistigen Wirklichkeit.
In der TV-Sendung haben wir einige der Engel-Aussagen über Bilder von blühenden Blumen, plätschernden Gebirgsbächen und stimmungsvollem Meeresrauschen gelegt und mit der entsprechenden Musik unterstützt. Für einen Fernsehsender, der durch schnelle Schnitte und ständig wechselnde Motive die Gunst der Zuschauer sichern muß, war diese sechs Minuten dauernde Präsentation ein Wagnis. In Tausenden von Briefen wurden später die Texte bei der Redaktion angefordert. Allgemeine Aussage war: »Selten haben uns Worte so stark berührt.«
Die nun folgenden Zitate stammen aus den Büchern *Die Antwort der Engel* und *Die Engel erlebt* von Gitta Mallasz

(Daimon-Verlag, Zürich). Langsam gelesen eignen sie sich als Imaginationstexte zur Stärkung des Immunsystems ebenso wie als Meditation zur Erhaltung des Wohlbefindens. Sie geben uns vor allem Hinweise darauf, wie wir uns als Menschen in dieser Welt besser verstehen lernen können:

»Kämpfe nicht gegen die Krankheit!
Stärke die Gesundheit!
Das ist nicht dasselbe.
Verbessere nicht das Schlechte –
stärke das Gute!«

»Ich sage dir noch eines: Lobe!
Lobe in jedem, was zu loben ist.
Wahres Lob baut auf –
Wunder wirst du erleben!«

»Was der Saft für die Pflanze –
ist für den Menschen die Lebenslust.
Seid immer voller Lebenslust.«

»Das Lächeln ist das Gebet
einer jeden Zelle.«

»Du bist nicht nur erschaffenes Geschöpf.
Du erschaffst und zerstörst
vor allem dich selbst.«

»Jede deiner Taten tust du an meiner statt.
Gib acht! Verunstalte mich nicht!«

Nachdenkenswert war eine Antwort auf Lilis Frage, wie sie den Menschen besser *erkennen* könne.

»Menschenkenntnis?
Es gibt sie noch nicht;
denn es gibt *den* Menschen noch nicht,
der Mensch ist so groß,
daß selbst ich ihn nicht sehe.«

Wichtigste Erkenntnis scheint zu sein, daß bei den Beziehungen zwischen der Welt der Engel und der Menschen eine Wechselwirkung erzielt wird. Die vier jungen Leute erkannten nach einigen Gesprächen mit ihren unsichtbaren Begleitern, daß sie für diese genauso verantwortlich waren wie für sich selbst.
»Ich begann zu ahnen«, schrieb Gitta Mallasz, »daß das Schicksal des Menschen, der seinen Engel nicht erreicht, der sich seiner ständigen Anwesenheit nicht bewußt wird, ebenso tragisch ist wie das Schicksal des Engels, der seinen Schützling nicht erreichen kann, da sich dieser ihm verwehrt.«
Immer wieder war in den Dialogen von der Kraft des positiven Denkens die Rede und davon, die Macht von Gedanken und Worten nicht zu unterschätzen. Auch der Aufruf zur Freude, zur Lebenslust, war unüberhörbar. Ja, sie wurde zur unerläßlichen Vorbedingung für die Inkarnation des Göttlichen im Menschen gemacht. Immer wieder wird in den Botschaften an die Verantwortung jedes Individuums appelliert. Die in vielen Religionen verankerte Meinung, das Schicksal des Menschen sei festgelegt und er erfülle damit die durch seine Handlungsweise hervorgerufene karmische Bestimmung, wird von den Engeln nicht geteilt.
»Wenn du dich umgestaltest, ist die Materie gezwungen, sich auch umzugestalten«, heißt es. Jeder hat wohl schon an sich erfahren, daß eine Veränderung des Bewußtseins auch materielle Situationen verändert. Das Bild vom Spiegel, der immer

nur das wiedergeben kann, was wir eingeben, illustriert das Thema am besten.
Joseph, Lili, Hanna und Gitta wollen von ihren unsichtbaren Gesprächspartnern immer wieder wissen, wo sie sich denn befänden, an irgendeinem Platz im Himmelreich? Doch ähnlich wie bei den Aussagen aus der *siebenten Dimension* scheinen Ort- und Zeitbestimmungen das größte Problem *auf der anderen Seite* zu sein.
»Die Engel leben nicht im Zeitstrom wie wir«, erkannte später Gitta Mallasz, »sondern im zeitlosen Jetzt. Oft war ich deshalb unsicher, von welcher Zeit sie jeweils sprachen, von der menschlichen *meßbaren* oder der *unmeßbaren* auf ihrer Seite.«
Die jungen Leute waren einem wahren Ansturm geistiger Erkenntnisse ausgesetzt, die von verschiedenen Ebenen herzurühren schienen, aber doch gleichsam aus einer Quelle kamen. Die Empfänger begriffen, warum sie die Informationen nur alle acht Tage erhielten. So lange dauerte es nämlich, bis sie die gefühlsmäßig aufgenommenen Texte entschlüsselt und in ihre Wirklichkeit übertragen hatten.
Jeden Freitag um drei Uhr nachmittags erschloß sich ihnen eine Welt, die positiv und lebensfroh beschrieben wurde und sie auf die unendlichen Möglichkeiten ihrer Existenz quer durch alle Ewigkeiten hinwies. So erkannten sie ebenso ihre eigene Unsterblichkeit wie die Verantwortung für sich und alles, was existiert. Die *Botschaft der Engel* erreichte damit nicht nur die vier jungen Ungarn, sondern über die Veröffentlichungen von Gitta Mallasz, über Radio- und Fernsehsendungen und nicht zuletzt auch über dieses Buch all jene Menschen, die bereit für sie sind.
Seit der Renaissance der Engel als geistiges Prinzip beschäftigen sich nicht nur viele Sachbuchautoren mit dem Thema, auch in Seminaren werden Ratschläge erteilt, wie man zu die-

sen Sphären am besten in Kontakt treten kann. Das schottische Dorf Findhorn war in den sechziger Jahren ein Eldorado für eine besondere Form von Engeln, den Devas, die als Naturgeister wahre Wunder vollbracht haben sollen. Die Heerscharen sind inzwischen abgezogen, doch die Findhorn-Pionierin Dorothy McLean verbreitet deren Botschaft unermüdlich und überall.

»Ich habe keine Methode, die einfach in zehn Stunden oder zwei Wochenenden vermittelt, wie man mit Engeln oder dem höheren Selbst spricht«, sagt sie. »Die Menschen wollen möglichst sofort einen solchen Kontakt, aber wahre Verbindung entsteht aus unserem eigenen Wesen und aus der Ganzheit des Lebens. Es handelt sich weniger um Erlernbares, sondern mehr darum, was wir im Laufe unseres Lebens werden. Womit wir uns verbinden, ist das, was wir sind, und nicht so sehr das, was wir mit Worten sagen. Um mit Engeln zu verkehren, bedarf es wirklich einer besonderen Einstellung zur Ganzheit des Lebens, zu anderen und uns selbst gegenüber.«

Penny McLean, die ihre Erfahrungen mit Engeln in mehreren Büchern beschrieben hat, meint: »Die erste Bedingung für eine bewußte kooperative Zusammenarbeit mit geistigen Wesen ist das Wissen, daß es sie wirklich gibt.«

Die Autorin empfiehlt *innere Einkehr* als tägliche Zehn-Minuten-Übung und das Trainieren der inneren und äußeren Wahrnehmungsfähigkeit. Engel-Experten raten, diese subtilen Kontakte zu kultivieren, um den Rat der unsichtbaren Wesen auch in Konfliktsituationen zu hören. Es paßt zur Art dieser Kommunikation über verschiedene Bewußtseinsebenen hinweg, daß sie den Menschen in seiner Einstellung zum Leben positiv verändert. Wer seinen Engel akzeptiert, wird angstfrei und selbstbewußt.

»Ich erinnere mich«, schrieb Gitta Mallasz, »daß ich es ganz

natürlich fand, als mein Engel zum ersten Mal zu mir sprach. Es war etwas, das zu seiner Zeit kommen mußte und nun gekommen war, wenn auch vollkommen unerwartet. Es war, wie wenn ein Apfel zur rechten Zeit vom Baum fällt.«
Wie andere Engel-Spezialisten war auch Gitta der Meinung, daß die in einem menschlichen Körper inkarnierte Seele ihre geistige Entsprechung in der Welt der Engel findet.
»Wir sind ohne unsere ergänzende, numinose Hälfte, ohne den Engel nur halb«, schrieb sie. »Genauso ist der Engel ohne uns nicht in der Lage, seine Aufgabe zu erfüllen.«
Die folgende Aussage weist deutlich darauf hin:

»Reich mir die Hand!
Wir sind das Band, die Brücke, der Bogen
zwischen unten und oben.«

Auch die Engel mögen ihre Heimat im einstigen Atlantis gehabt haben, dem geistigen Paradies, aus dem sie zusammen mit dem Menschen vertrieben wurden.

10 Ozean des Wissens

Von der Pythia zum Channeling

Die junge Frau liegt auf dem Boden, ihr Körper ist eingehüllt in eine Wolldecke, die Hände liegen entspannt auf dem Bauch, ihre Augen sind geschlossen. Um sie herum in der Münchner Wohnung sitzen eine TV-Journalistin, ein Buchautor und ein Bildhauer, stellen Fragen und sorgen dafür, daß die Antworten von einem Tonbandgerät aufgezeichnet werden, damit sie später abgeschrieben und veröffentlicht werden können. Das daraus entstandene Buch *Neues Wissen – neues Denken – für eine bessere Zukunft* (Ariston-Verlag, Genf) ist nicht das Resultat langen Nachdenkens, niemand hat dafür recherchiert und Material zusammengestellt. Die Informationen stammen aus der *überpersönlichen Sphäre* von Safi Nidiaye, die sich noch vor einiger Zeit als Redakteurin einer Zeitschrift mit dem Schreiben genauso abplagte wie die meisten ihrer Kollegen.

Der Tag der Wende nahte, als eine Freundin mit privaten Problemen um Rat bat. Safi begann Dinge zu sagen, die ihr fremd waren. Sie staunte über ihre langen Ausführungen und die tiefe Bedeutung, die ihre Ratschläge hatten. Sie hörte sich reden, aber die Inhalte waren nicht von ihr, sondern aus einer Bewußtseinsebene, die sie später als *Ozean des Wissens* definiert, einer raumzeitlosen Sphäre, in der alles Wissen vorhanden und auch abrufbar zu sein scheint. Zugang zu diesem kosmischen Archiv erreicht jeder auf ganz verschiedene Weise, die abhängig ist vom Stand seiner geistigen Entwicklung. Die Informationen manifestieren sich durch einen langen

Weg der Erkenntnis, durch künstlerische Prozesse wie Malen, Komponieren und Schreiben oder durch eine bestimmte Form der Trance, in der sich ein Mensch öffnet und zum Kanal wird für Mitteilungen aus anderen Dimensionen. Voraussetzung dafür ist die Sehnsucht nach Wissen und der Wunsch, über das Alltagsgeschehen hinaus nach Wahrheiten zu suchen.

Das Verfahren ist nicht neu und wird in zahlreichen medi-umistisch übermittelten Überlieferungen aus Atlantis ebenso beschrieben wie in korrekt-historischen Schilderungen klassischer Orakel des Altertums. So fiel die Pythia in Delphi über aufsteigenden Dämpfen in Trance, um Gott Apollo ihre Stimme zu leihen. Heute wäre sie als *Channeling-Medium* in Talk-Shows ein gerngesehener Gast.

Channel heißt Kanal, und die als Vermittler solcher Botschaften agierenden Medien arbeiten auf verschiedene Weise. In *Tieftrance* verlieren sie während der Durchgaben ihr Wachbewußtsein, wobei sich Stimme und Sprechweise stark verändern können und sie nach Beendigung einer solchen Sitzung nicht wissen, was sie gesagt haben. *Bewußte Channels* hören ihren Text und können ihn kontrollieren. Die Art des Sprechens ändert sich nur wenig. Zwischen tiefer Trance und wacher Konzentration gibt es zahlreiche Abstufungen.

Auch der Weg zum *Channeling* ist individuell und wird meist spontan ausgelöst, unterstützt durch eine natürliche Entspannung oder eine konzentrierte Meditation. Übung macht auch hier den Meister und steigert die Leichtigkeit und Genauigkeit der Übermittlung.

Die Qualität der erhaltenen Texte reicht vom Erhabenen bis zum Lächerlichen und ist nach den Erfahrungen von Verlegern, die auf diese Weise übermittelte Bücher veröffentlichen, abhängig von der Substanz des Empfängers.

»Beim Channeling ist das individuelle Bewußtsein des Mediums an der Übersetzung des Materials beteiligt«, sagt Safi Nidiaye. »Deshalb ist die eigene Formulierungsfähigkeit sehr wichtig.«

Channeling-Medien sind Menschen, die höhere – überpersönliche – Bewußtseinsebenen erreichen und dann als eine Art Schaltstelle fungieren, um Antworten zu erhalten, die in ihnen selbst schlummern. Doch inzwischen scheint das große Erwachen einzusetzen, das neue Dimensionen erschließt und neue Fähigkeiten entwickelt.

»Bei Menschen, die meditieren und auch sonst recht ruhig und friedfertig sind, findet dieser Vorgang ständig statt«, sagt Safi Nidiaye. »Was das natürliche Channeling überdeckt, ist der Lärm der Gedanken. Sorgen, die in Wirbeln und Spiralen immer um dasselbe Thema kreisen, aber auch solche Gefühlskerne wie Angst, Wut oder Haß machen viel inneren Lärm. Schöpferische Gedanken sind von ihren Mustern her ruhiger, breiter, friedlicher. Da kann dann Inspiration durchkommen.«

Für Künstler ein unabdingbarer Vorgang. Goethe hat einmal die Frage gestellt: »Was schreibt aus mir?«, und Mozart soll geäußert haben, daß alle die Sinfonien, Opern und Klavierkonzerte schon in einem »himmlischen Äther« vorhanden seien und er »nur abschreibe«. Der Komponist Joseph Haydn war ein alter Mann, als sein herrliches Werk *Die Schöpfung* zum ersten Mal aufgeführt wurde. Er begann zu weinen und sagte: »Das habe nicht ich gemacht.«

Auch die moderne Gehirnforschung hat die Fragen nicht beantworten können, was *Phantasie* wirklich ist und wie *Kreativität* eigentlich entsteht. Hat Sheldrake recht, wenn er von einem Erd-Gedächtnis in der Form *morphogenetischer Felder* spricht, einer kosmischen Datenbank, in dem jedes Wort, jeder Gedanke gespeichert ist und in dem jedes Lebewesen in ständiger Resonanz steht?

Als Safi Nidiaye zusammen mit ihrer Gruppe das Buch *Liebe ist mehr als ein Gefühl* (Ariston-Verlag, Genf) beendet hatte, stand sie staunend vor diesem Werk. Wer hatte es wirklich geschrieben, wer sprach da eigentlich aus dem Mund der Frau, mit ihren Vokabeln als Spielmaterial? Der Name eines *Meisters* ist nicht übermittelt worden, erst recht keine interessante Biographie. Dafür haben *Die Autoren* erklärt, wie der Text zustande gekommen ist: »Wer hier spricht, seid ihr selbst, aber von einer tieferen Schicht eures Bewußtseins. Wortführer ist die tiefere Schicht von Safis Wesen. Dort besteht keine scharfe Trennung, die Grenzen von Safis Wesen sind fließend. Indem ihr hier zusammensitzt und gemeinsam durch diesen Prozeß geht, seid ihr verbunden – miteinander und mit uns.«
Safis *gechannelte* Bücher unterscheiden sich in Inhalt und Qualität wohltuend von anderen Veröffentlichungen, in denen sich exotisch klingende Autoren verwirklichen, die *Urius* oder *Ashtar* heißen, *Pan* oder *Gabriel* und die pathetisch zur Umkehr mahnen und dabei auf Kernsätze der Weltreligionen oder alter Mythen zurückgreifen. Da gibt es komplizierte Aussagen über Entstehung und Aufbau des Universums, über die Frühgeschichte oder außerirdische Brudermenschheiten, die zur Rettung der Erde aufgebrochen sind.
Die neuen Texte von Safi Nidiaye weisen auf die Situation der Menschen im anbrechenden neuen Zeitalter, befassen sich mit Utopie, Politik und Spiritualität, mit der Zukunft der Nationen und den Fähigkeiten, die jeder entwickeln kann, um sich individuelle Freiräume zu schaffen: Intuition, Zeitgefühl und Freude als Maßstab für Gesundheit.
In dem Kapitel »Die neuen Kinder« schöpft Safi aus dem *Ozean des Wissens* Informationen über Erdenbürger, die jetzt und in den kommenden Jahren geboren werden, an der Schnittstelle zwischen zwei Zeitaltern: Kinder, die aus der

Zukunft sind. Sie kommen – so die Durchgabe – mit völlig neuen und andersartigen Voraussetzungen auf die Welt. Da der Text völlig neue Aspekte enthält, hier einige Kernsätze:

»In der Zeit, die nun anbricht, könnt ihr viel lernen von alten, weisen Wesen, die in Gestalt von Kindern zu euch kommen ... Die Wesen kommen aus einer anderen Richtung ... unbelastet von den Bürden, die ihr auf dem Buckel tragt. Ohne sie würde eure Welt sich in dieser Zeit verfinstern.«

»Öffnet euch der Begegnung, indem ihr diese Wesen respektiert und ihnen so gegenübertretet, wie ihr auch einem Erwachsenen gegenübertreten würdet.«

»Diese Wesen sind so ähnlich, wie ihr euch Engel vorstellt. Unbelastet, unschuldig und frei. Und sie kommen in eine Welt, die für sie sehr dicht, sehr dunkel und sehr verwickelt ist.«

»Ihre Klarheit ist größer, dadurch sind ihre Kraft größer und der Wille stärker und der Wunsch, sich mit den Dingen bewußt auseinanderzusetzen.«

»Sie werden sich nicht einsam fühlen, denn es sind viele, viele, und sie kennen einander.«

»Die Chance zur Befreiung ist in eurer Zeit besonders groß. Es ist eine Zeit, in der viele Strömungen zusammentreffen. Es ist eine sehr verdichtete Zeit, die viele Chancen enthält. Wenn ihr euch das vor Augen haltet, braucht ihr nicht mehr so laut zu klagen über die äußeren Umstände, die euch manchmal so bedrückend, bedrohlich, ja katastrophal erscheinen. Nehmt es nicht so sehr als die Wirklichkeit, nehmt es vielmehr als Chance.«

Die Aussagen, die durch das Gehirn und den Denk- und Sprechapparat des Mediums Safi Nidiaye in die Welt gelangt sind, habe gute Chancen, die Qualität der Bücher von Jane Roberts zu erreichen, die von einer *multidimensionalen We-*

senheit namens Seth diktiert sein sollen und deren grundlegende Aussage ist, daß alle Menschen Teile einer universellen Idee sind und sich ihre eigenen Realitäten schaffen. Seth bestätigt die Möglichkeit der Wiedergeburt, weist aber auch auf das Gesetz der Gleichzeitigkeit hin, nach dem alles auf dieser Welt *gleichzeitig* geschieht: Anfang und Ende sind nicht voneinander zu trennen. So wie ein Fluß *gleichzeitig* auch Quelle und Fluß ist oder in einem Buch Anfang und Schluß enthalten sind, so schaffen wir unsere momentane Realität, weil uns ein selbstgewähltes begrenztes Sehen dazu zwingt.

Wenn der Literaturwissenschaftlerin Dr. Varda Hasselmann jemand prophezeit hätte, sie würde eines Tages als Trancemedium arbeiten und täglich Kontakt mit einer nicht greifbaren Informationsquelle haben, sie hätte ihn ohne Zögern für verrückt erklärt. Nach dem Staatsexamen bereitete sie ihre Promotion über die Entstehungsbedingungen mittelalterlicher Ritterromane vor, lebte mit König Artus und den Rittern der Tafelrunde. Die Anregung zum *Channeling* hatte ihr damaliger Mann Frank aus den USA mitgebracht. Über lange Zeit arbeitete sie ausschließlich mit einem Pendel und einer Buchstabenskala, doch der Empfang von Wörtern, Sätzen oder gar vollständigen Texten war mühsam und langwierig. Sie hatte eine *Quelle* entdeckt, die prinzipiell jede Frage beantwortet, soweit sie für den Fragenden nicht schädlich ist. Als sich Varda einmal über die Schwierigkeiten der Textübertragung beklagte, erhielt sie den Rat, sich nach einem Hypnoselehrer umzusehen. Eine hypnotische Trance würde die Übermittlung direkter gestalten und weniger anstrengend sein.

Varda Hasselmann lernte einen erfahrenen, sensiblen und kreativen Mentor kennen, der sie eine subtile, genau auf ihre Fähigkeiten zugeschnittene Trancetechnik lehrte. Bereits

nach wenigen Monaten kamen ihr während einer medialen Sitzung Worte über die Lippen, die »nicht von ihr« waren. Seitdem bietet Varda Seminare und Vorträge an, in denen sie sich hauptsächlich mit der Grundstruktur der Seele befaßt.
In etwa siebzig Sitzungen wurden die Wortprotokolle für das Buch *Welten der Seele* (Goldmann-Verlag, München) aufgezeichnet, deren Ursprung Varda Hasselmann und Frank Schmolke als *Quelle* bezeichnen, mit der sie bereits seit einem Jahrzehnt vertrauteren Umgang pflegen. Varda: »Sind diese Durchgaben wirklich Botschaften einer transpersonalen Wesenheit oder entspringen sie vielleicht meiner blühenden Phantasie? Ich mag es nicht entscheiden.«
In einer Trancesitzung zapfte Varda ihre *Quelle* nach Informationen zu dem Phänomen der Kreise und Zeichen im Korn an, das wohl zu den größten Rätseln unserer Zeit gehört, von Jahr zu Jahr beeindruckender wird und im Widerspruch zum wissenschaftlichen Weltbild steht. Allein in einem Jahr wurden rund 500 neue Zeichen im Korn gezählt, die meisten in Südengland, aber auch in den USA, Kanada, der ehemaligen Sowjetunion, in Japan und Australien. Auch in Deutschland tauchten Formationen auf, falsche und echte.
Die Antwort der *Quelle* nach Bedeutung und Urhebern dieser Botschaften bleibt mirakulös:
»Der Sinn der Zeichen erfüllt sich zuallererst darin, euch zu bedeuten, daß selbst mit aller Anstrengung und mit dem Einsatz aller euch bekannten naturwissenschaftlichen Methoden nicht alles beschreibbar, nicht alles deutbar, nicht alles begreifbar ist.«
»Die Zeichen wollen euch sagen, daß es an der Zeit ist, wirklich von der analytischen, kognitiven Auffassung von den Zusammenhängen in der Natur zu einer synthetischen, ganzheitlichen überzugehen.«
»Die Kornkreise enthalten eine existentielle und essentielle

Aufforderung, das Bewußtsein zu erweitern und die Möglichkeit der instinktiven Erkenntnisfähigkeit, der poetischen Deutung solcher Mitteilungen neu in Betracht zu ziehen.«

»Sie sind eine Zeichensetzung dafür, daß euer Horizont der Ausweitung bedarf.«

»Die Kornkreise sind geschaffen von denen, die Mitgefühl haben mit den Begrenzungen eures Verstandes und die euch erlösen möchten von den Fesseln, die ihr nicht mehr nötig habt.«

»Wir wünschen euch, daß ihr in den kommenden Jahrzehnten aus eurer Naivität herauswachst und mehr Verständnis entwickelt für die unendlich große Welt energetischer Phänomene, mit denen ihr täglich in Berührung seid, die in euch und außerhalb von euch existieren und die dennoch bei euch auf so geringen Widerhall stoßen.«

Jeder mag die Beispiele aus den von Varda Hasselmann und Safi Nidiaye gechannelten Texten nach seinem Wissens- und Toleranzstand beurteilen, akzeptieren oder verwerfen. Nicht die Inhalte der Durchgaben sind das Wesentliche, sondern die Tatsache, daß es geschieht, könnte die kulturelle Öffnung des materialistischen Westens gegenüber möglichen geistigen Realitätsebenen öffnen und der Weisheit im Menschen eine Sprache geben.

11 Rettung für den Wald

Rezepturen aus dem Grenzenlosen

Daß durch das *Channeling* nicht nur Nahrung für Geist und Seele transportiert wird, sondern hin und wieder ganz pragmatische Vorschläge zur Verbesserung der materiellen Welt, zeigt sich in den Erfahrungen des Heilers Hans-Peter Paulussen und des Unternehmers Wolfgang Zönnchen. War es bei dem einen die Rezeptur für eine neue Salbe, mit der innerhalb von wenigen Wochen schwere Hauterkrankungen bei drei Patienten abgeklungen sind, war es bei dem anderen ein ganzer Wald, der mittels Rezeptur aus dem Grenzenlosen von schädlichen Umwelteinflüssen geheilt wurde.

Bei seiner Tätigkeit als Trancemedium will Paulussen eine männliche Stimme vernommen haben, die sich ihm als *Dr. Gustav Nußbaum* vorstellte, der einem Team von *bedeutenden Wissenschaftlern und Ärzten in der anderen Welt* angehört. Er gab vor, Kindern helfen zu wollen, die an der furchtbaren Hautkrankheit Neurodermitis leiden. Daraufhin wurden ihm die ersten vier Kräuter und ätherischen Öle genannt, einschließlich genauer Gewichtsangaben und Mischungsverhältnisse. Im Laufe der folgenden Monate wurde die Rezeptur vervollständigt. Sie enthält insgesamt 28 Ingredienzien, darunter Johanniskraut, Hamamelis, Kamille, Aloe, Jojoba- und Avocado-Öl, die mit reiner Melkcreme als Grundlage bei einer konstanten Temperatur von 40 Grad angesetzt wurden.

Paulussen bot das Produkt dem österreichischen Arzt Dr. Leonhard Hochenegg an, der selbst an Neurodermitis litt.

Verblüfft registrierte Hochenegg eine Besserung seines Zustandes und gab daraufhin die Salbe an einige seiner Patienten weiter, die ebenfalls eine deutlich heilende Wirkung verspürten. Hochenegg war es auch, der in einem Verzeichnis bedeutender Ärzte dieses Jahrhunderts nachschlug und auf den Namen Dr. Gustav Nußbaum stieß, ein jüdischer Arzt, der in den zwanziger Jahren in München praktizierte und 1944 im Konzentrationslager Auschwitz starb.
Inzwischen hat Paulussen die Lizenz für Herstellung und Vertrieb *seiner* Salbe einer Gesellschaft für Naturkosmetik verkauft, von der sie unter dem Namen *Alphaderm* vertrieben wird. Die Mixtur aus natürlichen Bestandteilen ohne chemische Konservierungsstoffe wurde inzwischen mehrmals getestet, unter anderem in einer Praxis für Naturheilverfahren in Telgte: Bei etwa 80 Prozent von 250 damit behandelten Patienten verschwand der quälende Juckreiz binnen einer Woche.
Niemand wird letztendlich beweisen können, ob Paulussen beim Experimentieren mit verschiedenen Heilkräutern nicht selbst auf das Mischungsverhältnis gekommen ist und der Name *Nußbaum* eine Inspiration war. Egal wie, der große Heiler Paracelsus (1493–1541) pflegte zu sagen: »Wer heilt, hat recht.« Warum da noch Fragen stellen?
Für Wolfgang Zönnchen sollte der Besuch in einem bayerischen Wirtshaus sein Leben verändern. Der Unternehmer diskutierte mit einigen Freunden am Biertisch die Ereignisse des Tages, als er plötzlich eine *innere Stimme* hörte.
»Etwas sprach zu mir«, erinnert sich Zönnchen. »Natürlich schob ich alles auf die Maß Bier, die vor mir stand.« Während die Freunde weiter palaverten, schrieb der Mann auf einen Zettel, was er zu hören bekam. Es waren Anmerkungen zu den Themen, die in der Runde angeschnitten wurden, abstrakt formuliert und abgehoben vom Alltag.

»Eure Gedanken schaffen das Unabdingbare«, hieß es da. »In allem, was ihr fragt, ist bereits die Antwort. Je mehr ihr zurückfindet zur Einheit, aus der ihr seid, um so mehr könnt ihr begreifen, was ihr seid.«
Seltsame Sätze. Zönnchen legte sie seinen Freunden vor, doch die Reaktion war keineswegs ein schallendes Gelächter. Die Runde wollte mehr hören. Und Zönnchen konnte liefern. Zwar nicht am gleichen Abend, doch in den Tagen danach. Inzwischen sind über tausend eng beschriebene Seiten *diktiert* worden und in zwei Büchern veröffentlicht. Zönnchen hat die Anteile seiner drei Firmen verkauft, gibt Seminare und hilft, ein Wissen zu verbreiten, von dessen Existenz er noch vor einiger Zeit keine Ahnung hatte. Er erlebte eine regelrechte Bewußtseinsexplosion, stellte Fragen: Warum stirbt der Wald? Was ist dagegen zu tun? Und er erhielt Antworten.
Seine unbekannte Informationsquelle führte ihn auf den Weg zur Homöopathie. Er experimentierte, rührte Mixturen aus Erde, Tannennadeln und anderen Zutaten aus der Schatzkammer von Mutter Natur zusammen. Er probierte sein Mittel an verschiedenen geschädigten Gewächsen aus. Eine dahinsiechende Tanne und ein kranker Haselnußstrauch begannen sich zu erholen.
Zönnchen war sicher, Hinweise zur Rettung des bedrohten Waldes erhalten zu haben.
In Bayern fand der Außenseiter kein Gehör. Erst ein österreichischer Freund vermittelte einen von der Landesregierung finanzierten Großversuch in Vorarlberg. Hubschrauber versprühten einen halben Liter der Urtinktur, verdünnt in 10 000 Liter Wasser, über ein abgegrenztes Areal. Die angrenzenden Baumbestände wurden dabei nicht berührt. Das Ergebnis war verblüffend: Das Absterben der Bäume kam zum Stillstand, ein Teil davon erholte sich wieder.

Irritiert befragten die Experten den Mann aus Bayern: Wie haben Sie das gemacht? Das Fernsehen berichtete über das Experiment, in den *Tagesthemen* erschien eine Reportage. Doch das Wunder blieb aus. Im Strudel der täglichen Ereignisse interessierte sich bald niemand mehr für Zönnchen und sein homöopathisches Mittel zur Rettung des Waldes. In einer medial empfangenen Information hieß es dann auch: »Ihr habt keine Chance, das neue Zeitalter zu erleben, wenn ihr nicht aus eurer Lethargie erwacht. Ihr schlaft noch und denkt dabei, daß ihr wachsam seid ...«

Zönnchen nahm sich vor, wachsam zu sein. Er entlockte seiner geistigen Quelle eine weitere Rezeptur, aus der sich über lange Zeit ein Mittel zur Verbesserung schlechter Blut- und Leberwerte beim Menschen entwickelte. Im Test bei einer Heilpraktikerin ergaben sich verblüffende Resultate: Oft jahrzehntelange Beschwerden bei Patienten verschwanden. Abgesehen von den klinischen Befunden hatte die Behandlung auch eine tiefgehende harmonisierende Wirkung. Zönnchen nannte die von ihm medial empfangene Methode *Harmopathie*.

»Sie regt den Menschen über eine an sein Blut gegebene Information an, seine inneren Disharmonien zu erkennen«, erklärt Zönnchen. »Dadurch werden sie aufgelöst, und die Krankheit hat die Möglichkeit, gewissermaßen von selbst zu verschwinden.«

Anders als bei der klassischen Homöopathie genügt bei der *Harmopathie* ein einziges Mittel, das nach einer Blutuntersuchung individuell für einen ganz bestimmten Menschen zusammengestellt wird und dann nur ein einziges Mal als Tropfen eingenommen werden muß. Wie probat die übermittelte Entdeckung wirkt, versucht Zönnchen auch am Beispiel eines 80 Jahre alten Imkers zu demonstrieren, der nach einer einzigen Behandlung von einer schmerzhaften Arthro-

Der von dem Ingenieur Rudolf Gantenbrink konstruierte Mini-Roboter UPUAUT ntdeckte eine Tür mit Metallbeschlägen in der Cheops-Pyramide. Ein Jahrhundertereignis.

2 *Die von der Lava eines Vulkans konservierte Metropole auf der ägäischen Insel Santorin soll Teil des sagenhaften Atlantis gewesen sein.*

3 *Der Atlantis-Forscher Joachim Rittstieg vermutet Atlan – die alte Hauptstadt der Mayas – unter der Oberfläche des mittelamerikanischen Sees Izabal. Hier eine Rekonstruktion.*

4 Unsere kosmische Heimat: Das Sonnensystem mit seinen neun Planeten und den dazugehörigen Monden. Das von der NASA angefertigte Schaubild zeigt links oben unsere Milchstraße, von der wir ein winziger Teil sind. Rechts oben der Planet Erde mit seinem Trabanten, dem Mond.

5 Die inneren Planeten bei ihrer Reise um die Sonne: Merkur, Venus, Erde und Mars. Deutlich zu erkennen ein auf die Sonne zurasender Komet.

6 *Die Große Pyramide auf dem Plateau von Gizeh: Das letzte der Sieben Weltwunder der Antike.*

7 Der Gang zur Königskammer in der Großen Pyramide. Auch dort wurde die Mumie des Pharao nicht gefunden.

8 Die Tempel der Mayas in Tikal (Guatemala) gehören zu einem Pyramidengürtel rund um die Erde.

9 Der altägyptische Gott Thot als Eingeweihter von Atlantis. Die Darstellung des sich ständig erneuernden Wassers symbolisiert den Kreislauf der Wiedergeburt allen Lebens.

10 Die Berliner Architektin Merete Mattern (im Gespräch mit Rainer Holbe) will auf Atlantis gelebt und Erinnerungen an die städtebaulichen Strukturen haben.

11 Preisgekrönter Entwurf von Merete Mattern: ein Teil von »Solar-City«, einer ökologisch konstruierten Stadt der Zukunft.

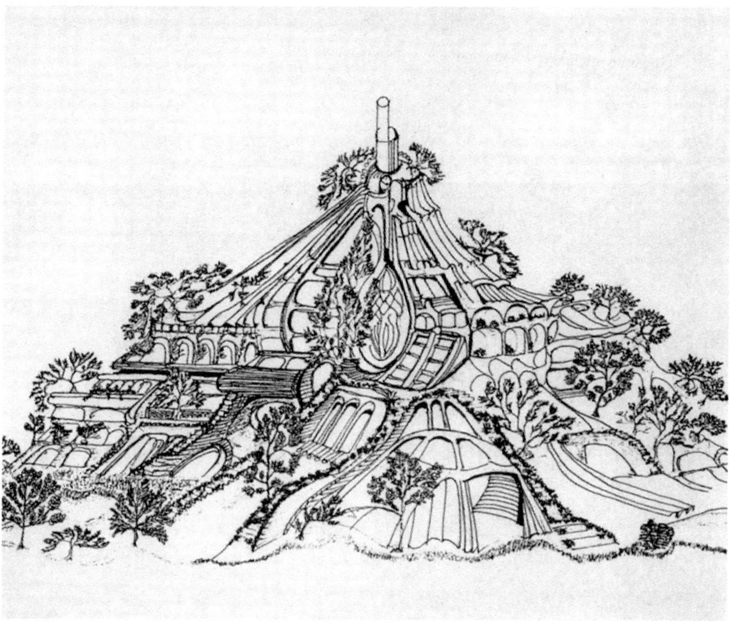

12 In der Sendung »Phantastische Phänomene« berichteten der Religionslehrer Uwe Wolff (links) und die Malerin Jutta Stroeter-Bender von Begegnungen mit Engeln, die ihr Leben veränderten.

13 Den italienischen Arzt Dr. Guido Melle soll ein »Engel der Harmonie« zum Klavierspielen für kranke Kinder animiert haben.

14 Der Bühler Statiker Manfred Boden erlebte über Jahre hinweg mysteriöse Gesprächspartner am Telefon.

15 Der Unternehmer Wolfgang Zönnchen (links) will die Rezeptur eines homöopathischen Mittels zur Rettung des kranken Waldes aus »anderen Sphären« erhalten haben.

16 Die Literaturwissenschaftlerin Varda Hasselmann (in rotem Kostüm) berichtet von ihren Erfahrungen als Trance-Medium.

17 Franz Bludorf und Grazyna Fosar haben als Mathematiker und Astrophysiker Kontakt zu »anderen Bewußtseinsebenen« gefunden. Inzwischen praktizieren sie als Heilpraktiker in Berlin.

18 *Visionen aus früheren Leben verspricht der Heilpraktiker Wolfgang Beer (zweiter von rechts) den Teilnehmern seines Experimentes: Johannes Fiebag, Dagmar Berg und Hugo K. Kinas.*

19 *Der Ethnologe Dr. Christian Rätsch beschäftigt sich mit der Wirkung von Zauberpflanzen und magischen Steinen.*

20 Ausflug in ein magisches Bewußtsein. David Luczyn mit seiner Gruppe an den Externsteinen.

21 Der Steinsarg im »Kessel der Wiedergeburt« diente den keltischen Druiden als Einweihungsstätte. Auch heute noch zeigt er Wirkung auf die Menschen.

22 Der Universitätslehrer Professor Dr. Paul Tholey entdeckte für sich und seine Studenten das »Klarträumen« als »Weg zum Selbst«.

23 Die Hexe Zsuzsanna Budapest reinigt mit einem alten Ritual die Atmosphäre von Arbeitsräumen und Wohnungen.

24 *Die Initiatoren des Projektes »Atlantis 2000«: Helga und Hans-Jürgen Müller aus Stuttgart.*

25 *Der Heilpraktiker Berthold A. Mülleneisen vertraut auf die positive Wirkung von Heilgebeten.*

26 *Prof. Jesco Freiherr von Puttkamer denkt als Planer der amerikanischen Weltraumbehörde NASA weit ins dritte Jahrtausend hinein.*

27 Was ändert sich auf der Erde, wenn wir von der Existenz einer außerirdischen Intelligenz erfahren haben? Im Fernsehstudio diskutierten (von links) Philosoph Prof. Ulrich Jürgen Heinz, Theologe Prof. Rainer Koltermann, NASA-Manager Prof. Jesco von Puttkamer, Moderator Rainer Holbe, Astronom Prof. Heinz Kaminsky und UFO-Experte Luc Bürgin.

28 Heilen mit der Kraft der Gedanken? Die TV-Moderatoren Josef Kirschner (links) und Rainer Holbe stellten die Österreicherin Elfie Lienhardt vor, die eine drohende Erblindung abwenden konnte.

29 Das Riesenteleskop von Arecibo in Puerto Rico soll im Auftrag der NASA intelligente Signale einer fernen Zivilisation im All aufspüren.

30 Bewußtseinsforscher Dr. Elmar R. Gruber: »Der Kontakt mit einer außerirdischen Intelligenz wäre das größte intellektuelle Abenteuer der Menschheit.«

se befreit wurde. Ob sich die ungewöhnliche Methode durchsetzt, steht in den Sternen. Zönnchen sieht die *Harmopathie* nicht als Konkurrenz zur Schulmedizin, sondern als wirkungsvolle Ergänzung. »Ein Patient, der harmopathisch behandelt wird«, sagte er, »sollte unter medizinischer Kontrolle stehen, denn nur so kann ein Erfolg dokumentiert werden.«

Angeregt durch spirituelle Kontakte zu anderen Bewußtseinsebenen haben auch die Naturwissenschaftler Grazyna Fosar und Franz Bludorf ihr Leben verändert. Sie arbeiten nicht mehr als Astrophysiker und Mathematiker in einem Berliner Institut, sondern als Heilpraktiker in eigener Praxis. Seit einigen Jahren versuchten sie, hinter der Physik die geheimnisvolle Welt der Metaphysik zu entdecken. Es galt, nicht nur den Dingen auf den Grund zu gehen, sondern das Wesen der Dinge zu begreifen. Dabei bedienten sie sich auch einer Methode, die für zeitgenössische Wissenschaftler höchst ungewöhnlich ist: Während Franz das Pendel als Konzentrationsmittel benutzt und dabei in eine hellwache Trance fällt – den *Alpha-Rhythmus* des Gehirns –, spricht er seine dabei erhaltenen Informationen auf Kassettenrekorder. Manchmal diktiert er die Texte seiner Frau direkt in den Computer, wobei eine seltsame Art von Zusammenarbeit entsteht. Grazyna ist dabei keineswegs nur Sekretärin, sondern ebenfalls ein tief entspanntes Medium, die ihre eigenen Quellen erschließt. Aus beiden Informationsströmen bildet sich dabei spontan die Form der Mitteilungen.

Dies alles klingt phantastisch und ist eine erhebliche Herausforderung an unser vom mechanischen Weltbild geprägtes Denken. Doch wer die oft recht umfangreichen Protokolle über den Aufbau des Universums, das Geheimnis der Zeit, die verborgenen Energien des Menschen oder das Funktionieren des Karmas gelesen hat, wird sich der Faszination dieser Durchgaben nicht entziehen können. Das Ehepaar hat auf diese Weise mehrere Bücher (u.a. *Der kosmische Mensch* und *Resonanz der Psyche*, R.G. Fischer-Verlag, Frankfurt) veröffentlicht und ist Herausgeber des regelmäßig erscheinenden *Karma-Kuriers*. Für den Leser unerheblich ist es, ob die Verfasser der Texte irgendwelche Geistwesen sind oder die Informationen aus dem Unbewußten von Franz und Grazyna stammen. Einmalig sind sie auf jeden Fall.

Im Studio der »Phantastischen Phänomene« ließen sich Franz Bludorf und Grazyna Fosar auf ein Live-Experiment ein, das aus Zeitgründen unterbrochen werden mußte, aber später in Ruhe fortgesetzt wurde. Dabei erhielten die beiden eine Information zum Thema »Die Freiheit, anders zu sein«, als dessen Verfasser sich ein gewisser *Gabor* bekannte, ein »alter Freund« der beiden aus »jenseitigen Gefilden«.

»Im Moment läuft eine Entwicklung«, heißt es da, »die mit früheren Umbrüchen nicht vergleichbar ist, da heute jeder einzelne Mensch von Anfang an betroffen ist. Früher ging es um Entdeckungen im Äußeren – etwa neue Kontinente oder Naturgesetze –, heute geht es um die Entdeckung des eigenen Inneren. Der Mensch kann nur mitdenken und mitreden, wenn er in sich selbst erfahren hat, was geschieht«.

Immer wieder erhielten Grazyna und Franz umfangreiche Durchgaben über Entstehung, Gesellschaft und das Ende von Atlantis. Die Geschichten klingen phantastisch und sind historisch nicht – noch nicht? – nachzuvollziehen. Da sich dieses Buch jedoch vorwiegend mit der Wahrscheinlichkeit einer Daseinsebene beschäftigt, die – materiell oder immateriell – Basis für die Tugenden und das Versagen einer menschlichen Hochzivilisation gewesen sein könnte, seien einige Kernsätze genannt, die oft deckungsgleich zu anderen Aussagen stehen:

»Atlantis lag im Atlantischen Ozean etwa im Gebiet der heutigen Azoren, in der Zeit bis vor etwa 10 000 Jahren. Es war ein Kontinent, so groß wie Australien.«

»Vor 100 000 Jahren kamen Menschen nach Atlantis aus dem Universum. Sie benutzten keine Raumschiffe, sondern inkarnierten in primitiven Menschenkörpern. Ihre Aufgabe war, eine neue Zivilisation zu gründen.«

»In den ersten 10 000 Jahren herrschte Frieden. Die Intelligenz der Atlantider wuchs. Sie wurden leichter, lebten paradiesisch. Durch die entwickelte harte Technik wurden sie auch hart im Körperbau.«

»Ihre Religion war naturhaft. Sie hatten keine Götter, nur die ewige Philosophie. Am Himmel war es immer wolkig, das Klima war mild.«

»Im 12. Jahrhundert v.d.Z. ließen sie die große Pyramide bauen, um auch in Ägypten eine Einweihungsstätte zu haben. Die anderen Pyramiden sind nur primitive Nachbildungen aus späterer Zeit. An der Spitze war kein Bergkristall, sondern ein Rubin. Der Kristall war in der Königskammer. Als die ägyptischen Priester die Stätte aufgaben, wurde er dematerialisiert. So war die Kristallenergie im Kern eingesperrt und ist heute noch vorhanden.«

»Jedes Pyramidenmodell auf der Erde steht mental in Verbindung mit dem Original. Die Form hat die Energie für immer gebannt.«

»Ein illustrer Inder kam nach Atlantis und fand dort ein Reich aus hoher Technik. Er ging zu den Ägyptern und lehrte die Philosophie der Atlantider. Sie nannten ihn Thot, den Gott der Weisheit. Die Griechen gaben ihm später den Namen Hermes Trismegistos.«

»Heute sind bei euch viele Seelen aus Atlantis inkarniert, um ihr uraltes Karma abzutragen.«

In den phantastischen Geschichten finden sich auch Hinweise auf die noch immer rätselhafte Kultur der Mayas, deren

Kultur durch Geistenergie der alten Atlantider beeinflußt worden sein soll: Anregungen zum Bau der Pyramiden und der Konstruktion komplizierter astronomischer Kalender hätten die aufgeschlossenen Indios ebenso mental empfangen wie Pläne zum Bau ästhetisch und funktional perfekter Gemeinwesen in den tropischen Dschungellandschaften. Daß dabei auch Fehler gemacht wurden, zeigt die Konstruktion einer Stufenpyramide aus reiner Geistenergie, die im Gebiet des heutigen Bermuda-Dreiecks im Ozean versunken sein soll und bisweilen ein Feld erzeugt, das in diesem Gebiet alles dematerialisiert. Eine von vielen Erklärungen zu den geheimnisvollen Vorgängen, bei denen immer wieder bis auf den heutigen Tag Schiffe und Flugzeuge spurlos verschwinden.

Im *Kanal zum Kosmos* geht es munter zu: Philosophische Gedanken wechseln mit strengen Ermahnungen, medizinische Hinweise mit bunten Erinnerungen an eine Wunschwelt voll schöner Bilder. Gefragt ist mal wieder der Empfänger, sprich der Leser solcher Texte. Nach dem Gesetz der Resonanz wird etwas erst zur Wahrheit, wenn es als solche auch akzeptiert wird.

12 Hexen und Magier

Die Rückkehr der Verbrannten

Hexen sind längst wieder auf ihrem alten Platz. Statt auf dem Besen zu reiten, verfassen sie feministische Bücher, streiten in Seminaren um die wahre Position des Weiblichen und machen sich stark für eine sanfte Medizin. Auch die Magier haben vertraute Tätigkeiten wieder aufgenommen. Als Gentechniker und Raumfahrer, in Labors und den Giftküchen der Pharmafirmen forschen sie nach dem, »was die Welt im Innersten zusammenhält«. Ethnologen haben die Wirkung von Zauberpflanzen und magischen Steinen wiederentdeckt und alternative Landwirte die geheimnisvollen Kräfte des Mondes. Sind sie zurückgekehrt, die einst geächteten, verbannten und verbrannten weisen Männer und Frauen?

Der Naturforscher Manfred Kage forscht in seinen Labors auf Schloß Weissenstein mit Elektronenmikroskopen und damit verbundenen Fernsehkameras nach dem *Urgrund der Materie*. Vor den Augen seiner Besucher läßt er Kristalle wachsen, tanzt winziges Plankton über schillernde Bildschirme. Kage – der sich als wiedergeborener Magier sieht – nutzt *High-Technologie,* um die geheimen Wunder der Ozeane sichtbar zu machen: die ewige Choreographie von Mikrolebewesen. Kage stellt Bildbände für die Industrie her und Trickaufnahmen für das Fernsehen. Auf dem Boden des Schlosses bewahrt er ein Apotheken-Museum aus dem Mittelalter auf, hütet er ungeborenes Leben in Gläsern und Phiolen. Er ist Heiler und Prophet, fühlt sich in der Tradition der

Hexen und Magier. Doch mit der Mikroelektronik fühlt er auch weit in die Zukunft hinein.
Mehr als zweihundert Jahre lang loderten die Scheiterhaufen in Europa, wurden Männer und Frauen der Buhlschaft mit dem Teufel angeklagt und nach grausamer Folter getötet. Der mittelalterliche Holocaust vernichtete Menschen, die im Einklang mit der Natur lebten und lehrten, die Kräfte von Edelsteinen und Pflanzen zur Heilung nutzten und ihre intuitiven Fähigkeiten kultivierten. Damit stellten sie sich gegen die starren Regeln der herrschenden Kirche, widersetzten sich ihrem Diktat und gefährdeten die Autorität weltlicher und geistlicher Macht. Es mag an der Ausrottung dieser außergewöhnlichen Menschen liegen, daß damit auch wertvolle Erbanlagen über die Jahrhunderte vernichtet wurden und der europäische Kontinent – im Gegensatz zu Asien und Amerika – spirituell verarmte.
Inzwischen hat die globale Vernetzung dazu geführt, daß verdrängte Tugenden wiederbelebt werden. Speziell die Entdekkungen in der Chemie und Physik tragen dazu bei, die alten Zusammenhänge zwischen Geist und Materie zu stabilisieren. Von Magie kann getrost die Rede sein, wenn menschliches Bewußtsein materielle und immaterielle Strukturen – also das unsichtbare Netzwerk – steuern und manipulieren kann.
Natürlich tummeln sich auf der Szene selbsternannte Hexen und Magier, die mit allerlei Brimborium die Taschen gutgläubiger Anhänger plündern. Es gibt eben kaum einen gesellschaftlichen Wirkungskreis, der nicht auch von Scharlatanen erobert wird.
Wenn Hexen auftreten und ihre scheinbar irrationalen Rituale zelebrieren, treten sie in Interaktion mit der bestehenden Wirklichkeit. Ohne Akzeptanz wird auch der raffinierteste Zauber verpuffen. Wenn Buddha meinte, daß wir die Welt

mit unseren Gedanken schaffen, dann beweisen die Erkenntnisse aus der subatomaren Physik, wie recht er damit hat. Die Beschwörungsformeln und Zaubersprüche der Hexen, Magier und Schamanen sind nichts anderes als der Versuch, Bewußtseinsstrukturen zu beeinflussen und möglicherweise zu verändern.

Die amerikanische Hexe Zsuzsanna Budapest nennt sich nach der Stadt, in der sie geboren wurde. In ihrer neuen Heimat avancierte sie zur Sprecherin einer feministisch-spirituellen Frauenbewegung, in der sie sowohl die Weisheiten europäischer Naturreligionen vermittelt, wie auch zur politischen Arbeit als Möglichkeit gesellschaftlicher Veränderung animiert.

»Magie ist, wenn du eine bestimmte Vibration in deinem Gehirn schaffst«, sagt sie. »Diese Gedankenform wird zu einem unsichtbaren Wesen, das sich mit dem Bewußtsein anderer Menschen verbindet.«

Im Studio der »Phantastischen Phänomene« zelebriert sie ein *Reinigungsritual,* das sie entwickelt hat, um die Atmosphäre in Büros und Werkstätten zu harmonieren, also Orten, an denen sich die meisten Menschen lange Zeit aufhalten und in denen es leicht zu Spannungen kommt, die oft genug zu irrationalen Explosionen führen.

Wer es selbst ausprobieren möchte, dem empfiehlt Zsuzsanna, in einem kleinen Teller mit Quellwasser (aus dem Lebensmittelgeschäft) einen Zweig Zitronen-Eisenkraut *(lemon verbena)* oder auch eine Prise Meersalz einzuweichen. Das Kraut bricht nach den alten Überlieferungen schlechte Schwingungen und Negativität auf, Salz ist ein physikalischer und magischer Reiniger. Über diese Mixtur wird nun die Hand gehalten und der Zauberspruch gesprochen: »Wasser, wasche den Mißklang aus meiner Arbeitsstätte. Laß alle, die sich gestritten haben, sich beruhigen. Laß all das, was nicht

funktioniert hat, funktionieren. So sei es.« Dieses Wasser ist nun mit einem Wedel im Büro zu verteilen, möglichst vor Arbeitsbeginn, um nicht für verrückt erklärt zu werden. Wer Unauffälligkeit anstrebt, dem empfiehlt Zsuzsanna als alternativen Reiniger eine Tasse glühendheißen Pfefferminztee mit etwas Zitrone, der im Raum herumgetragen werden muß, begleitet mit positiven Gedanken. Die Methode ist umweltverträglich und garantiert ohne Nebenwirkung, wird sie doch durch Jahrhunderte sowohl in der kleinen Dorfkirche als auch im mächtigen Petersdom praktiziert – mit Weihrauch und Weihwasser und der Macht der Imagination.
Auf der gleichen Basis funktioniert das Wirken von Zaubersteinen und Amuletten. Erst durch die Kunst der Wahrnehmung erhalten sie ihre Kraft. Völker anderer Welten und Zeiten wußten, daß alle Naturreiche – Steine, Pflanzen und Tiere – lebendig in einem kosmischen Bewußtseinsnetzwerk verwoben sind und daß jede Erkenntnis auf eine andere aufbaut. So kann die Beschäftigung mit der magischen Kraft der Steine und die Akzeptanz von Blumen und Wurzeln als Zauberpflanzen dazu führen, das eingeschränkte Bewußtsein von der Welt der Natur zu erweitern und Zivilisationskrankheiten zu heilen.
»Der Zauber der Steine entfaltet sich im Bewußtsein«, sagt der Ethnologe Dr. Christian Rätsch. »Erst wenn wir zulassen, daß Steine schützen, heilen, verführen und beglücken, werden sie zu Zaubersteinen, die uns einen Blick in andere Welten gestatten.«
Edelsteine sind als Zaubermittel besonders geeignet. Sie kommen aus der Tiefe der Erde, und ihr Glanz und Farbenspiel erinnern an das Funkeln der Sterne, die das Schicksal der Menschen anzeigen. In vergangenen Zeiten wurden jedem Planeten nicht nur verschiedene Steine zugeordnet, sondern auch Metalle, Tiere und Pflanzen, die in farblicher Harmonie

zu dem betreffenden Gestirn standen. So gehört zur gelben Sonne der Hyazinth und zum roten Mars der Jaspis.
Kristalle sind nicht nur begehrte Meditationsobjekte, sie werden in der Naturheilkunde auch zum Heilen und Ruhigstellen der Seele verwendet. In Edelsteintherapien wird der Umgang mit diesen Mineralien gelehrt, die als ein Geschenk des Universums an die Menschheit gelten.
Quarzkristalle, die in der Computerindustrie verwendet werden, sollen sowohl Informationen als auch Gefühle speichern können. Ein Kristall programmiert gewissermaßen die Gedankenstrukturen eines vor ihm sitzenden Menschen, um sie jederzeit wieder abzugeben, wenn sie benötigt werden.
Jeder Kristall ist unverwechselbar und gleicht damit dem individuellen Leben, das in jeder einzelnen Form – ob als Mensch, Tier, Pflanze oder Mineral – einzigartig ist. Kristalle symbolisieren die universale Evolution: Sie wachsen im Inneren des Planeten, bilden in Äonen Dichte und Masse und entwickeln sich hin zur Spitze, die ins Unendliche strebt. Wen wundert es, daß diese sogenannten Festkörper, deren Bausteine Atome, Moleküle und Ionen sind, auch in den Berichten über das Goldene Zeitalter immer wieder erwähnt werden.
»In Atlantis haben sie Kristalle durch reine Gedankenkraft erzeugt«, sagt der Amerikaner Dr. Frank Alpert, der sich als *Kanal zum Kosmos* versteht und seine Informationen gechannelt haben will. »Wir nennen Kristalle ›die Hüter des Wissens‹. Viele von ihnen haben so ein kleines Fenster an der Seite, meistens in Dreiecksform. Wenn jemand meditiert, sollte er einen Finger auf diese Stelle legen und darauf achten, welche Gefühle und Bilder aufsteigen. Jeder dieser Steine enthält Informationen aus Atlantis.«
Russische Geologen staunten, als sie kürzlich mannshohe Rauchquarzkristalle in einer Höhle des polaren Uralgebirges

entdeckten. Auf der Suche nach Bodenschätzen stießen sie auf eine fünf mal fünfzehn Meter große Grotte, deren Wände vollständig von diesen gigantischen Kristallen bedeckt sind. Das größte Exemplar mißt 2,20 Meter und wiegt etwa 1700 Kilo. Ihre Bergung dürfte jedoch einige Schwierigkeiten bereiten: Die Kristallhöhle liegt am Ende eines hundert Meter langen verwinkelten Ganges. So wird es noch eine Zeit dauern, bis aus den geologischen Fundstücken magische Relikte werden.

Zauberei ist das geheime Wissen um die Nutzung verborgener Kräfte. Die Welt als Wirklichkeit zu akzeptieren, gehört zu den schwierigsten Aufgaben im Leben des Menschen. Gelingt ihm das nicht, versucht er, die Erfahrung von der Welt zu verändern, damit sich die Wirklichkeit verändert. Er sucht nach dem *Stein der Weisen,* dem Elixier für Klugheit und ewiges Leben, und verbündet sich dabei mit Mächten, die er zu beherrschen glaubt und die dabei gar nicht so selten zu einer Bedrohung werden. Der Mensch schafft sich seine Dämonen mit der suggestiven Kraft seiner Vorstellungen, und die Geister, die er rief, wird er dann nicht mehr los. So ist denn auch der böse Zauber genausowenig eine Erfindung von Märchenerzählern wie der gute Zauber und die schwarze und weiße Magie. Das Drama der Welt, das ewige Spiel zwischen Gut und Böse ist eine Konstruktion von Wille und Vorstellung. Wer die inneren Zusammenhänge der Dinge kennt, kann auch die in den Dingen verborgenen Kräfte erkennen und nutzen. Was über Jahrhunderte weg als Geheimwissen eifersüchtig gehütet wurde – meist um Macht auszuüben und zu stabilisieren –, ist inzwischen zugänglich geworden. Aufgabe des Suchenden ist es freilich, in dem monströsen Material die für ihn gültige Essenz zu finden. Zu den Bibliotheken des Wissens kann sowohl ein äußerer wie ein innerer Weg führen.

Pflanzen, die von Zauberern benutzt werden, um in gewöhnlich unsichtbare Wirklichkeiten vorzudringen, sind den Pharmakologen unter anderem als Halluzinogene bekannt, das heißt, sie verändern nicht die materielle Welt, sondern die der Wünsche und Vorstellungen. Das Resultat sind tiefgreifende Veränderungen der Seele, sicher ein Grund, warum so viele junge Menschen in die fatale Abhängigkeit von Drogen flüchten.

»Deshalb kann nur ein Wissender eine Zauberpflanze benutzen«, sagt Christian Rätsch. »Und Wissen hat viele Quellen. Es wird durch die Tradition von Generation zu Generation weitergegeben und stammt nicht selten selbst aus visionären Eingaben.«

Der Wissenschaftler akzeptiert, daß gewisse Pflanzen als Lehrer dienen können, wenn durch ihre Anwendung hervorgerufene Visionen Lebenssituationen verbessern. Es gibt zum Beispiel keine Zauberpflanze, die sagenumwobener und begehrter ist als die *Alraune* und über deren Geschichte und Wirkung auf Geist und Körper zahlreiche Bücher geschrieben wurden.

Von seinen Reisen in brasilianische Regenwaldregionen hat der Heilpraktiker Wolfgang Beer einen *Zaubertrank* mitgebracht, nach dessen Genuß transpersonale Erfahrungen gemacht werden und Episoden aus früheren Leben auftauchen können.

Für ein Experiment vor der Fernsehkamera stellen sich die Ärztin Dr. Dagmar Berg, der Geologe Dr. Johannes Fiebag und der Pharmakologe Dr. Hugo Kinast zur Verfügung. Ob es sich bei dem als Kräutertee apostrophierten Trunk wirklich um das legendäre *Ayahuasca* handelt, kann nicht geklärt werden. Der von südamerikanischen Indianern auch als *Liane der Toten* bezeichnete Sud soll unter Beimengung verschiedener Pflanzenstoffe psychedelische Bewußtseinsveränderungen hervorrufen und wird von Schamanen zur Erkennung der geistigen Ursachen bei körperlichen Krankheiten verwendet.

»Ayahuasca zu nehmen«, so der Psychologe Dr. Walter Andritzky, »bedeutet, sich auf die ursprünglichen Formen des menschlichen Bewußtseins einzulassen, in denen alle Mechanismen der Leugnung und Verdrängung außer Kraft gesetzt sind.«

Also eine Droge der Wahrheit? Die Probanden sind seelisch stabil und gesundheitlich wohlauf. Jeder trinkt ein volles Glas des braunen Saftes, dann legt er sich auf eine Liege. Natürlich stören die hellen Lampen des Fernsehens, und die Situation ist für eine totale Entspannung denkbar ungeeignet. Hugo Kinast und der Ärztin Dagmar Berg gelingt eine leichte Trance. Johannes Fiebag beendet nach dreißig Minuten von sich aus das Experiment. »Ich spüre rein gar nichts«, sagt er.

Nach einer Stunde umfängt Dagmar ein Gefühl der Verlorenheit, sie sehnt sich nach Nähe und Körperlichkeit. Der Therapeut nimmt sie in den Arm, tröstet. »Mir geschehen ganz seltsame Dinge«, sagt sie.

Auf bizarrer Seelenreise scheint dagegen der Pharmakologe Dr. Hugo Kinast zu sein. »Ich sehe kristalline Welten, herrliche Steine, ein unbeschreibbares Licht«, berichtet er. »Und ich kann fliegen, bin leicht und fühle mich wie zwanzig.«

Ein Rückblick auf ein früheres Leben war keiner der am Experiment beteiligten Personen gegönnt, doch eine Erfahrung war es allemal.

Stunden später erwischt es auch den Rationalisten Fiebag. »Ich stehe neben mir«, sagt er. »Und ich kann mich voller Staunen selbst beobachten. Es ist, als ob da ein fremder Mensch agiert.«

Ayahuasca – es steht übrigens nicht auf der Liste verbotener suchterzeugender Drogen – wird in den verschiedensten Mischungen verwendet. Der Lianenextrakt kann durch Beimischung von bis zu acht weiteren Pflanzen auf die unterschiedlichsten Bedürfnisse konzipiert werden und so zum Beispiel emotionale Wahrnehmungen verstärken oder farbige Visionen erzeugen.

Wer sich in den Dunstkreis moderner Hexen und Magier begibt, sollte sich für dieses Abenteuer gut vorbereiten. Ein stabiler Charakter gehört ebenso zu den Grundvoraussetzungen wie das Wissen über die Macht des Unbewußten. Die Erweiterung von Kenntnissen über die nichtphysischen Ebenen der Welt kann sowohl zu einer personalen Grenzüberschreitung wie auch zu einem Horrortrip werden.

13 Magische Plätze

Karlsruhe – Stadt der Atlantider?

Erhaben und geheimnisvoll bestimmen die Externsteine als magische Felsenformation die Landschaft in der Nähe von Horn im Teutoburger Wald. Wo sich vor 2000 Jahren die Druiden, die Priester der Kelten, versammelten, um in längst vergessenen Kulten die Verbindung des Menschen mit der ihn umgebenden Natur zu zelebrieren, treffen sich heute noch Menschen, die sich hier auf besondere Weise einstimmen können in die Mysterien unserer kosmischen Existenz: Woher kommen wir, wohin gehen wir, welchen Sinn hat unser Leben?

Der Seminarleiter David Luczyn schlägt die Trommel. Unterstützt durch den monotonen Rhythmus wagen die Seminarteilnehmer eine Exkursion in die Welt ihrer Seele. Jeder von ihnen legt sich hintereinander in einen in den Fels gehauenen Sarkophag – den *Kessel der Wiedergeburt.* Dort spüren sie die Energien des Ortes besonders intensiv. Bilder steigen aus dem Urgrund des Unbewußten auf, Botschaften aus dem verschlossenen Bereich der Persönlichkeit, längst vergessene Gefühle sind auf einmal wieder da. Manche weinen, lachen. Einige wollen ihre Erlebnisse erzählen, die meisten aber schweigen. Jeder erlebt ein anderes Abenteuer, in dem er die Hauptperson ist.

Dann bilden die Frauen und Männer in der Höhle einen Halbkreis und intonieren den Buchstaben A, um äußere und innere Störungen abzulenken und die Konzentration zu erhöhen. Sie spüren Gemeinsamkeit und das Übertragen von Kraft.

Am nächsten Tag geht es tiefer in den Wald hinein. Mit verbundenen Augen und damit visuell abgeschirmt gegen die Eindrücke von außen, sollen die Menschen die besondere Energie des Kraftplatzes spüren, sensibilisiert werden für die Sprache des Planeten Erde, den die Griechen *Gaia* nannten, Mutter. Die nach der Erdgottheit benannte aktuelle *Gaia-Theorie* geht davon aus, daß unser Globus nicht – wie von Geologen behauptet – eine riesige, größtenteils von Wasser bedeckte Steinkugel ist, sondern ein Lebewesen, ein einziger großer Organismus. An den Externsteinen hören die Seminarteilnehmer seine Sprache, seine Musik und den Schlag seines pulsierenden Herzens und erfahren dabei das Glück, Teil eines großen Ganzen zu sein.
Jeder aus der Gruppe hat seine eigenen, individuellen Erfahrungen. Die Botschaft jedoch wird klar: Wir sind nicht die Beobachter, Bewahrer und Zerstörer der Natur, wir sind ein Teil von ihr.
Altes Wissen wird wiederentdeckt an Plätzen, von denen aus schon Germanen und Kelten ihre Innenschau betrieben, die Sterne deuteten und den Flug der Vögel beobachteten, um künftige Ereignisse vorauszusagen. Haben diese besonderen Plätze überall auf der Welt eine magische Ausstrahlung, weil sie an Kreuzungspunkten von Erdstrahlen oder Wasseradern liegen, wie einige Experten meinen? Oder erhalten sie ihre Kraft ausschließlich im Bewußtsein der Menschen, die dort agieren oder meditieren? Schafft das Bewußtsein das Sein oder das Sein das Bewußtsein? War die Henne eher da als das Ei?
Zur Geologie, der wissenschaftlichen Lehre von der Erde, gesellt sich inzwischen die Geomantie, eine subjektive Betrachtung des Planeten, die eine ganzheitliche, mitfühlende Zuwendung einschließt. Nach dieser Auffassung ist die Erde von einem unsichtbaren Gitternetz bedeckt, das an seinen

Schnittstellen ähnlich dem menschlichen Körper Akupunkturpunkte enthält, die als heilige Orte verehrt werden: das Orakel von Delphi, Stonehenge in England, die Osterinsel, das Plateau von Gizeh, die Dome von Chartres und Aachen und fast alle megalithischen Bauten wie die Menhire von Carnac in der Bretagne. Verbindet man diese Orte auf einem Weltatlas, werden oft seltsame Muster sichtbar. Die Verbindung zwischen der alten griechischen Mysterienstätte Dodona mit den heiligen ägyptischen Stätten Theben und Behdet im Nildelta und dem türkischen Ort Metsamor am Berg Ararat ergibt ein gigantisches gleichschenkliges Dreieck. Auf dem Gipfel des Ararat haben Archäologen vor einigen Jahren Überreste eines Schiffes entdeckt, das als die – nach der Sintflut gestrandete – Arche Noah gedeutet wird.
Wenn man Dodona in Nordgriechenland mit einem Orakel des ägyptischen Gottes Ammon in Siwa verbindet und die gedachte Linie weiter nach Theben und Behdet zieht, erhält man eine Konstruktion, die genau dem Sternbild Argo entspricht, das aus den Sonnen Argus, Avior und Canopus besteht und die Heimat der Argonauten sein soll, jener mythischen Reisenden, die nach alten Überlieferungen »von den Sternen kamen«.
Auch Karlsruhe am Schwarzwald liegt an einem solchen geomantischen Schnittpunkt, den man erst mit den Mitteln moderner Landvermessung und Satellitenfotografie erkennt und der nach Ansicht des Mikrobiologen Dr. Jens Martin Möller sehr wohl auch als Zufluchtstätte für versprengte Atlantider gedient haben könnte. Er stellte nach jahrelangen Studien fest, daß Karlsruhe in einer mysteriösen Weise Schnittpunkt vieler geomantischer Linien ist, die man in der Landschaft nur nachweisen kann, wenn man bestimmte Orte miteinander verbindet. Auch andere seltsame Zeichen deuten auf eine bisher geheime Vergangenheit. So steht auf

dem Marktplatz seit 1807 eine Pyramide, die – früher aus Holz, später aus Stein gebaut – sechs Meter hoch ist und eine Basisplattform von elf mal elf Metern hat. Außerdem findet man im Bild der Stadt Obelisken, Sphinx-Figuren und einen Greifvogel in ihrem Wappen.

Karlsruhe ist in jeder Form eine merkwürdige Stadt, deren Aufbau Möller faszinierte. Man nennt sie auch die Fächerstadt, die um den Schloßturm herum zweiunddreißig Strahlen hat. Zum Schwarzwald hin öffnet sich der Karlsruher Fächer, ein Neunzig-Grad-Segment mit insgesamt neun Straßen. In seinem Zentrum befindet sich die Pyramide, die in einem Gedicht des elsässischen Poeten G. C. Pfeffel (1735–1809) mit den Worten erwähnt wird: »In einer Stadt der Atlantiden stand auf einem großen Platz sonst eine Pyramide ...«

Karlsruhe ist am 17. Juni 1715 von Karl-Wilhelm von Baden-Durlach auf dem Platz eines alten megalithischen Mondheiligtums gegründet worden, das der Adlige in Anlehnung an eine Sonnenorakelstätte im nahegelegenen Malsch zur Sonnenstadt kürte. Nach Aussagen des Anthroposophen Rudolf Steiner habe der große Eingeweihte Eren – oder Aren – im letzten Drittel der atlantidischen Zeit dort gelehrt, um das geistige Leben seiner Epoche in eine nachatlantidische Zeit hinüberzutragen. An dieser Stelle befindet sich noch heute im schwer zugänglichen Wald der Modellbau von Malsch, der in seinen kosmologischen Bezügen ein Vorbild für das spätere Goetheanum in Dornach bei Basel gewesen ist.

»In diesem Modellbau«, sagt Möller, »findet man das Pentagramm als Zeichen des Makrokosmos. Das Abwehrzeichen des Bösen ist auch ein Hinweis auf die atlantidische Menschheitsepoche und ihr geistiges Erbe.«

Das Pentagramm ist aus den Geheimwissenschaften bekannt als das Zeichen des Menschen, als Symbol der Quintessenz, der Schöpfung, der *Quinta Essentia*. Es wird auch *Drudenfuß* genannt und ist im Dorfwappen des Karlsruher Vorortes Knielingen enthalten, für Möller ein weiteres Indiz um das Geheimnis von Karlsruhe.

»Es scheint drei atlantidische Zentren in Europa gegeben zu haben«, vermutet Möller. »Eines in Portugal an der Atlantikküste, der sogenannte Klusfelsen in der Nähe von Goslar und die Externsteine bei Detmold.«

Unterstützt wird der Karlsruher Wissenschaftler durch den Atlantis-Forscher Dr. Siegfried Hermerding aus Hannover, der im Hochtal des portugiesischen Cruz da Assumada nahe der Algarve-Küste eine atlantidische Mysterienstätte vermutet. Er stellte dort ungewöhnliche Energiekonzentrationen fest und meint, daß dieses Tal von Menschenhand gestaltet wurde, weil es aussehe wie ein gigantischer Hohlspiegel. Hermerding hat sich dort inzwischen ein Haus gebaut und entdeckte bei seinen Streifzügen in der Umgebung monolithische Skulpturen und verwitterte Tempelreste. Er verweist auf die Forschungen des Amerikaners John Michel, der die Geomantie der Atlantider beschrieb und feststellte, »daß sie Landschaften umgestalteten und Berge versetzten, um die Energie der Erde und des Himmels in einer heiligen Hochzeit zu verbinden«.

»Vermutlich dienten diese Anlagen der Landwirtschaft«, meint Hermerding. »Aber auch Tempel- und Orakelstätten wurden auf diesen Orten der Kraft errichtet. Ich habe die Externsteine untersucht und andere Kultstätten im Harz und konnte dort verwandte Skulpturen feststellen.«

Siegfried Hermerding hat sowohl in Portugal als auch in Goslar *Rufanlagen* entdeckt, in denen Worte und Musik mehrfach verstärkt werden und gewaltig nachklingen. Ähnliche Effekte stellt man auch in den Steinbrüchen bei Syracus fest, in denen eine in den Fels geschlagene Höhle die

Form des Mittelohrs hat und als *Ohr des Dionysios* bezeichnet wird.

»Einst haben dort Priester durch bestimmte Rufungen starke Vibrationen erzeugt«, vermutet Hermerding. »Dadurch fand eine energetische Durchdringung des Körpers statt, während die Menschen eine Veränderung ihres Bewußtseins erfuhren. Ich bezeichne dies als Magie der Rufungen.«

Bewußtseinsveränderungen durch Musik und Gesang gehören noch heute zu den Techniken meditierender Menschen, denkt man nur an die gregorianischen Gesänge betender Mönche oder den Klang von Harfen, Flöten und Trommeln. Nach der indischen Manthra-Lehre ist der erste Klang, in dem sich das Ewige offenbart, die heilige Silbe OM, gedehnt als ein kehlhaftes HCHOM gesungen.

Siegfried Hermerding vermutet, daß sich einige tausend Menschen in Cruz da Assumada versammelten, um in dem konvex geformten Tal ihre *Lieder der Freude* anzustimmen, die sowohl in die Tiefe des Alls wie in das Innere der Erde gedrungen sind.

»Die Menschen wurden in Chöre eingeteilt«, sagt er, »die den Namen Assumada sangen, nämlich das *As,* das den Brustkorb schwingen und zu den Sternen hinauf vibrieren läßt, und das *Suma,* das die Macht der Mutter Erde im Menschen aufruft und aus den Zeugungsorganen zum Brustkorb hinaufhebt. Über die nach abwärts geöffneten Hände floß die Kraft der Erde zum Brustkorb und begegnete dort der Energie der Sterne.«

Auch Siegfried Hermerding ist der Ansicht, daß die magischen Plätze überall auf der Erde nicht von primitiven Heiden entdeckt wurden, sondern von Wesen, die das Bewußtsein zweier Welten hatten. »Sie lebten in dieser und jener Welt zugleich«, sagt er, »und sie kannten die Brücke des Übergangs zwischen der Ebene des Geistes und der Materie.«

Auf vielen heiligen Stätten der Frühzeit errichteten spätere Menschen ihre Kirchen und Tempel, so daß dort heute noch die magischen Kräfte der Vergangenheit spürbar sind. Nach den Gesetzen der Resonanz schafft sich auch hier – genau wie bei den Zauberpflanzen und -tieren – der Geist seine eigene Magie.
»Wir alle sind Erben von Atlantis«, meint Siegfried Hermerding. »Wir tragen – wie C. G. Jung sagt – den Archetypus von Atlantis in uns. Dies erklärt unser Interesse, weil unsere Vergangenheit aus unserer Psyche wieder aufsteigen möchte. Die Wiederbelebung der atlantidischen Weisheit ist deshalb von kosmischer Dimension.«

14 Die Kräfte des Mondes

Erfolg mit altem Wissen

Schon als Kind hat die Heilpraktikerin Susanne Moser den Mond in die Mitte einer von ihr geformten phantastischen Welt gesetzt. Sie malte unwirkliche Landschaften, bizarre Städte aus Kristall und riesige Pflanzen, über die ein großer, silberner Mond sein Licht ausbreitete.

Während der Vollmondnächte macht Susanne lange Spaziergänge in den Straßen der Stadt, an Flußufern oder durch menschenleeres Gebirge. Ihre Füße berühren dabei kaum den Boden, meint sie, weil sie sich vom Mond magisch angezogen fühlt.

Nach dem Abitur hat Susanne Zahnmedizin studiert, später auch ein paar Semester Archäologie. Dann war sie aber doch Heilpraktikerin geworden, um abseits der gewohnten Medizin die natürlichen Methoden des Heilens zu lernen. In einem der nebenbei absolvierten Seminare stieß sie zum ersten Mal auf Atlantis. Seitdem ist sie von dem Thema so fasziniert, daß sie ihre Ferien fast nur auf den Azoren, Lanzarote, Santorin oder den Kapverdischen Inseln verbringt, Orte, die nach den Überlieferungen Reste des verschollenen Urkontinents sein sollen. Auf der Bahama-Insel Bimini hatte Susanne ausgeprägte Visionen und Träume über ein Leben in früher Zeit, das ihr so phantastisch vorkam, daß inzwischen zwei Schulhefte mit diesen Erlebnissen vollgeschrieben sind. Susanne ist davon überzeugt, in Atlantis gelebt und ihre unerklärliche Mond-Faszination von dort übernommen zu haben.

»Früher dachte ich, daß meine Geburt in einer Vollmondnacht damit zu tun hat«, erzählt sie. »Jetzt aber weiß ich, daß ich mein erstes irdisches Leben in früher atlantidischer Zeit führte. Damals war für uns der Mond das beherrschende Prinzip. Er war unsere Lichtquelle, er war unsere Göttin. In vielen Völkern ist der Mond ja weiblich: La Luna. Er verkörpert alle weiblichen Eigenschaften und hat mehr Macht über das Leben auf der Erde, als wir glauben. Wir wissen seit Urzeiten, daß er nicht nur auf die Gezeiten der Meere einwirkt, beim Wechsel von Ebbe und Flut Millionen Tonnen Wasser bewegt, sondern auch das Wachstum der Pflanzen, Tiere und Menschen beeinflußt. Es ist noch weitgehend unerforscht, aber der Mond ist ein wichtiger Teil der kosmischen Gesetze. Kein Wunder, daß wir schon im frühen Atlantis seine mächtige Magie erkannten und für uns nutzten.«

Ebbe und Flut belegen am deutlichsten den Einfluß des Mondes auf den Planeten Erde. Zusammen mit der Sonne erzeugt die Schwerkraft des Mondes einen »Flutberg«, unter dem sich die Erde hinwegdreht. Doch nicht nur Wasser wird von Mond und Sonne in Schwingung versetzt. In einem Salzbergwerk bei Berchtesgaden hat das Deutsche Geodätische Forschungsinstitut ein 30 Meter langes Pendel installiert, mit dessen Hilfe berechnet wird, wie die Erdoberfläche im Rhythmus der Meeresgezeiten mitschwingt: Um 28 Zentimeter hebt und senkt sich täglich der Boden.

Kein Wunder also, daß das alte Wissen vom Einfluß des Mondes auf das Leben der Erde mehr und mehr wieder akzeptiert wird. So stellte die Münchner Textilhändlerin Eva-Maria Glatzeder fest, daß ihre Kundinnen in den Tagen um Vollmond und Neumond besonders kauffreudig sind. Die Möbeltischler Peter und Ernst Amtmann im österreichischen Werfen experimentieren seit Jahren mit mondgerecht eingeschlagenem Holz, das keine chemische Behandlung benötigt, um Fäulnis oder Käferbefall vorzubeugen. Werden

Holzteile überdies bei zunehmendem Mond eingelassen oder gewachst, wird die Schutzschicht wesentlich widerstandsfähiger. Zusammen mit einem Institut für Brandschutztechnik haben die beiden Handwerker getestet, ob Holz, das am 1. März nach Sonnenuntergang geschlagen wird – wie es ein alter Brauch empfiehlt –, tatsächlich schwerer entflammbar ist. Die wissenschaftlich durchgeführten Überprüfungen bestätigten die Mond-Theorie. Der Förster und Sägewerkbesitzer Erwin Thoma im nahegelegenen Sankt Johann im Pongau fällt Holz für Fußböden nur an ganz bestimmten Tagen im Dezember und Januar bei Neumond, weil es sich nicht verzieht und seine Vollholzböden danach ganz ohne Leim und Kleber auskommen. Die Ware ist inzwischen ein Verkaufsrenner. »Durch die Orientierung an den Mondphasen können wir unseren Kunden die gewünschten Holzeigenschaften garantieren«, sagt Thoma.
Die Bioladenbesitzerin Marianne Vodermeier im oberbayerischen Poing kauft ihr Obst und Gemüse nach dem Kalender, weil die bei aufsteigendem Mond eingelagerten Waren wesentlich länger frisch bleiben. Bei den Kunden der Kosmetikerin Heidi Koller aus Osnabrück hat es sich herumgesprochen, daß sie bei ihrer Arbeit die Mondzyklen beachtet. Behandlungen, die der Haut Wirkstoffe zuführen, führt sie nur bei zunehmendem Mond durch, weil dann der Erfolg größer ist. Soll die Haut jedoch von Unreinheiten befreit werden, zieht sie den abnehmenden Mond vor.
Da organische Substanzen – also Menschen, Tiere und Pflanzen – zu großen Teilen aus Wasser bestehen, herrschen auch in ihnen minimale Gezeiten, also Ebbe und Flut. Die umfangreichste Untersuchung zur biologischen Wirkung des Mondes liegt leider 60 Jahre zurück. Damals erforschte die Stuttgarter Biologin Lilly Kolisko den Wahrheitsgehalt alter Bauernregeln, nach denen Pflanzen, deren eßbare Teile über

der Erde wachsen, bei zunehmendem Mond ausgesät werden, Pflanzen, deren unterirdische Teile zum Verzehr bestimmt sind, aber bei abnehmendem Mond. Überrascht stellte die Frau fest, daß tatsächlich oberirdische Früchte und Gemüse besser gediehen, wenn sie bei Vollmond ausgesät wurden, und daß die Ernte unter den Erwartungen blieb, wenn die Saat zwei Tage vor Neumond eingebracht wurde. Alle Erwartungen übertraf das Wachstum von Pflanzen, deren eßbare Teile im Boden wachsen – wie Kartoffel und Zwiebel –, wenn sie bei abnehmendem Mond eingesät wurden.

Der amerikanische Botaniker Clark Timmins säte unter kontrollierten Bedingungen bei zunehmendem Mond verschiedene Samen aus: Erbsen, Tomaten und Ringelblumen, die nach den Erfahrungen der Mondgärtner nur bei diesem Mondstand keimen. Kurze Zeit später waren sie fast alle aufgegangen. Dann säte er die gleichen Samen aus den gleichen Tüten bei zunehmendem Mond aus und hatte viel weniger Erfolg. Viele Pflanzen keimten gar nicht oder wurden nur winzig.

Daß der Mond die Feuchtigkeit reguliert und dadurch auf das Gedeihen von Pflanzen einen großen Einfluß hat, wird seit Jahrtausenden beobachtet. Der Schwung seiner Bewegung berührt jeden Punkt der Erde und damit jedes Atom in Menschen, Tieren und Pflanzen. Die englische Kultstätte Stonehenge ist unter anderem ein landwirtschaftliches Präzisionsgerät, mit dessen Hilfe Mond- und Sonnenstand gemessen wurden, um so optimale Pflanztermine zu ermitteln. Auch die astronomischen Kalender der Mayas und Ägypter bergen Hinweise auf günstige Aussaat- und Erntetermine. Die Tempel der Griechen, Römer, Inder, Chinesen und Birmesen sind ein Beweis dafür, wie wichtig ihren Erbauern die Beobachtung der Gestirne und die genaue Berechnung ihres Laufs war. Die Erkenntnisse des Zusammenhangs von Klima und

Jahreszeiten, des Stands der Gestirne einerseits und förderlicher oder hemmender Einflüsse auf die jeweiligen Aufgaben andererseits sollten auch kommenden Generationen von Nutzen sein.
Die Kommunikationswissenschaftlerin Ute York lernte während ihrer Sommeraufenthalte von den Bauern im toskanischen Dorf Sasso Pisano nicht nur, wie man bei Vollmond erfolgreich Warzen bespricht, Marmelade bei abnehmendem Mond einkocht, damit sie nicht schimmelt, und Wein oder Olivenöl nur bei »luna calante« – also bei abnehmendem Mond – in Flaschen abfüllt. Die skeptische Frau konnte sich mit eigenen Augen überzeugen, wie recht ihre Nachbarn hatten. Bei zunehmendem Mond stieg ein Ölpfropfen, mit dem der Wein in der Flasche luftdicht versiegelt wurde, an, weil der Wein sich ausdehnte.
Ute York begann, die Mondregeln in ein Notizbuch zu schreiben, so wie es in bäuerlichen Familien üblich war und als Chronik an die nächsten Generationen weitergegeben wurde. Schon bald überprüfte sie ihre Aufzeichnungen mit alltäglichen Abläufen und machte dabei erstaunliche Beobachtungen. Die Haare wuchsen besser und wurden fülliger, wenn sie vom Friseur geschnitten wurden, wenn der Mond im Löwen steht, die Aknebehandlung der Tochter schlug bei Vollmond besser an, weil die Haut voll durchblutet ist und Pickel leichter verschwinden, ohne Narben zu hinterlassen. Und der naturheilkundige Zahnarzt empfahl, die bevorstehende Mandeloperation des Sohnes keinesfalls machen zu lassen, wenn der Mond im Stier stehe, weil es dann leichter zu Komplikationen kommen könne.
In ihrem Buch *Mondstrahlen* (Knaur-Verlag, München) vergleicht Ute York die vier Mondphasen mit den Jahreszeiten. Die Neumondphase entspricht dem Frühling, der Zeit des Neubeginns. Die Vollmondtage sind die Sommerzeit, in der

die Dinge wachsen und reifen, die im ersten Quartal begonnen wurden. Die zweite Vollmondphase ist der Herbst, die Zeit der Reife und Fülle, die dann von den Tagen bis Neumond abgelöst wird, dem Winter als Periode des Rückzuges und der Erholung vor dem großen Neubeginn.

Nach dem Gesetz der lunaren Sympathie ist die Phase des abnehmenden Mondes die beste Zeit für Ausschwemmungen und Entgiftungen und ideal für Schlankheitskuren. Um sich aus der Sucht von Alkohol oder Nikotin zu befreien, soll der Entzug dann begonnen werden, wenn der abnehmende Mond mit den Zeichen Zwillinge, Löwe oder Jungfrau zusammenfällt. Natürlich gibt es inzwischen Kalender, die für jeden Tag bis zum Jahre 2000 den jeweiligen Mondstand und sein dazugehöriges Zeichen zeigen, und eine Münchner Firma hat für Computerfreunde eine entsprechende Mondkalendersoftware entwickelt.

Trotz aller Deutungsversuche fehlt es bisher an ausreichend wissenschaftlichem Material, um die geheimnisvollen Einwirkungen des Mondes auf das irdische Leben zu erklären. »Das sollte uns jedoch nicht davon abhalten, von alten Erfahrungen zu profitieren«, meint Ute York. »Schließlich schalten wir auch ganz selbstverständlich Bügeleisen und Fernseher ein, obgleich bis zum heutigen Tag die wenigsten genau wissen, was der elektrische Strom eigentlich ist.«

Seit Millionen von Jahren umkreist der Mond als kahler Felsbrocken einsam und unbeirrt den Planeten Erde, aus dem er sich einst in einem kosmischen Feuerwerk gelöst haben soll und in den Weltraum entfleuchte, wie viele Astronomen glauben. Vielleicht hat die Erde sich den voluminösen Brokken irgendwann einmal auch eingefangen, als er ziellos durchs All wanderte. Niemand weiß es. Jedenfalls nimmt er – obwohl durchschnittlich über 360 000 Kilometer weit weg – Einfluß auf unser Leben. Alle 29 Tage, 12 Stunden, 44 Minuten und 3 Sekunden steht er als Vollmond am Himmel und strahlt das geborgte Licht der Sonne über Wälder, Berge und Meere. Bei Neumond verleugnet er seine Existenz, wenn er uns seine nachtschwarze Seite zuwendet. Bei seinem Umlauf um die Erde sehen wir stets nur die gleiche Seite unseres Trabanten, und seine rätselhafte Rückfront haben bisher nur amerikanische Astronauten bei ihrer Mondumkreisung mit eigenen Augen beobachten können.

Wie seit Jahrtausenden sind auch in unserer Zeit viele Feiertage dem Stand des Mondes angepaßt: Ostern etwa wird seit Ende des 2. Jahrhunderts n.d.Z. stets am ersten Sonntag nach dem ersten Vollmond nach Frühlingsanfang gefeiert. Bei der Wanderung der Erde um die Sonne hält sich diese – von uns aus gesehen – im Laufe eines Jahres jeweils einen Monat lang in einem *Tierkreiszeichen* auf, wie Wassermann, Schütze oder Widder. Die gleichen Zeichen durchläuft der Mond innerhalb von 29 Tagen, wobei er in jedem Zeichen nur etwa zwei bis drei Tage bleibt. Daß dabei der jeweilige Mondstand im Tierkreis spezifische Einflüsse auf den menschlichen Körper und seine Organe ausübt, hat Johanna Paungger – eines von zehn Kindern einer Tiroler Bergbauernfamilie – eigentlich schon immer gewußt. Jetzt hat sie die über Jahrhunderte mündlich überlieferten Erfahrungen ihrer Sippe aufgeschrieben und zusammen mit dem Journalisten Thomas Poppe veröffentlicht (*Aus eigener Kraft*, Goldmann-Verlag, München).

»Wie kann es sein, daß ein bestimmter Zeitpunkt für ein Tun – etwa für eine Operation – oftmals eine positive Wirkung erzielt, wenn schon kurze Zeit später ein negativer Einfluß herrscht, der dieselbe Handlung langfristig zum Mißerfolg verurteilt?« fragt Johanna Paungger, um sich selbst die geheimnisvolle Antwort zu geben: »Es kommt auf die Kunst des richtigen Zeitpunktes an. Der Augenblick der Berührung ist der entscheidende Faktor.«

Die Kräfte, die durch den richtigen Zeitpunkt – die Mondphasen und den Mondstand im Tierkreis – gekennzeichnet sind, wirken dabei manchmal wie ein Brennglas, das die Absichten bündelt und größere Wirkungen zu erzielen hilft. Zahllose unerklärliche und widersprüchliche Erfahrungen im Alltag, in der Heilkunde, im Garten und sogar im Haushalt finden danach ihre Erklärungen in dem vom Stand des Mondes angezeigten Einflüssen.
»Wenn wir allmählich die unterschiedliche Wirkung der beiden großen Mondphasen an uns selbst wahrnehmen«, so sagt Johanna Paungger, »können wir die Rhythmen harmonisch in unseren Alltag einbauen. Es ist so einfach: Entgiften bei abnehmendem, Kräftigung bei zunehmendem Mond.«
Alle anstrengenden Alltagsarbeiten und komplizierten Hobbys, die einer freien Terminwahl unterworfen sind, sollten auf die Phase des abnehmenden Mondes verlegt werden. Eine so simple Arbeit wie das Fensterputzen wird leichter und effektiver, wenn sie bei abnehmendem Mond geschieht. Wenn dabei noch auf einen besonderen Licht- und Wärmetag (Zwillinge, Wassermann u.a.) geachtet würde, dann blieben an den Fenstern weder Schlieren noch Streifen zurück, ja es genügte schon ein Schuß Spiritus im Waschwasser und Zeitungspapier zum Wischen, um das beste Resultat zu erzielen: den klaren Durchblick.
»Wenn Sie spüren, wie angenehm es ist, bei abnehmendem Mond die eigenen Kräfte nicht mehr so zu zügeln und sie bei zunehmendem Mond mehr zu bremsen, Kraft zu sammeln, vorzubereiten und zu planen, dann werden Sie sich fragen, wie Sie so lange auf die Anwendung dieses Wissens verzichten konnten«, sagt Johanna Paungger.
Wenn sich der Mond langsam rundet, tut sich auch für den Südtiroler Mario Borgogno eine völlig neue Welt auf, die den meisten Menschen ein Leben lang verschlossen bleibt. Im

Traum sieht der Mann Ereignisse voraus, die sich später, zum Teil erst Jahre danach, zutragen. Bemerkenswert ist, daß Einzelheiten der Wirklichkeit mit dem Traumgeschehen übereinstimmen. Meist sind es tragische Vorkommnisse, Katastrophen und Todesfälle, die sich in Marios Träumen abspielen. Das Attentat auf den Italia-Express im Oktober 1977 im süddeutschen Freiburg hatte er 14 Tage vorher im Traum schweißgebadet miterlebt: quietschende Bremsen, splitterndes Glas, die Schreie der Verletzten.

Seither hat er an die 300 dieser vorausschauenden Träume aufgeschrieben, von denen die meisten bis heute eingetreten sind. Wie lange nach dem Traum das Ereignis Wirklichkeit wird, läßt sich pauschal nicht sagen, denn die Frist reicht von einer Woche bis zu mehreren Jahren. Die meisten seiner Träume schreibt Mario auf eine Postkarte und schickt diese gleich an mehrere Personen, sozusagen als Beweise für die Echtheit der Präkognition, wie das Vorauswissen genannt wird. Die italienische Parapsychologin Dr. Paola Giovetti ist einer der Empfänger von Marios Post. In einem Filmbeitrag für die »Phantastischen Phänomene« bezeichnet sie Marios Vorauswissen als »sehr präzise und gut dokumentiert«.

»Auf der Postkarte mit der Beschreibung seines Traumes befinden sich Stempel und Datum«, sagt sie. »Damit vergleichen wir dann die späteren Ereignisse, die uns meist als Zeitungsausschnitte und Augenzeugenberichte zugehen. Es ist erstaunlich, wie selbst kleinste Einzelheiten aus den Traumberichten sich mit der Wirklichkeit decken.«

Es gibt inzwischen Hunderte solcher Sammlungen präkognitiver Träume in den verschiedensten Instituten in aller Welt. Bekannt ist, daß es viele begabte Personen dafür gibt und daß fast alle Menschen Träume haben, die auf Ereignisse der Zukunft weisen. Da sie jedoch in den meisten Fällen harmlose Inhalte haben, werden sie nach dem Aufwachen nicht mit in

das Tagesbewußtsein übernommen. Wer erinnert sich schon an so simple Sachen wie eine Flasche Bier, die er vier Wochen später bei einem Fußballspiel im Fernsehen öffnen wird? Träume von Todesfällen, Feuersbrünsten oder Flugzeugkatastrophen müssen darüber hinaus keine Informationen über zukünftige Ereignisse sein. Die Traumsprache bedient sich solcher Bilder, um auf ein inneres Geschehen im Träumer hinzuweisen. Da jeder Mensch individuell träumt, sind auch seine Traumvokabeln nur ihm allein zugänglich. Auch hier macht Übung den Meister, und die Traumsprache ist wie jede Fremdsprache im Selbststudium zu lernen.
Doch anders die Traumvisionen des Mario Borgogno. Da die meisten seiner Träume mit Unglücken zu tun haben, ist er ein häufiger Besucher von Friedhöfen, ganz besonders in Südtirol, wo die meisten Handlungen seiner Träume angesiedelt sind. Er sucht nach der Ruhestätte von Menschen, die er im Schlaf gesehen und mit denen er gesprochen hat, in Wirklichkeit aber gar nicht kennt. Da ist die Geschichte von dem Mädchen aus Regensburg, das mit acht Jahren an einem Tumor starb und dem Mario im Traum versprochen hatte, sie zu besuchen, obwohl er nur ihren Vornamen kannte: Martina. Als der Mann drei Jahre später zufällig in Niederbayern war, bat er seinen Begleiter, ihn nach Regensburg zu bringen. Obwohl er noch nie in dieser Stadt war, benötigte er auf dem Friedhof nur zehn Minuten, um dort seine Martina ausfindig zu machen.
Was die Menschen von ihm und seinen präkognitiven Träumen halten, ist Mario nicht mehr wichtig, zumal er nicht dem geringsten Verdacht ausgesetzt ist, ein Scharlatan oder Geschäftemacher zu sein.
Die Genauigkeit, mit der Traum und Wirklichkeit meistens übereinstimmen, ist verblüffend. Da erlebt Mario einen Flugzeugabsturz auf Sizilien und steht während der Katastrophe

im Cockpit genau hinter dem Kapitän. Er spürt dessen Verzweiflung, die Angst vor dem Tod. Später erkennt er den Mann auf einem Foto unter vielen anderen Gesichtern wieder.

Besonders üppig hat es der kleine Mario, der im Juli 1922 in Meran auf die Welt kam, im Leben nie gehabt. Die Eltern starben früh, Armut herrschte in dem Eisenbahnerhaus an der Strecke Trient–Venedig. Im Herbst 1945 – Mario Borgogno war als eine Art Faktotum im Kirlaner Jesusheim beschäftigt – ereilte ihn das Schicksal. Eigentlich war der Waldspaziergang mit ein paar Freunden ein Ausflug wie jeder andere. Doch dann explodiert die Granate, die sie im Unterholz finden, in Marios Hand, reißt ihm den rechten Unterarm weg, zerstört sein Auge und schädigt das Gehör. Seit dieser schrecklichen Minute ist Mario Invalide.

An diesem Tag holte ihn seine paranormale Begabung auf besonders tragische Weise ein, denn vor einem halben Jahr hatte er genau dieses Ereignis im Traum vorausgesehen und deshalb vor dem Spaziergang eine fürchterliche Vorausahnung gehabt. Wäre ihm sein schweres Schicksal erspart geblieben, wenn er auf seine innere Stimme gehört hätte?

15 Reise durch Raum und Zeit

Unterwegs als Bewußtseinskugel

Der studierte Architekt Harald Wessbecher geht gerne auf Reisen. Doch er benutzt dabei weder Auto, Eisenbahn oder Flugzeug, Harald schickt seinen *Astralkörper* in die Tiefen von Raum und Zeit.

Das klingt phantastisch. Aber der in der Schweiz lebende Therapeut braucht dazu weder ein dickes Scheckbuch noch ein Ticket. Er folgt den alten Lehren der Schamanen, so daß es ihm gelingt, mit seinem *Energiekörper,* dem sogenannten Astralleib, seinen physischen Körper zu verlassen. Der Mann wird zu einer Art Energieball, einer *Bewußtseinskugel,* die losgelöst von der Materie bisweilen auf andere Energieformen trifft, deren Gedanken und Gefühle er in Form von farbigen Wolken und Lichtstrahlen empfindet.

Harald will auf diese Weise auch die Astralkörper verstorbener Menschen spüren und erfährt dabei, daß sich Energiereisende als Wolken oder Engelgestalten materialisieren, um andere Menschen fühlen zu lassen, daß sie an sie denken und ihnen in Liebe zugetan sind.

Das Volumen menschlicher Sprache reicht nicht aus, um Haralds wunderbare Erfahrungen jenseits von Raum und Zeit zu beschreiben. Doch die Begegnungen mit anderen Intelligenzen geschehen unabhängig von Alter, Geschlecht oder Herkunft. Die freigesetzte Energie – so der Astralreisende – könne man nur als umfassende Liebe bezeichnen.

Daß sich Haralds außerkörperliche Erfahrungen nicht darauf beschränken, Bewußtsein zu erweitern, sondern durchaus auch praktisch eingesetzt werden können, beweist seine erfolgreiche Suche nach einer Partnerin fürs Leben.

»Als ich mich vor Jahren recht einsam fühlte«, erzählt er, »habe ich mich in die Traumdimension aufgemacht, um dort nach einer Frau zu suchen. Sie begegnete mir tatsächlich, und ich konnte mir sämtliche Details dieser Erscheinung einprägen. Zwei Tage später traf ich Patricia auf einem Seminar. Ich ging auf sie zu wie auf eine gute Bekannte.«

Patricia hat diese Art der Kontaktaufnahme für eine besonders gelungene esoterische *Anmache* gehalten, aber Harald konnte sie überzeugen, daß sie im wahrsten Sinne des Wortes seine Traumfrau sei. Als sich Nachwuchs ankündigte, zog sich Wessbecher nach England zurück – er bezeichnet die Insel als seine geistige Heimat – und versuchte in mehreren Bewußtseinsreisen Kontakt zu seinem werdenden Kind aufzunehmen. Natürlich interessierte ihn das Geschlecht, die karmischen Verflechtungen und was die Elternschaft für ihn bedeute.

»Ich traf einen Jungen«, berichtet Harald Wessbecher, »der Christian Aaron genannt werden wollte. Er zeigte sich mir, wie er mit 17 Jahren aussehen würde, und wir machten einige Bewußtseinsreisen zusammen.«

Inzwischen ist Christian Aaron fast zwei Jahre alt, und die junge Familie lebt in der Schweiz, aber auch mehrere Monate im Jahr in einem Traumhaus an der Ostküste Amerikas, das sie von ihren Traumreisen her gekannt haben wollen und in der materiellen Wirklichkeit tatsächlich wiederentdeckten.

Außerkörperliche Erfahrungen haben Menschen aller Zeiten und Kulturen gemacht, und in den mediumistischen Aussagen über Atlantis treten sie als eine durchaus alltägliche Form der Kommunikation auf. Doch wie so vieles aus dem hypothetischen *Goldenen Zeitalter* sind auch die *Out-of-Body-*

Experiences (OBEs) im kollektiven Unbewußten verschüttet, obwohl immer mal auch westliche Astralreisende erstaunliche Aussagen über diese Art geistiger Fortbewegung gemacht haben. Aldous Huxley, Goethe, D. H. Lawrence waren ebenso Traumreisende wie August Strindberg und Jack London, von den griechischen Philosophen und mittelalterlichen Alchemisten gar nicht zu reden. Inzwischen gibt es zahlreiche Untersuchungen von Universitäten wie Oxford und Southampton, die empirisches Material über das Vorhandensein des Phänomens vorlegen. Aus diesen Zahlen ergibt sich, daß jeder fünfte Mensch einmal im Leben eine OBE hat.

Ein solches Erlebnis erfolgt gewöhnlich spontan im Schlaf, während einer eingeleiteten Betäubung oder während traumatischer Schmerzzustände. Der Mensch hat plötzlich das Gefühl, daß sich sein Bewußtsein vom Körper trennt. Er entdeckt, daß er schwebt und in diesem Zustand auch zu anderen Orten fliegen kann. Bei einer Befragung von Studenten der medizinischen Fakultät der Universität von Kansas, die von diesen Erlebnissen berichteten, gaben 85 Prozent das Erlebnis als *angenehm* und über die Hälfte davon gar als *lustvoll* aus.

Der polnische Journalist Lech Galicki wurde 1991 im Universitätsklinikum Berlin-Steglitz nach einem Unfall mit schweren Gesichtsverletzungen operiert. Nach den üblichen Untersuchungen war ihm das Narkosemittel intravenös verabreicht worden. »Danach geschah etwas völlig Unglaubliches«, berichtet Galicki. »Ich hatte das Gefühl, daß mein Bewußtsein den Körper verließ und von ihm wegschweben würde. Ich existierte nur noch als Gedanke. Darüber war ich gleichzeitig geschockt und erstaunt.« Das Herz des Patienten arbeitete dabei einwandfrei, auch die Gehirntätigkeit war normal. Galicki hatte also kein sogenanntes Nah-Tod-Erlebnis, von dem reanimierte Patienten nach ähnlichen Erfahrungen berichten. Das seltsame Geschehen war wohl durch den Unfallschock ausgelöst worden.

»Ich habe die Ärzte gesehen und auch meinen Körper auf dem Operationstisch«, erinnert sich der Mann. »Ich hätte sie hören können, aber es war für mich nicht wichtig. Mein ungewöhnlicher, phantastischer Zustand war so faszinierend, daß mich die Operation überhaupt nicht interessierte. Ich konnte sehen und hören, aber nicht mit meinen Augen und Ohren. Ich war in einem Labyrinth aus Licht. Jemand hat mir auf diesem Weg geholfen. Ich hatte das Gefühl, als ob meine Hand gehalten würde, obwohl ich keine Hände und Füße hatte. Es war eine Gestalt aus Licht, die unaufhörlich mit mir sprach und der ich auch antwortete. Aber nur in Gedanken. Es war alles so sanft und ruhig. Ich fühlte mich zufrieden und war fasziniert.«

Lech Galicki wurde nach der mehrstündigen Operation wieder in sein Zimmer gefahren. Sein ungewöhnliches Erlebnis hat er einem Arzt erzählt, der es kommentarlos notierte. »Ich habe mich seitdem innerlich sehr verändert«, erzählt er. »Das Geschehen war zu gewaltig, um keine Spuren in meinem tiefsten Inneren zu hinterlassen. Ich reagiere jetzt anders auf die Menschen und auf die Welt, die mich umgibt, und frage in bestimmten Situationen meine Kollegen: ›Hast du noch nicht verges [illegible], daß du bist?‹«

Einige Menschen besitzen offenbar die Fähigkeit, unabhängig von solch traumatischen Erlebnissen ihren Körper nach Belieben zu verlassen. Der berühmteste ist der amerikanische Manager Robert Monroe, den diese merkwürdigen Erlebnisse zunächst sehr beunruhigten. Weil er glaubte verrückt zu werden, begab er sich in ärztliche Behandlung, während der keine körperlichen und geistigen Abnormitäten festgestellt werden konnten. Als er von einem befreundeten Psychologen erfuhr, daß indische Yogis ihren Körper jederzeit auf Wunsch verlassen können, begann er seine Begabung zu akzeptieren. Er schrieb seine Erfahrungen im Zustand der Entkörperlichung auf und entdeckte, daß er durch feste Mauern hindurchfliegen und in Sekundenschnelle große Entfernungen zurücklegen konnte, indem er sich einfach an einen bestimmten Ort *dachte*. Dort begegnete er Freunden, die in ihrer materiellen Form seine Anwesenheit nicht bemerkten. Die zunächst skeptischen Menschen ließen sich rasch überzeugen, als er ihnen ihre Aktivitäten zur fraglichen Zeit beschrieb, sowie die Kleidung, die sie dabei trugen. Monroe entdeckte, daß er nicht der einzige war, der diese Fähigkeiten besaß. Oft genug traf er – ähnlich wie Harald Wessbecher – mit anderen körperlosen Reisenden zusammen.

So phantastisch dies alles klingen mag, über die Form körperlosen Reisens liegen zahlreiche Berichte aus Universitätslabors vor, in denen das Phänomen wissenschaftlich nachgewiesen wurde. So konnte der amerikanische Parapsychologe Charles Tart eine geübte Astralreisende, die er *Miss Z* nannte, dazu veranlassen, eine fünfstellige Zahl von einem Zettel abzulesen, den sie nur im körperlosen Schwebezustand erreichen konnte. Bei manchen Experimenten wurden auch Tiere eingesetzt. So fand Robert Moris von der Psychical Research Foundation in North Carolina heraus, daß eine Katze, die dem talentierten Astralreisenden Keith Harary gehörte, jedesmal zu miauen aufhörte und zu schnurren begann, wenn ihr geliebter, aber unsichtbarer Keith anwesend war.

Der Psychotherapeut Harald Wessbecher unterscheidet zwischen Astral-, Bewußtseins- und Traumreisen. Bei einer Astralreise löst sich das Bewußtsein vom physischen Körper, kann aber dessen feinstoffliche Form behalten, also menschliche Gestalt annehmen oder auch in Form einer Kugel auftreten. Dabei hat der Astralkörper keine physischen

Sinnesorgane, sondern reagiert gefühlsmäßig auf sein Umfeld.

»Da die Wahrnehmung sehr fein ist«, erklärt Wessbecher, »kann der Astralreisende Impulse aus anderen Zeiträumen – zum Beispiel aus Vergangenheit und Zukunft – aufnehmen, ohne die Gegenwart zu verlassen.«

Es gibt viele Methoden, eine bewußte Astralreise herbeizuführen, die alle mit Entspannungstechniken und Visualisierungsübungen eingeleitet werden. Entscheidend für den Erfolg ist die Offenheit gegenüber solchen grenzüberschreitenden Möglichkeiten.

»Meiner Meinung nach erinnern sich nur wenige Menschen an ihren nächtlichen Austritt«, sagt Wessbecher, »weil sie Ängste vor einem solchen Zustand haben oder es nicht in ihr rationales Weltbild paßt. Vielleicht liegen auch ihre Erfahrungen jenseits ihrer Erwartungen und sind damit nicht erinnerbar.«

Bei einer Bewußtseinsreise verläßt das Bewußtsein den Körper nicht, sondern dehnt sich über seine Grenzen hinaus durch Raum und Zeit aus. Sie führen zu einem umfassenden Weltbild, das ins Tagesbewußtsein hineinwirkt und zu gravierenden Veränderungen von Lebenssituationen führen kann. Monroe bezeichnete Astralreisen als *Rundfahrt um den Häuserblock*, Bewußtseinsreisen als *Fahrt auf der Autobahn*.

Traumreisen gehören – laut Wessbecher – im weitesten Sinn zu den Bewußtseinsreisen, die auf der Ebene der Traumwirklichkeit stattfinden, wo sich individuelle Wünsche erfüllen, aber auch Ängste abgebaut werden, damit die Seele im Gleichgewicht bleibt. Dabei vermischen sich die Gesetze der Wirklichkeit: Vergangenheit und Zukunft verschmelzen ebenso wie Personen und Ereignisse zu einem schillernden Traumtheater. Die menschliche Psyche erledigt diese Aufräumarbeiten vier- bis fünfmal in einer Nacht während der ganz normalen Traumphasen, die jeder Mensch erlebt, egal ob er sich daran erinnern kann. Wenn man bedenkt, daß zwanzig bis fünfundzwanzig Jahre Lebenszeit – also fast ein Vierteljahrhundert – durchschnittlich *verschlafen* werden, sollte man den nächtlichen Abenteuern unseres Seins eigentlich mehr Beachtung schenken. Die Wissenschaft hat längst herausgefunden, daß Träume keine Schäume sind, sondern Spuren in unserem Unbewußten hinterlassen, die sich auf die Struktur der Gesamtpersönlichkeit auswirken.

Fast fünfzehn Prozent aller Menschen leiden unter dem Schrecken der Alpträume, die den Schläfer meist am frühen Morgen erreichen. Dann gleitet er aus ruhigem Schlummer in einen Horrortrip: Schreckliche Visionen halten ihn im Bann, er wird verfolgt und bedroht – bis er schweißgebadet erwacht. Am Tag fühlt sich der Traumgeplagte oft leer und deprimiert; die Angstvisionen haben ihre Kerben in seiner Psyche hinterlassen.

Der Psychologe Robert Keller von der Universität in New Mexico hat dagegen ein verblüffend einfaches Rezept vorgestellt: Das »Drehbuch des Traums« wird umgeschrieben und eingeübt. Kellers Patienten schreiben einen ihrer Alpträume auf und ändern dessen Dramaturgie. Dann versuchen sie sich zu entspannen und lassen die neue Traumversion in den nächsten Tagen immer wieder Revue passieren, bis die Alpträume verschwunden sind.

Eine andere Methode, die kafkaesken Ungeheuer der Alpträume zu bannen und sich damit zum Herrn seiner Schlafabenteuer aufzuschwingen, hat der Psychiater und Sportwissenschaftler Professor Dr. Paul Tholey für die westliche Welt wiederentdeckt: das Klarträumen. Was bei tibetischen Yogis und malaiischen Ureinwohnern praktiziert wird, lehrt er seinen Studenten an deutschen Universitäten. Tholey gilt als wissenschaftlicher Wegbereiter des Klarträumens und richtete unter anderem an der Frankfurter Goethe-Universität Klartraumgruppen ein.

Nach Tholeys Studien muß sich der *luzide Träumer* darüber klar werden, daß er träumt. Er kann dann entscheiden, ob er vor einer Traumfigur Reißaus nehmen oder sich mit ihr anfreunden will – wobei er wie im Wachzustand sieht, hört, riecht und fühlt. Er kann sich im Klartraum seine eigene Welt erschaffen, in der er lacht, weint und liebt. Hemmungen fallen, sexuelle Phantasien werden ausgelebt und unerfüllte Wünsche wahr. Die Begegnung mit Traumfrauen oder -männern werden zur Traumwirklichkeit, deren emotionale Bedeutung der Realtität im Wachzustand in nichts nachsteht.

»Der Klarträumer ist Regisseur, Schauspieler und Zuschauer in einer Person«, erklärt Tholey. »Er kann auch unabhängig von räumlichen und zeitlichen Schranken agieren, weil er keinerlei Gesetzmäßigkeiten unterliegt.«

Der erfahrene Klarträumer kann wie ein Adler fliegen und wie ein Delphin durch den Pazifik gleiten, er kann sich Monstern stellen und kriegerischen Rittern das Visier öffnen nach dem Motto: Wer bist du und was willst du? Denn Traumgeschichten sind in einer Symbolsprache verfaßt, die sich im Klartraum entschlüsseln läßt. Deshalb gilt es, sich mit klarem Bewußtsein in die Welt unserer Träume zu begeben. Denn auch scheinbar paranormale Fähigkeiten wie Gedankenübertragung oder Hellsehen sind im Klartraum einfacher zu lernen. »Es sieht tatsächlich so aus«, sagt Tholey, »als hätte die Raum-Zeit-Dimension in unseren Träumen einen anderen Stellenwert als in unserer realen Existenz. Zukünftige Ereignisse werden viel öfter vorausgeträumt, als wir uns vorstellen können.«

Das Schlaraffenland unserer Wünsche und Vorstellungen, unserer Ängste und Lüste ist also entdeckt und der Schlüssel dazu ein simpler Trick. Der Traumwillige – so Tholey – muß sich im wachen Zustand ständig fragen, ob er träumt oder wach ist und die Situation auf Merkwürdigkeiten untersuchen. Weil Träume sich vom Tage nähren, stellt der Mensch sich diese Frage auch irgendwann im Traum – wobei er sich sofort der irrealen Welt um ihn und damit des Traumes bewußt werde.

Tholey lernte auf diese Weise mit knapp vierzig Jahren das Skateboardfahren, eine Fähigkeit, die er sich gewissermaßen erträumte, und brachte es in kürzester Zeit bis zur Teilnahme am Europacup. Robert L. Stevensons Meisterwerk *Die Schatzinsel* soll während seiner Klarträume entstanden sein, und auch Frank Elstner probierte die seit Jahrzehnten erfolgreichste TV-Show »Wetten daß...« laut eigener Aussage zum ersten Mal in einem Traum aus, bei dem er sich klar war, daß er träumte und dabei das Traumgeschehen beliebig variierte.

Paul Tholey, selbst klinischer Psychologe, sieht im Klarträumen eine wunderbare Alternative zur Psychotherapie und selbst zur Psychoanalyse, weil man dabei ein Abhängigkeitsverhältnis zum Therapeuten vermeidet und seiner Selbstverantwortung zugeführt wird.

»Verfolgt dich im Traum ein Bagger«, so Tholey, »drehst du dich entspannt um und fragst: Wer bist du? Nicht selten verwandelt sich die Maschine dann in deinen Chef oder den Vater, mit dem du dann entspannt in einen Dialog treten kannst.«

Ein bedrohliches Tier symbolisiert unbewältigte Aggressionen, die von innen oder außen kommen, auch unterdrückte Grundbedürfnisse, wie zum Beispiel ein unerfülltes Sexualleben. Ein abgestorbener Baum repräsentiert wiederum eine Krisenstimmung, hervorgerufen durch versteckte Depressionen. »Doch alle diese Bilder können noch innerhalb des

Traumes entschlüsselt werden, wenn wir nach ihrer Bedeutung fragen«, weiß Tholey.
Schluß also mit den alten Kinderängsten und der Furcht vor den Alpträumen der Nacht. Doch Vorsicht ist angebracht: Nicht selten haben die Traumfiguren einen eigenen Sinn für Humor. So erschien einem Studenten ständig ein Schmetterling. Auf die Frage: »Wer bist du?« habe dieser nur geantwortet: »Ätsch, ich bin kein Sexsymbol!« Wem der Sinn für diese Dialoge abgeht, der braucht angeblich nur einen Punkt im Raum zu fixieren, um aus quälendem Traumschlaf zu erwachen. Weil sich die Augen des träumenden Menschen ständig bewegen und eben nicht still stehen können (»rapid eye movement« oder REM genannt), löse sich der Traum dann auf.
Da sich viele dieser nächtlichen Erlebnisse und Begegnungen mit denjenigen von sterbenden und wiederbelebten Menschen vergleichen lassen, sehen Psychologen sie auch als eine Art Vorbereitung auf das eigene Sterben – ohne Angst und Furcht –, so wie es in den alten Totenbüchern der Tibeter und Ägypter (als Nachfolger der Atlantider?) empfohlen wird. Astral- oder Bewußtseinsreisende erleben die Relativität der Zeit oft in einem einzigen Moment, wenn sie – wie in einem Zeitraffer – ihr ganzes irdisches Leben mit all seinen Erfahrungen, Freuden und Leiden erkennen und vollbewußt in den Alltag übernehmen können. Diese Erfahrungen sollten nicht als etwas Weltfernes aufgefaßt werden, sondern als lebendige Mosaiksteine des inneren Wachstums akzeptiert und in einem über Jahre sich erstreckenden individuellen Reifungsprozeß einbezogen werden.
Als Robert Monroe gefragt wurde, wie denn seine wahre Gestalt beschaffen sei, wenn er sich in einem entkörperlichten Zustand befindet, beschrieb er sie als ein »Schwingungsmuster, zusammengesetzt aus vielen miteinander in

Wechselwirkung und Resonanz befindlichen Frequenzen«.
Diese Aussage verweist auf das von Pribram und Bohm aufgestellte Modell vom *holographischen Universum,* in dem alles was existiert, ein Frequenzphänomen ist, das unser Geist in unterschiedliche holographische Formen umsetzt. Beim Hologramm ist das unter Zuhilfenahme eines starken Lasers aufgenommene Bild auf einer schwarzen Fotoplatte gespeichert. Erst, wenn ein starker Lichtstrahl unter einem bestimmten Winkel darauf gerichtet wird, sehen wir statt des bislang unsichtbaren Frequenzmusters das dreidimensionale Bild. Nach Pribram und Bohm agiert unser Bewußtsein auf die gleiche Weise: Es setzt die Frequenzmuster einer tieferen, unsichtbaren Wirklichkeit in für uns erkennbare »Realität« um. Dies ist auch die Beschreibung von Monroe. Sie unterstreicht die Vermutung, daß unser Bewußtsein nicht im Gehirn enthalten ist, sondern in einem holographischen Energiefeld, das den materiellen Körper des Menschen umgibt und zugleich durchdringt.

16 Als Held unterwegs

Die Seele auf der Suche nach sich selbst

Hundert Meter vom Atlantik entfernt hebt sich auf der Kanareninsel Lanzarote eine weiße Pyramide vor dem meist tiefblauen Himmel ab. Ägyptische Schriftzeichen säumen den Weg zu ihrem Eingang, auf lila Säulen flackern am Abend die Lichter und zeigen hinauf zu den Sternen. Das in seinen Maßen der großen Pyramide von Gizeh nachempfundene Bauwerk ist Mittelpunkt des Seminar- und Ferienzentrums »Etora«, in dem Menschen mit den neuen, alten Methoden des Heilens vertraut gemacht werden: Reiki wird gelehrt, die Kunst des Handauflegens, Fußzonenreflexmassage oder das richtige Atmen als Teil der Lebensenergie.

Der Psychotherapeut Dr. Peter Orban kommt oft hierher, weil er die Insel liebt, ihre vulkanischen Berge und den Wein, der dort wächst. Dem Zauber des Feuers ist er hier näher als anderswo, wo es nicht ein paar Meter unter der Erde noch kocht und brodelt wie in den »Montaña de Fuegos«, den Feuerbergen. Hier regiert das plutonische Prinzip, sagt er, und die Nachbarschaft von Atlantis ist hautnah zu spüren. Peter Orban begleitet Reisende in das unbekannte Land ihrer eigenen Seele, eine Technik, die bei den Schamanen – den Heilern der Naturvölker – auch heute noch bekannt ist und von westlichen Therapeuten auch als Phantasie- oder Heldenreise angewendet wird.

»Die bewußte Heldenreise ist weiter nichts als Hören auf das, was in unserem Inneren verborgen ist«, sagt Orban. »Wir machen den ganzen Tag so viel Lärm, daß diese Seite sich nicht

Gehör verschaffen kann. Und wir haben Angst vor diesem Zuhören, deshalb machen wir so viel Lärm.«

In einer Heldenreise ist jeder Teilnehmer der Held, der von dem Reiseführer – dem Therapeuten – in das Labyrinth seines *Ichs* geführt wird, wo er auf Berge und Täler, Flüsse und Seen trifft, in dem sich prunkvolle Schlösser auftun und dunkle Tropfsteinhöhlen. Diese Welt ist voller Stille, aber auch voller Leben, je nachdem, in welchen Winkel der Held gerade geführt wird. Ein Held ist er allemal. Wie furchterregend auch manche Begegnungen sein werden, stets wird er der Sieger sein. Nicht immer strahlend, manchmal auch arg zerzaust wird er seine Wirkungsstätte verlassen. Er wird dabei lachen und weinen, denn eine Heldenreise ist nichts anderes als ein Ausflug in eine andere Wirklichkeit.

In der Pyramide liegen fünfzehn Männer und Frauen kreisförmig auf dem Teppichboden. Ihre Köpfe ruhen auf pinkfarbenen Kissen, der Blick fällt auf die hellen Holzbalken in der Spitze, und das Rauschen des nahen Meeres mischt sich in die ersten Takte von Vangelis' »Igantio« aus dem Lautsprecher. Die Teilnehmer haben sich für eine »Reise in den inneren Abschied« entschieden, denn eine solche Übung dient den unterschiedlichsten Zielen. Da gibt es die Reise zum Verbündeten oder die, den eigenen Weg kennenzulernen.

Die Frauen und Männer atmen ruhig; sie sind in der Entspannungsphase. »Im Leben eines jeden Menschen gibt es Situationen, in denen er sich trennen muß«, sagt Orban. Seine tiefe Stimme weckt Vertrauen und Geborgenheit. »Und diese Situationen haben in uns allen einen Zustand hinterlassen, in dem wir eine bestimmte Figur, eine bestimmte Melodie noch nicht zum Abschluß gebracht haben. Diese Figur ist unvollendet, sie ist wie eine nicht beendete Komposition, ein nicht abgeschlossener Kreis.«

Der Therapeut geht von der Erfahrung aus, daß jeder

Mensch solche unvollendeten Situationen in sich trägt, bei denen kein Abschied genommen wurde und Fragen noch offengeblieben sind: der Tod eines Menschen, die Trennung von einem Tier oder Lieblingsspielzeug, aber auch die Scheidung einer Ehe. Ein Ende bedeutet, Platz für einen Anfang zu schaffen, doch dafür müssen Kreise geschlossen werden.
»Viele Menschen wollen aufgrund solcher unvollendeten Situationen gar keinen neuen Kreis, gar keine neue Melodie kennenlernen«, sagt Orban, »weil das Alte noch nicht beendet, noch nicht zum Abschluß gebracht worden ist. Auch wenn man es nicht merkt, sogar wenn man meint, man habe das Ganze vergessen und man erinnere sich nicht mehr daran, so halten doch diese nicht durchlebten Abschiede viele Energien gefangen, die uns für neue Beziehungen fehlen.«
Die Männer und Frauen in der weißen Pyramide sind entspannt, spüren die Musik und hören die Stimme ihres Phantasiereiseführers, der ihnen anbietet, noch einmal den nicht vollendeten Abschiedsszenarien ihres Daseins zu begegnen.
»Das einzige Mittel, das es gibt, diese unabgeschlossenen Kapitel unseres Lebens zu schließen«, sagt er, »ist das zu tun, was wir damals vor lauter Schmerz, Wut, Enttäuschung, vor lauter Zorn, Aggression oder Verzweiflung versäumt haben. Das einzige Mittel ist: Abschied nehmen!«
Peter Orban bietet seinen Phantasiereisenden einen Fahrstuhl an, in dem es immer tiefer zurück in die Zeit geht. Tage werden zu Wochen, Wochen zu Monaten und Jahren, bis der Fahrstuhl langsamer wird und schließlich zum Stehen kommt.
»Vor deinem Auge taucht jetzt eine Situation oder Person auf, mit der du noch eine unabgeschlossene Geschichte hast«, sagt der Therapeut ruhig. »Du brauchst nicht zu suchen, sie taucht einfach von ganz allein aus dem Dunkel deiner Erinnerungen auf und bringt alle die alten Gefühle mit,

die mit dieser Geschichte verbunden sind. Alles sind Verbindungen. Du hast jetzt genügend Zeit, diese Gefühle noch einmal zu durchleben.«

In die leise Vangelis-Musik dringt unterdrücktes Weinen; je nach Temperament erleben die Teilnehmer ihre eigenen, ganz individuellen Abschiede. Später werden sie darüber sprechen oder schweigend hinunter zum Strand gehen. Niemand, der von einer solchen Phantasiereise unberührt bleibt.

»Verabschiede dich jetzt von der Situation oder der Person und bedanke dich bei ihr, daß du diesen Begleiter einmal hattest, der einen Teil seiner Lebenszeit mit dir verbrachte und dir die Möglichkeit gab, daran zu wachsen.«

Orbans Stimme führt seine Zuhörer weiter zurück in die Zeit, bis an die Stelle ihrer Geburt. »Spüre, wie es dir geht«, mahnt er. »Du hast den schützenden Körper deiner Mutter verlassen und bist nun ganz allein in einer Welt, die du nicht kennst und von der du nichts weißt. Spüre die Traurigkeit oder die Wut, oder die Verzweiflung. Und jetzt nimm ganz tief Abschied von der Situation der Geborgenheit im Schoß deiner Mutter. Finde Worte der Liebe und Dankbarkeit.«

Die Ur-Situation, der jeder Mensch ausgeliefert ist. Psychoanalytiker und Therapeuten habe dicke Bücher darüber geschrieben, wie traumatische Geburtssituationen das Leben der Menschen bis zu ihrem Tod verwirren und komplizieren können. Während der Phantasiereise kommt hier auch der kühnste Realist an einen Punkt, wo er Gefühl zeigen muß. Das innere Kind in ihm schält sich aus dem Dunkel des Vergessens, offenbart sich als Hülle seines Wesenskerns, als Urgrund der Persönlichkeit. Orban ist dies noch nicht genug. Tiefer geht er mit seinen Klienten zurück in die Zeit, erreicht bald vorgeburtliche Zustände in kaum faßbaren Dimensionen. Doch Aussteigen gilt nicht.

»Du gehst zurück durch die Zeit«, suggeriert er den Teilnehmern. »Es geht nicht mehr um Tage, Monate oder Jahrzehnte. Es geht bis in die Ewigkeit, an den Anfang der Zeit. Bis zu der Stelle, in der Zeit eine Landschaft ist, die du schon lange kennst. Hier gibt es keine Zeit, hier ist immer Ewigkeit. Es ist eine Landschaft mit Hügeln und Wäldern, in der du bist, so lange du nicht in der Zeit bist. Hier gibt es keine Zeit. Sekunden sind wie Jahrtausende und Jahrtausende wie Sekunden. Und es gibt Wesen, die sind wie du: zeitlos. Und alles, was ist, ist gut. Es ist die Welt, in der du bist, wenn du noch nicht bist. Es ist deine Welt – die Welt, die du bist.«
Orban fordert die Phantasiereisenden auf, sich in dieser Welt umzusehen, zu fliegen, eins zu werden mit Bergen, Seen und Flüssen, ein Gedanke zu sein, der alle anderen Gedanken umfaßt. Aber auch von dieser Welt – so schön und zeitlos sie ist – gilt es Abschied zu nehmen.
»Es kann sein, daß du lieber bleiben möchtest«, sagt Orban sanft. »Doch du kannst deutlich spüren, daß du noch etwas erledigen mußt. Vielleicht eine Aufgabe, die du bisher nicht gelöst hast. Vielleicht ein Stück Unvollkommenheit, das dir innerlich zuruft, einen alten unabgeschlossenen Kreis zu schließen ... Und während du dich auf den Weg machst, kannst du alle Abschiede, die du gerade durchlebt hast, als die wichtigsten Ereignisse deines Lebens erkennen. Leben heißt Abschiednehmen. Und Abschiednehmen heißt Leben. Jeder Abschied ist ein Sterben, und jedes Sterben ist ein Neubeginn.«
Die Teilnehmer lösen sich aus der leichten Trance, recken und strecken ihre Körper, setzen sich auf. Manche haben ein Lächeln auf dem Gesicht, andere ein paar nicht getrocknete Tränen. Fast alle sind ergriffen, betroffen vielleicht von den inneren Bildern, die sie längst verschollen glaubten im Labyrinth ihrer Seele.

»Ich habe diese und ähnliche Reisen bisher mit etwa 1000 Menschen unternommen«, sagt Peter Orban. »Es gibt eine Anzahl von Protokollen darüber, aus denen sich erkennen läßt, wie die Teilnehmer während des Ablaufs deutlich ihren Erlebnisbereich von der linken – der für die Alltagswelt zuständigen realen – Gehirnhälfte in die andere Realität – die rechte Hälfte des Gehirns – transportieren.«
Sinn der Übung ist es jedoch, nach Abschluß der »Reise« die Erfahrungen auf die linke Seite herüberzubringen, um auch im Alltag davon zu profitieren. Längst haben die Biologen herausgefunden, daß sich der menschliche Körper alle sieben Jahre fast bis auf die letzte Zelle erneuert. Das »verflixte siebente Jahr« ist nur ein Hinweis, daß mit den körperlichen Veränderungen nach dem atlantidischen Prinzip der Ganzheit auch seelisch-geistige Wandlungen einhergehen. Alte Beziehungen werden durch neue ersetzt, Ansichten werden zu Einsichten, Strukturen aufgelöst und neue gefestigt. Nicht immer geschieht diese eigene kleine Evolution im äußeren und inneren Menschen ohne Konflikte, die er in der Hektik des Lebens oft nicht einmal registriert, die aber sehr wohl vom Unbewußten archiviert werden, ohne vorher genügend analysiert worden zu sein. Körper, Seele und Geist geraten in Unordnung, und die Disharmonie bringt Probleme: Depressionen, organische Krankheiten, Ängste. Während bei einer verlorenen Plombe der Gang zum Zahnarzt selbstverständlich ist, fällt es den meisten Zeitgenossen schwer, einen Psychologen, Psychotherapeuten oder Psychiater aufzusuchen.
Nach vorsichtigen Schätzungen ist jeder zehnte Deutsche psychisch krank. Ihm könnte geholfen werden, doch oft wird das Leiden zu spät erkannt, und viele Fachleute ignorieren neue Erkenntnisse über wirksame Heilmethoden. Dabei sind Neurosen, Schlaflosigkeit, Magersucht und Versagensängste

mittlerweile fast so alltäglich wie die Grippe im Herbst, die – wie wir im übernächsten Kapitel erfahren werden – genauso überflüssig ist. Psychische Erkrankungen werden bei vielen immer noch mit Psychiatrie, mit »Klapsmühle« gleichgesetzt, eine unzulässige Ausgrenzung, unter der vor allem auch Kinder, die sich in therapeutischer Behandlung befinden, zu leiden haben. Dabei können Therapien erstaunliche Erfolge erzielen und werden zunehmend – als begleitende medizinische Maßnahmen – auch bei organischen Störungen angewandt. So tragen sie etwa bei Herzoperationen, Organtransplantationen und bei Schmerzen zum Behandlungserfolg bei. Patienten, die auch psychotherapeutisch betreut werden, verlassen die Klinik meist viel früher. Grund für die Berührungsprobleme mit therapeutischer Arbeit ist neben mangelnder Aufklärung auch das Überangebot mit den unterschiedlichsten Formen wie Gesprächs-, Gestalt-, Gruppen-, Tanz-, Hypnose-, Urschrei- oder Sexualtherapie. Für zusätzliche Verwirrung sorgt der Gelehrtenstreit. So hält es der Berner Psychologie-Professor Klaus Grawe für unsinnig, wenn Patienten über Jahre hinweg beim Therapeuten sitzen. Es gibt, so der Wissenschaftler, keinen Beleg dafür, daß Langzeittherapien irgend etwas Positives bewirken, was nicht mit weniger Sitzungen gleich gut oder besser erreicht werden kann.

»Therapeuten, bei denen die Mehrzahl der Behandlungen länger als 40 Stunden dauern«, sagt Grawe, »sind Opfer einer falschen Ausbildung, leiden an Realitätsverlust oder verfolgen möglicherweise finanzielle Interessen.«

Nicht jede Methode ist für jeden gleich gut. Doch wie findet man die richtige Hilfe?

»Das ist leider nicht so einfach«, meint Grawe. »Da hilft oft nur Herumfragen im Bekanntenkreis. Wichtig ist, daß der Therapeut eine breite Ausbildung hat, also Psychologe oder

Arzt mit spezieller Zusatzausbildung in Psychotherapie ist.«

»Ich bin der tiefen Überzeugung, daß Therapie sich heute weit von ihrer ursprünglichen Bedeutung entfernt und zu einer heillosen Einengung auf eine Zweierbeziehung geführt hat«, argumentiert Dr. Peter Orban, »die in keinem Verhältnis mehr zu dem steht, was einst mit *Therapeia* gemeint war, nämlich die *Arbeit der Götter* zu tun.«

So wie eine ausgewogene Ernährung, genügend Bewegung und eine Reduzierung von Nikotin und Alkohol in Verbindung mit einer harmonischen Lebensgestaltung Krankheiten verhindern und Gesundheit erhalten, so sollten auch harmlose, aber regelmäßig erfolgte Übungen für die Seele zum Erhalt des inneren Wohlgefühls beitragen. Probate Mittel gibt es viele: zehn Minuten Meditation zu einer festgelegten Zeit, das Aufschreiben und spätere Auswerten von Träumen, das Lernen von Klartraumtechniken oder hin und wieder auch mal eine Phantasiereise, für die man sich nicht unbedingt in die weiße Pyramide von Lanzarote legen muß, sondern die – von einer Kassette abgespielt – beim einzelnen Teilnehmer zu Hause die gleiche Wirkung haben kann, wie in einer Gruppe. Der alte Spruch von der Vorsorge, die viel besser als Nachsorge ist, hat auch über die Jahre hinweg nichts von seiner Gültigkeit verloren.

17 Tiere als Therapeuten

Die Kraft der Düfte, Klänge und Farben

Elf Jahre lebte der Neufundländer Bobby zusammen mit der Katze Minna in unserem Luxemburger Haus. Die beiden Tiere nutzten eine weitläufige Wiese, auf der Obst- und Nadelbäume stehen, als ihren Bewegungsraum. Bobby – eigentlich »Graf Erasmus von Luxemburg« – stand darüber hinaus eine geräumige Hütte zur Verfügung, die er aber kaum aufsuchte, weil er als Hund aus nördlichen Breiten ein dickes Fell hatte und außerdem auch gern mal im Haus Unterschlupf suchte, wo er sich als außerordentlich kommunikativ erwies und Anteil an den großen und kleinen Sorgen, Kümmernissen und Freuden einer ziemlich ausgeflippten Familie nahm. In dieser Zeit war Bobby Spielkamerad, Seelentröster und ernstzunehmender Gesprächspartner, darüber hinaus bewies er Ausdauer in langen Waldspaziergängen, denen sich bisweilen auch die Katze Minna anschloß.

Als ich viel später in einigen der Atlantis-Durchgaben las, daß die Bewohner des hypothetischen Kontinents über Jahrtausende hinweg in Harmonie mit ihren Tieren lebten, die sie weder domestiziert noch auf irgendeine andere Weise abgerichtet hatten, stellte ich glückliche Übereinstimmungen zu den beiden Tieren fest, mit denen ich einen Teil meines Lebens verbracht hatte.

Daß Hunde seit Jahrtausenden die Wege der Menschen begleiten, Persönlichkeit entwickeln und Empfindungen wie Trauer und Freude haben, steht für die Tierforscherin Dorit Feddersen-Petersen vom Institut für Haustierkunde an der

Kieler Universität fest. Der entwicklungsgeschichtlich älteste Teil seines Gehirns, das limbische System, ist beim Hund wie beim Menschen zuständig für Emotion und Motivation. Erstaunliche Zusammenhänge haben Wissenschaftler nun auf den Gebieten der Psychologie und der psychosomatischen Medizin entdeckt: Menschen mit dem richtigen Haustier haben eine widerstandsfähigere Gesundheit, genesen besser von Erkrankungen, sind zufriedener, ausgeglichener und umgänglicher und führen bessere Ehen. Menschen, die mit einem Haustier leben, sind zumeist mit sich selbst im reinen, sind optimistischer, selbstbewußter und freundlicher. Sie verfügen mit dieser lebensbejahenden Grundeinstellung über entscheidende Voraussetzungen, die in der neuen Medizin als unerläßlich für die Stärkung der Abwehrkräfte unseres Immunsystems erachtet werden. Die Nähe zum Tier wirkt auf den Menschen beruhigend und ermutigend, tröstend und erfrischend. Herzschlag, Blutdruck und der Spannungszustand der Muskeln normalisieren sich, Wohlbehagen breitet sich aus.
Tiere akzeptieren den Menschen bedingungslos, verlieren nie ein böses Wort, aber verstehen alles, was sie wissen müssen. Meisterhaft lesen Hund und Katze die Gedanken ihrer Menschen von den Augen ab, begreifen jede ihrer Bewegungen, weil ihnen die Sensibilität für die unbewußt ausgesandten Signale der Körpersprache noch nicht abhanden gekommen ist. Ein Hund fordert zu täglichen Spaziergängen in der frischen Luft auf und sorgt schon deshalb für Bewegung und Gesundheit seines Besitzers. Inzwischen gibt es zahlreiche wissenschaftliche Untersuchungen über die positiven Eigenschaften von Haustieren. Zusammengefaßt läßt sich sagen: Tierliebe ist eine Heilkraft besonderer Art. Die Nähe eines geliebten Wesens schafft eine emotionale Beziehung, die Wunder wirkt. Nicht nur die Menschen profitieren davon, auch

die Herzen von Hunden und Katzen schlagen ruhiger, und der Druck in ihren Adern läßt nach, wenn sie gestreichelt werden.

Seit die positiven Wirkungen von Tieren auf Heimbewohner festgestellt wurden, gehen immer mehr Schweizer Altersheime und Krankenhäuser dazu über, Katzen, Hunde, Kaninchen, Vögel, Fische und andere Tiere als »Partner der sozialen Unterstützung« einzusetzen, wie es eine Studie des Konrad-Lorenz-Kuratoriums in Zürich beschreibt. Heimtiere, so haben die Untersuchungen ergeben, helfen, gegen Apathie und Teilnahmslosigkeit anzukämpfen. Sie wirken auch als eine Art Zeitgeber und vermindern dadurch altersbedingte Zerstreutheit.

»Über die Tiere kann der Mensch wieder zu der Natur zurückfinden, die er sich selbst verschlossen hat«, sagt die Sozialforscherin Sylvia Greiffenhagen. »Tiere helfen unserer schwerbeschädigten Zivilisation zur Besinnung auf Gegenkräfte: die natürlichen Grundlagen unseres Lebens.«

Bis tief in atlantidische Zeiten reichen die geheimnisvollen Beziehungen zwischen Menschen und Delphinen, unzählig sind die Geschichten darüber und vielfältig die Nachrichten, die uns über die intelligenten Meeressäuger immer wieder erreichen. Der griechische Gott Apollo soll sich dereinst in einen Delphin verwandelt und das berühmte Heiligtum »Delphi« gegründet haben. Der Philosoph Professor Ulrich J. Heinz hält die Delphine – besonders den Orka-Wal – für das intelligenteste und optimalste Wesen auf der Erde. »Er ist hoch sozial«, sagt Heinz, »lügt nicht und erfüllt präzise eine Vorstellung asiatischer Philosophie: stets im Hier und Jetzt zu sein.«

Eine Spieltherapie mit Delphinen soll in Mexiko autistischen Kindern helfen, die sich von der Außenwelt abgeschottet haben oder an Kontaktstörungen leiden, die Folge eines Hirnschadens sind. Im Spiel mit den Meeressäugern gewinnen die kleinen Patienten Selbstvertrauen, werden gelassener und können sich besser konzentrieren. Die Folge ist, daß sie Dinge tun können, zu denen sie vorher nicht fähig waren, etwa Worte aussprechen oder Gegenstände tauschen. Hinzu kommt, daß Delphine mit ihrem Ultraschallsystem – die Schallwellen schwingen mit bis zu 130 000 Hertz in der Sekunde – das zentrale Nervensystem und die Gehirnströme ihrer menschlichen Spielkameraden stimulieren können.

Ein Therapeut bringt den Kindern zunächst bei, ihr Gleichgewicht im Wasser zu halten und mit den Delphinen zu spielen. Später machen die Kleinen Muskelübungen, und schließlich folgt der Ritt auf dem Delphin, wobei die Jungen und Mädchen sich an der Rückenflosse festhalten. Bei dem Leiter des Projektes, Fritz Zimmermann, der die Therapie 1991 mit zwölf Kindern begann, stehen mittlerweile mehr als tausend Anwärter auf der Warteliste, doch können jährlich nur 140 Kinder teilnehmen, weil es nur zwei Delphin-Therapeuten gibt. Zimmermann ist überzeugt, daß das Programm eines Tages zur konventionellen Therapie gehören wird.

Mit dem Einsatz von Delphinen erzielt auch der amerikanische Forscher David Nathanson in Florida ungewöhnliche Lernerfolge bei körperlich und geistig behinderten Kindern. Er macht sich dabei zwei Erkenntnisse zunutze: daß Kinder Tieren mehr Aufmerksamkeit schenken als erwachsenen Menschen und daß Delphine äußerst gelehrig und sensibel sind. Sie bringen ihren kleinen Freunden Bildtafeln, auf denen, je nach dem Grad der Behinderung, einfache Symbole abgebildet sind. Die Kinder müssen das dem Symbol entsprechende Wort nennen und später wiederholen. Anschließend werden sie damit belohnt, daß sie die Delphine streicheln und auf ihnen reiten dürfen. Die Kinder lernen dank ihrer erhöhten Aufmerksamkeit für ihre schwimmenden Spielkameraden bis zu viermal schneller und mit größerer Merkfähigkeit, als wenn Erwachsene versuchen, ihnen Neues beizubringen.

Die Akzeptanz von Tieren als gleichberechtigten Partnern im Lebenszyklus dieses Planeten ist ein weiterer Hinweis für die Bewußtseinsveränderung einzelner Menschen. Daß Kinder den Verzehr von Fleisch mit der Begründung verweigern, weil Tiere ihre Freunde sind und Freunde bekanntlich nicht aufgegessen werden sollten, mag vielerorts eine belächelte Ausnahme sein, deutet aber auf ein verantwortungsvolles Umdenken hin.

In der evangelischen Kirche im hessischen Glauberg finden regelmäßig Gottesdienste statt, an denen Hühner, Esel, Bullen und Schweine teilnehmen, Hunde bellen und Katzen miauen. Vielen klingt es wie Gotteslästerung, war es doch gerade das Christentum, das dem Tier eine Seele abgesprochen und es zum bloßen Nutzobjekt degradiert hat. Immer wieder ist im Alten Testament von Tieropfern die Rede, sinnlosem Abschlachten, um den grausamen Gott zu besänftigen. Dieses wahllose Töten mag zur Verrohung abendländischer Kultur beigetragen haben, die sich geradezu zur Ächtung des Lebens steigerte. Damit stellt sie sich in Gegensatz zu östlichen Weisheitslehren, die auf tiefer Naturkenntnis beruhen. Der Philosoph Arthur Schopenhauer wandte sich gegen die Mißachtung der Tiere seitens der Kirche und verwies auf den Buddhismus, wo das Tier eine »bedeutende Rolle« spielt. Erst kürzlich war aus dem Vatikan zu hören, das Tier habe keine Vernunft und keine unsterbliche Seele. Es sei nicht Träger von Rechten oder wie immer gearteten Forderungen. Darum habe der Mensch ihm gegenüber auch keine Pflichten. Wie paßt eine solche Ansicht zu dem Wirken eines Franz von Assisi, der schon im ausgehenden Mittelalter erkannte, daß »ganze Weltalter von Liebe notwendig sein wer-

den, um den Tieren ihre Dienste und Verdienste an uns zu vergelten«?
Wen mag es da noch wundern, daß vor diesem Hintergrund inhumane Massentierhaltung, das Morden geschützter Wildtiere und Tierversuche in der kosmetischen und pharmazeutischen Industrie ohne Skrupel ausgeübt werden?
Das Umdenken hat begonnen. Zaghaft entdeckt man die Werte eines goldenen Zeitalters wieder, das einst als irdisches Paradies die gleichberechtigte Heimstatt von Menschen, Tieren und Pflanzen war, die in Harmonie miteinander lebten und voneinander lernten.
Das amerikanische Pharmaunternehmen Pfizer und der Botanische Garten in New York planen gemeinsam ein zwei Millionen Dollar teures Projekt, um mehrere zehntausend Pflanzenarten in den USA auf ihre chemische Zusammensetzung zu untersuchen. Sie erhoffen sich, bisher unerforschte Pflanzen als Rohstofflieferanten für neue Arzneimittel zu gewinnen. »Niemand ist bisher wirklich systematisch durch die amerikanische Pflanzenwelt gegangen und hat sie auf die Art und Weise untersucht, wie wir es jetzt tun werden«, sagte der Botaniker Paul Armond. »Etwa ein Viertel aller medizinischen Wirkstoffe weltweit wird aus Pflanzen gewonnen. Aus den USA waren bisher nur wenige vertreten.«
Erst Mitte der achtziger Jahre hat das wissenschaftliche Interesse an Pflanzen als möglichen Rohstofflieferanten für Medikamente zugenommen. Inzwischen hat sich in der Pharmaindustrie die Erkenntnis durchgesetzt, daß nur die Natur noch die Erfinderin neuer Arzneimittel sein kann. Botaniker, Chemiker und Pharmakologen durchstreifen seitdem die Regenwälder der Tropen, lauschen den Aussagen der Schamanen und Medizinmänner, sammeln seltene Pflanzen und mündlich überlieferte Rezepte. Vielleicht kommt ja der Auf-

ruf zur Rettung der bedrohten tropischen Wälder bald aus den Chefetagen der großen Pharmakonzerne, in denen erkannt wurde, daß die Labors nur liefern können, was die Natur einst vorgeschrieben hat.

Immer mehr Ärzte und Kliniken praktizieren nach Methoden der Naturheilkunde. Mit schulmedizinischen Methoden abgesicherte Studien können mittlerweile den Beweis erbringen, daß beispielsweise ein Extrakt aus Johanniskraut bei Depressionen die Stimmung ebenso zuverlässig bessert wie die üblicherweise verordneten synthetischen Antidepressiva. Allerdings fallen beim Johanniskraut Nebenwirkungen nicht ins Gewicht.

Auch die alte Heilkunst der Aromatherapie wurde als Alternative zu aggressiveren Behandlungsmethoden von neuem entdeckt. Ätherische Öle erreichen Körper und Seele, sind Medizin und Duft zugleich. Mehr als siebzig dieser Essenzen entwickeln ihre Wirkung im energetischen und spirituellen Bereich, sind die »Quintessenzen« der Alchemisten, weil sich in ihnen die vitalen Kräfte der Pflanzen zur materiellen Form verdichtet haben. Deshalb stärken sie auf biologischer Ebene die Abwehrkräfte des Körpers. Schon in den frühesten Zeiten der Menschheit wurden bei religiösen Ritualen aromatische Substanzen verbrannt. Düfte galten als Manifestation des Göttlichen auf Erden, als Bindeglied zwischen Menschen und Göttern. Die Aromamedizin entstand vor über 6000 Jahren im Halbdunkel ägyptischer Tempel. Karawanen brachten die kostbaren Substanzen aus allen Teilen der Welt: Zedernholz aus dem Libanon, Lavendel, Myrrhe, Weihrauch aus Babylon. Doch die Ägypter beschäftigten sich nicht nur mit der spirituellen Wirkung der Düfte, sondern maßen auch Gesundheit und Hygiene eine große Bedeutung zu. Ihr Wissen um die Wirkung von aromatischen Substanzen auf Körper und Seele ist in unserer Zeit wiederentdeckt worden.

Ebenso wie ihre Vorliebe zu Farben zum Zwecke der Heilung.
Ägyptische Priester – die oft gleichzeitig die Aufgabe der Ärzte übernahmen – richteten in ihren Tempeln verschiedenfarbige Räume ein, in denen Kranke nur durch einen längeren Aufenthalt Genesung fanden. Menschen mit Durchblutungsstörungen oder chronischem Husten hielten sich in roten Zimmern auf. Rot ist die Farbe des Herzens und der Lunge, stimmt heiter und vertreibt Melancholie. Auch der Grieche Pythagoras soll als Farbtherapeut gearbeitet haben. Allerdings stand bei ihm mehr die Symbolik der Farben im Mittelpunkt. So verkörperte Rot die Strahlen der Sonne und steht damit für das Leben, die Heiterkeit.
In Bruchsal arbeitet der Heilpraktiker Peter Mandel an der Weiterentwicklung dieser uralten Methoden. Wie viele seiner Kollegen hat er erkannt, daß die moderne Medizin bei all ihren unleugbaren Erfolgen auch in manche Sackgasse geraten ist. Mit der von ihm entwickelten »Farbpunktur« – eine Art Akupunktur mit farbigem Licht auf bestimmten Stellen des menschlichen Körpers – löst er Blockaden und führt seine Patienten in Zustände von Ruhe und Gelöstheit, unabdingbare Voraussetzungen für den Heilungsprozeß.
»Entspannt sich der Mensch, so verschwinden Nervosität, Angst und Unruhe«, sagt Mandel. »Die Atmung vertieft sich, es kommt zur Harmonie der Gedanken. Schwingungen sind also in der Lage, das Ganze des Menschen, Geist, Seele und Körper, auszugleichen.«
Schon lange vor Christi Geburt hatte der Römer Claudius Galenus herausgefunden, daß man die Menschen vom Temperament her in vier Gruppen einteilen kann: Der schwerblütige, melancholische Mensch ist hilfsbereit, aber empfindlich. Ihm wird die Farbe Blau zugeordnet. Dagegen der cholerische Typ, der schnell aufbraust, begeisterungsfähig ist und

gerne streitet: Er ist mit der Farbe Rot am besten charakterisiert. Der Sanguiniker ist heiter, positiv gestimmt und wird von der Farbe der Sonne am meisten angetan sein: Gelb. Der Phlegmatiker schließlich gilt als kaltblütiger Verstandesmensch, der hauptsächlich den materiellen Erfolg im Leben zu schätzen weiß: Ihm ist das Grün zugeordnet, das dunkle Grün, das symbolisch das Abnehmen von Licht und Wärme, von Herbst und Abschied signalisiert.

Mit Hilfe der von Mandel entwickelten Farbtherapie können die einzelnen Gemüter also aufgehellt oder gedämpft werden. Ein Übermaß an Traurigkeit sollte – salopp gesagt – durch einen Schuß »Rot« in eine heitere Gelassenheit verwandelt werden. Zusätzlich zur »Farbpunktur« begleitet der Therapeut seine Behandlungen gerne noch mit einer von ihm in Auftrag gegebenen Musik.

Daß der Mensch nicht nur aus Materie besteht, sondern einen »Energiekörper« besitzt, wird auch durch die neuesten Forschungen der Biophysik bestätigt. Dieser Energiekörper besteht zu einem wesentlichen Teil tatsächlich aus sichtbarem Licht, wie der deutsche Physiker Professor Dr. Fritz-Albert Popp vor wenigen Jahren herausfand. Ihm gelang es nachzuweisen,. daß die Zellen aller Lebewesen »Biophotonen« ausstrahlen, das heißt elektromagnetische Schwingungen; neben sichtbarem Licht sind es vor allem Mikrowellen. Nach Popps Meinung ist das Biophotonenfeld dem materiellen Körper übergeordnet, und die Wirkung aller Mittel, mit denen der menschliche Organismus – zum Guten oder Schlechten – beeinflußt wird, geht über diesen Energiekörper. Dies gilt für Medikamente wie für sämtliche Substanzen in Nahrung und Umwelt, die auch in geringsten Mengen noch Wirkung auf den Menschen ausüben, weil es die in Form von elektromagnetischen Schwingungen bestimmter Frequenzen von ihnen ausgehenden Informationen sind, die wirksam werden. Dies ist ebenso eine Erklärung für das Funktionieren von Homöopathie, in deren Arzneien keine chemischen Substanzen nachgewiesen werden können, wie die Wirkung von Düften, Farben oder Musik auf den Organismus.

Jeder Mensch hat schon einmal erfahren, daß er durch bestimmte Melodien besonders angeregt, oft auch ergriffen wird. Musik stimmt heiter, macht melancholisch, weckt Erinnerungen und lädt zum Träumen ein. Doch genau wie die Musik die Seele vor Freude vibrieren läßt, kann sie eine destruktive und schädliche Wirkung ausüben. Der Musikhistoriker Joachim Ernst Behrend beschreibt ein klingendes, singendes Universum. Von den Fischschwärmen bis zum Vogelflug, von den Planeten, die um die Sonne kreisen, bis zu den geheimnisvollen Vorgängen in der subatomaren Welt folge alles einer festgelegten Choreographie. Musik weckt jedoch nicht nur Gefühle in der materiellen Welt, sie scheint auch in feinstofflichen Bereichen zu räsonieren, die für die meisten Menschen unsichtbar bleiben.

So veredelt der japanische Winzer Norifumi Shiobara die in den Kellereien seiner Firma reifenden Weine mit einem ausgefeilten Musikprogramm, das er auf die Fässer gerichtet hat: Strauß-Walzer am Morgen, Brahms- und Schubert-Melodien am Abend. Werdender Wein sei hochsensibel, meint der Mann. Und selbst wenn es nur ein Werbegag sein sollte: Die mit Musik verwöhnten edlen Tropfen sind ein Verkaufserfolg.

Dagegen sollen zehn Minuten Mozart-Melodien Intelligenz und abstraktes Denken fördern. Das berichten Wissenschaftler der Universität Kalifornien in der Zeitschrift *Nature*. Sie ließen 36 Studenten regelmäßig Mozart-Sonaten in D-Dur hören. Erfolg: Die jungen Leute schnitten im Intelligenztest besser ab als ihre unmusikalischen Kommilitonen.

Uns allen geht es ja so: Wenn wir leise, entspannende Musik hören, wenn wir umgeben sind von aufeinander abgestimmten Harmonien, wenn wir bekannte Melodien mitsingen oder mitsummen können, dann weicht all die Hektik und der Streß in uns, wir können wieder freier atmen und uns selbst Raum schaffen für die Dinge, die uns wichtig sind.
Die positive Wirkung von Tieren, Düften, Farben und Klängen ist damit für unsere Welt wiederentdeckt. Es gibt keine Probleme beim Ausprobieren, denn Nebenwirkungen sind nicht bekannt...

18 Heilen ohne Arzt und Pillen

Vom Segen der Einbildung

Die Österreicherin Elfi Lienhart hatte eine schwere Erkrankung an beiden Augen, die nach Auskunft ihrer Ärzte zur baldigen Erblindung führen sollte. Nachdem sie auch von anderen Experten die gleiche Diagnose erhielt, erkannte sie, daß es nur einen Menschen gibt, der ihr helfen würde: sie selbst. Anstoß zu diesen Überlegungen war das Buch von Joseph Murphy, *Die Macht Ihrer Gedanken* (Peter-Erd-Verlag, München), das sie mühsam mit ihrem letzten Augenlicht lesen konnte und in dem sie lernte, sich von negativem Denken zu befreien, die Krankheit als einen Lernprozeß anzunehmen und durch positives Denken einen Vorgang zu beeinflussen, der schließlich zur völligen Gesundung führte.
»Anhand dieses Buches habe ich mir ein ganz persönliches Übungsprogramm zusammengestellt«, sagt Elfi, »das ich regelmäßig praktizierte. Es bestand aus drei Schwerpunkten: Ich lernte, mich bewußt zu entspannen, was eine Grundbedingung für den Erfolg ist. Dabei sprach ich meine positive Formel: Lieber Gott, ich danke dir, daß ich wieder sehen kann und es mir von Tag zu Tag besser geht. Anschließend kam dann die Visualisierung, nämlich die bildhafte Vorstellung meiner Gesundung.« Die junge Frau sieht inzwischen ohne Brille, hat ihren Beruf gewechselt und gibt ihre Erfahrungen in Seminaren an andere Menschen weiter.
Dabei beruft sie sich auf die Lehren von Dr. Joseph Murphy, der in zahllosen Büchern Millionen Leser in aller Welt von seiner einfachen, aber probaten Botschaft überzeugte: »Jeder

Mensch verfügt über die gewaltigen Kräfte des Geistes. Wer sie richtig zu nutzen versteht, wird die Herausforderungen und Schwierigkeiten des Alltags überwinden und sein Leben völlig verwandeln.« Was der inzwischen verstorbene Murphy noch als Philosophie begriff, ist mittlerweile naturwissenschaftliche Realität geworden.

Im uns bekannten Universum gibt es zur Zeit kein größeres Wunder als das menschliche Gehirn. Hier entscheidet es sich, ob wir glücklich oder verzweifelt sind, krank oder gesund. Jahrhundertelang galten Leib und Seele des Menschen als getrennte Einheiten. Inzwischen steht fest: Sie hängen eng zusammen. Der Körper ist gesünder, wenn es der Seele gut geht.

Unser Immunsystem – das heißt unsere körpereigene Abwehr – kann man sich ruhig als eine Armee vorstellen, deren einzige Aufgabe es ist, uns vor unseren Feinden zu schützen: Eindringende Viren – egal ob es sich um einen Schnupfen handelt, eine Grippe oder um ansteckende Krankheiten – werden von den Abwehrzellen des Immunsystems erkannt und vernichtet. Einsatzzentrale für das komplizierte Abwehrnetz ist unser Gehirn, das freilich von unserem Geist – dem Bewußtsein – gesteuert wird, dessen Standort wohl deshalb noch nicht bestimmt werden konnte, weil es ihn nicht gibt.

Unser Geist redet also mit dem Körper, indem er aus den Nervenfasern bestimmte Botenstoffe ausstößt und diese chemischen Nachrichten dann von einer Immunzelle aufgefangen und entziffert werden. Seele und Körper stehen also in ständiger Verbindung miteinander. Sind wir positiv gestimmt, wird der Schutzschirm des Immunsystems gestärkt. Eine negative, vielleicht sogar depressive Stimmung, aber auch chronischer Streß, schwächen die Abwehrzellen, und der Körper wird krank.

In jüngster Zeit stellen Wissenschaftler fest, daß unser

Immunsystem nicht autonom funktioniert, ähnlich einer Maschine, die einfach eingeschaltet wird. Es ist abhängig von den Signalen, die es aus unserem Gehirn erhält. Diese Informationen können wir mit unserem Denken beeinflussen. Stellen wir uns einfach vor, daß jede unserer Millionen Zellen in wunderbares Licht getaucht ist und in Harmonie mit den anderen existiert. Diese Botschaft wird als positive Nachricht in alle Teile unseres Körpers transportiert und sorgt dafür, daß wir Krankheiten auflösen oder noch besser: Gesundheit erhalten.

»Die Macht des Geistes über die Materie«, lautete auch die Zauberformel aus dem hypothetischen Atlantis, die in der Gegenwart eine akzeptierte Wirklichkeit gefunden hat. Alte Sehnsüchte nach Harmonie und Lebensfreude gewinnen eine neue Dimension ganzheitlichen Wohlbefindens, simple Kalendersprüche wie »Lachen ist die beste Medizin« eine verifizierbare Wirkung. In einem Wiesbadener Krankenhaus machen drei Clown-Doktoren zweimal in der Woche Visite bei Kindern. Sie sollen die kleinen Patienten von Schmerzen, Ängsten und Sorgen ablenken und dabei über eine positive Lebenseinstellung das Immunsystem stärken und damit die Heilung günstiger beeinflussen als Spritzen und Arzneien.

Auch die Clown-Doktoren sind ärztlicher Schweigepflicht unterworfen. Vor ihrem Besuch informieren sie sich über den Zustand und das Krankenbild jedes Kindes und können so in ihren Darbietungen individuell auf die Patienten eingehen. Unterstützt von phantasievollen Requisiten und bunten Kostümen schaffen sie im Krankenzimmer eine lockere Atmosphäre. Hat das Kind die Clown-Doktoren als Spielkameraden angenommen, wartet es schon auf ihren nächsten Besuch. Die Schauspielerin Laura Fernandez baute die Kompanie nach amerikanischem Vorbild auf, wo inzwischen 40 Clowns in acht Krankenhäusern arbeiten.

Weil man erkannt hat, daß nahezu alle Krankheiten ihren Ursprung im Geistigen haben, wird in psychosomatischen Kliniken nach dem Motto gehandelt: Wer die Macht hat, Krankheiten zu erzeugen, besitzt auch die Macht, Gesundheit hervorzubringen. Schwerkranken Patienten werden zusätzlich zur konventionellen Behandlung Videos mit Hollywood-Komödien verordnet, aber auch deftige Slapsticks von Dick und Doof und Pat und Patachon.
Psychologen haben herausgefunden, daß auch ein bewußtes Lächeln die Stimmung heben kann. Ein wirkliches Lächeln erschöpft sich nicht nur in einem leichten Anziehen von Mundwinkeln und Wangen, sondern geht von den Augen aus. Eine besondere Rolle spielen dabei unwillkürliche Bewegungen kleiner Muskeln in den Augenwinkeln. Paul Ekman von der Universität von Kalifornien: »Während des bewußten Lächelns erhöht sich die Aktivität in den Bereichen der linken Gehirnhälfte, denen die Neurologen positive Gefühle zuordnen.«
Daß die Psyche bei den körperlichen Heilungsvorgängen eine entscheidende Rolle spielt, akzeptieren inzwischen auch hartgesottene Apparatemediziner. Der Kieler Psycholgie-Professor Dieter Frey stellte in einer Studie bei 200 Patienten, die nach Unfällen in die dortige Universitätsklinik eingeliefert worden waren, fest: Die Verweildauer im Krankenhaus ist bei negativ eingestellten Patienten um die Hälfte länger als bei denen, die nicht mit ihrem Schicksal hadern. Der Glaube, persönlich den Krankheitsverlauf beeinflussen zu können, zeigte besonders deutliche Auswirkungen auf die Dauer des Genesungsprozesses bis zur Rückkehr zum Arbeitsplatz. »Durch psychologische Behandlung, die zu positivem Denken anregt, werden die Patienten schneller gesund«, meint der Arzt.
Der Journalist Josef Kirschner stellte in einer österreichischen

Fernsehserie Menschen vor, die sich aus eigener Initiative von teils lebensbedrohenden Krankheiten selbst geheilt hatten. »Ich habe gestaunt über die breite Palette an Techniken, die uns mitgeteilt wurden«, sagt Kirschner. »Da war eine Frau, die durch tägliches bewußtes Atmen mit dem Rauchen aufhören konnte. Erstaunliche Dinge passieren auch mit Autogenem Training. Ein Pilot berichtete, daß er bei einem Heißluftballonflug verunglückt und am ganzen Körper verbrannt war. Obwohl er anfangs höllische Schmerzen hatte, lehnte er Morphiuminjektionen ab, weil er ein halbes Jahr vorher aus einem Buch Autogenes Training gelernt hatte. Er stellte sich vor, daß die Schmerzen seine Freunde sind und ihm nichts tun. Es hat geholfen.«

Der Körper reagiert also nicht auf die Realität, sondern auf das, was wir für die Realität halten. Dabei spielen die Glaubensvorstellungen unserer Gesellschaft, die Einstellungen von Freunden und Verwandten, aber auch von Autoritätspersonen wie Ärzten eine genauso große Rolle wie die Bilder, Vorstellungen und Worte, die wir benutzen, um unsere Gegenwart zu begreifen. Wenn es uns gelingt, unsere Ungläubigkeit zu überwinden und die heilenden Kräfte in uns zu aktivieren, müßten selbst Tumore zum Schmelzen gebracht werden.

Die Yoga-Lehrerin Gisela Mühlhans hatte vor einigen Jahren starke Schmerzen am Enddarm. Die Beschwerden waren so groß, daß sie in ihren alltäglichen Verrichtungen stark eingeschränkt war. Der Arzt diagnostizierte einen Darmriß und riet zur sofortigen Operation. Die Frau bat jedoch um vier Wochen Aufschub und eine genaue Beschreibung der Krankheit.

»Ich wußte, daß der Darm in der Organsprache für ›Loslassen‹ und ›Vergeben‹ steht«, sagt Gisela Mühlhans. »Ich fragte mich, was zu dieser Krankheit geführt haben könnte. Menschen und Ereignisse der Vergangenheit tauchten auf, die nicht immer angenehm waren. Im Geiste vergab ich jenen, denen ich geheim noch immer grollte. Dazu meditierte ich täglich und konzentrierte mich dabei auf meinen Enddarm. Ich stellte mir vor, wie die kranke Stelle immer mehr heilte.«

Nach vier Wochen war Gisela Mühlhans schmerzfrei und ein operativer Eingriff unnötig geworden. »Wer seine Gedanken auf Gesundheit programmiert«, sagt sie, »sich Gesundheit vorstellt und felsenfest daran glaubt, kann mit baldiger Besserung rechnen.«

Oft ist das Erkennen einer lebensbedrohenden Krankheit auch mit einer Veränderung der äußeren Lebensumstände verbunden. Nach einem Knoten in der linken Brust war die Hausfrau Anke Dürkopp zu einer Operation überredet worden. Als sich Monate später Metastasen einstellten, setzten ihr die Ärzte schon in Anbetracht ihrer drei Kinder zu, sich einer Chemotherapie zu unterziehen. Die junge Frau lehnte ab und suchte nach Alternativen. Nachdem sie ihr Bett umgestellt hatte – es lag über einer Wasserader – veränderte sie auch ihre Ernährung. Nach einer vierwöchigen Fastenkur ißt sie nur noch rohes Obst und Gemüse. Die Krankheit ist verschwunden. »Um auch Fette und Eiweiß zu bekommen, esse ich jeden Tag Nüsse, Samen oder gekeimte Körner«, sagt sie. »Gekochte Lebensmittel sind eigentlich keine Lebensmittel, sondern Totenmittel.«

Die innere Einstellung eines Patienten hat eine bedeutende Funktion für den Verlauf einer Krankheit. Der Leiter des *Psychoneuroimmunologie-Programms* am Cedars-Sinai Medican Center in Los Angeles, Marc Schoen, erkannte, daß die Therapie schwerer Funktionsstörungen des Immunsystems oder Krebs davon beeinträchtigt wird, wenn der Kranke gar nicht wieder gesund werden will. Menschen täuschen

Krankheiten vor, weil sie sich davon etwas erhoffen: mehr Aufmerksamkeit von ihren Mitmenschen, Mitgefühl oder die Chance, sich der Verantwortung zu entziehen. Schoen zufolge gibt es vor allem drei Gründe, aus denen ein Patient es vorzieht, krank zu bleiben: Er möchte umsorgt werden, er möchte seinen Pflichten nicht nachkommen oder er will sich selbst oder andere bestrafen.

Vorsicht: Eine eingebildete Krankheit kann per Gedankenkraft genauso zu einer wirklichen organischen Krankheit werden, wie ein starker Aberglauben Unfälle auslösen kann. Daß ein »Freitag, der 13.« tatsächlich ein Unglückstag ist, hat eine britische Forschergruppe in einer Studie nachgewiesen, die sie in der Fachzeitschrift *British Medical Journal* veröffentlichte. Danach verglichen sie die Unfallhäufigkeit auf einer Londoner Ringautobahn: An einem Freitag, dem 13., stieg die Zahl der Unfälle um bis zu 52 Prozent. Auch am 13. Januar 1989 stieg die Zahl der schweren Unfälle in Deutschland um 51 Prozent, und am Freitag, den 13. Oktober 1989 nahm die Zahl der Verkehrstoten um zwölf Prozent zu. Experten interpretieren diese Statistik mit der Unsicherheit der Autofahrer an solchen Tagen und einem Zwang zur sich selbst erfüllenden Prophezeiung. In Flugzeugen fehlt die Reihe 13, in Hotels das 13. Stockwerk, und in Kliniken dienen Räume mit der Nummer 13 als Abstellkammer. Nie zog Napoleon an einem Freitag, dem 13., aufs Schlachtfeld, und Bismarck unterzeichnete keine Verträge. Nüchtern betrachtet ist solch ein Tag ein Tag wie jeder andere. In dem Bewußtsein der Menschen – und damit also auch im morphogenetischen Feld? – hat sich das Datum zum Unglücksmirakel entwickelt, weil schon die zwölf Götter in Walhall damit schlechte Erfahrungen gemacht hatten: Loki als Dreizehnter brachte Unruhe in die bisher harmonische Runde.

Auch hier sind es wieder die so oft unterschätzten Kräfte unseres Vorstellungsvermögens, unserer Kreativität und Phantasie, die Veränderungen in physischen Strukturen bewirken. Am ehesten bemerkt man das Phänomen in der medizinischen Forschung.

»Es mehren sich die Anzeichen, daß das Immunsystem von psychologischen Fakten ausgelöst wird«, sagt der amerikanische Chirurg Dr. Bernie Siegel. »Noch vor zehn Jahren galt diese Wissenschaft als ein befremdliches Tätigkeitsfeld.«

Entscheidende Impulse erhielt die *Psycho-Neuro-Immunologie* im Zuge der Erforschung der Immunschwäche AIDS. Auch Patienten, die von dieser Seuche infiziert sind, haben bei einer PNI-Therapie eine wesentlich längere Lebenserwartung. Im März 1993 meldete die *Welt* auf ihrer ersten Seite, daß zum ersten Mal – in England – ein Mensch vom AIDS-Virus geheilt wurde, ohne Medikamente, nur durch die Kräfte des eigenen Organismus. Der zwei Jahre alte Junge war bereits infiziert auf die Welt gekommen. Im Alter von 13 Monaten wies das Kinde keine Spuren der Erkrankung mehr auf. Er hatte sich selbst von seiner Infektion geheilt. »Wenn er es geschafft hat«, so die Ärztin Frances Gotch, »können vielleicht auch andere Menschen kraft ihres eigenen Immunsystems das Virus abschütteln.«

Der Münchner Gesundheitspark bietet unter der Überschrift »Psycho-Neuro-Immunologie – ein Weg zur besseren Krebsbewältigung« praktische Kurse an, die von dem Schmerzspezialisten Dr. Wolfgang Bauermeister und seiner Frau Lauren gehalten werden. Die Teilnehmer lernen dort, mit Visualisierungs- und Imaginationsübungen ihr Immunsystem zu stärken, die Selbstheilungskräfte anzuregen und damit auch gesunden Menschen zu helfen, ihre Selbstheilungskräfte zu aktivieren. Freilich wissen die beiden Therapeuten, daß es sich dabei um eine uralte Technik handelt, die auch Zugang schafft zur persönlichen spirituellen Dimension der einzel-

nen Teilnehmer. Doch sie wollen niemanden mit der Information verschrecken, daß bei ihnen etwas völlig anderes passiert, als was sie bisher in der rein medizinischen Auseinandersetzung mit ihrer Krankheit gewohnt waren.
Wenn Gedanken Kräfte sind, die unmittelbar auf Materie einwirken , dann können – bei aller kritischen Distanz zu etablierten Religionsgemeinschaften – auch Gebete eine heilsame Wirkung ausüben. Die Universität von Kalifornien veröffentlichte eine Studie, nach der verschiedene Menschen im ganzen Land verteilt für bestimmte Kranke beten sollten, für andere wiederum nicht. Die Ergebnisse waren verblüffend. Die Gruppe, für die gebetet wurde, benötigte weit weniger medikamentöse Unterstützung und wurde schneller gesund als die anderen, die sich einer Fürbitte verweigerten.
»Natürlich haben Gebete eine heilende Wirkung«, sagt die vom Fernsehen bekannte Ärztin Dr. Antje Katrin Kühnemann. »Sie wirken sich zuerst seelisch, dann körperlich aus.«
Der Glaube an ein höheres Prinzip bedeutet nicht, daß man seine Gebete an einen personifizierten Gott, die Jungfrau Maria oder einen Heiligen richten muß, wie der Heiler Paracelsus einst erkannte: »Ob der Inhalt des Glaubens falsch oder richtig ist, die Wirkung ist die gleiche.« Durch den Glauben werden Heilkräfte freigesetzt, die den Gesundungsprozeß anregen.
Der Heilpraktiker Berthold A. Mülleneisen hat tagtäglich mit Menschen zu tun, die trotz intensiver medizinischer Behandlung keine Besserung fanden. Ihnen empfiehlt er nicht selten ein Heilgebet, weil er sicher ist, daß konkrete Vorstellungen und Gefühle über die Hirnfunktion in den Organismus geleitet werden.
»Das Gebet ist eine Kontaktaufnahme mit dem Schöpfer«, so Mülleneisen. »Dies gilt auch für Menschen, die sich von den Weltkirchen gelöst haben. Durch das Gebet kann jeder Kraft

schöpfen.« Sollte die eigene Kreativität nicht ausreichen, einen Gebetstext zu formulieren, empfiehlt Mülleneisen Gebete aus dem von ihm verfaßten Buch *Heilgebete* (Herbig-Verlag, München), die sich auf bestimmte Krankheiten beziehen, aber auch bei Schlafstörungen und Liebeskummer helfen sollen.

Daß bei schweren Erkrankungen die Einnahme von Placebos – eine Medikamentenattrappe ohne jeden Wirkstoff – verblüffende Heilungen herbeiführen können, ist ein weiterer Beweis für die Wirksamkeit geistiger Kräfte und der so oft gescholtenen *Einbildung*. Legt man als mögliche Erklärung für den Effekt wieder einmal das holographische Modell zugrunde, ist die Reaktion der Kranken auf die Placebobehandlung ein weiterer Hinweis darauf, daß Geist und Körper letztlich nicht imstande sind, zwischen eingebildeter und realer Wirklichkeit zu unterscheiden, weil sie ständig interagieren und zu eng miteinander vernetzt sind, um als unabhängige Einheiten betrachtet zu werden. Philosophisch betrachtet gilt Goethes wunderschöne Aussage vom Menschen, der allein Meister seines Schicksals ist.

19 Warum passiert mir das?

Karma – und wie es funktioniert

Leben wir nur einmal auf dieser Welt, und ist mit dem Tod alles zu Ende? Die wohl entscheidenste Frage unserer Existenz kann zwar nicht eindeutig beantwortet werden, doch häufen sich Indizien dafür, daß Geist unzerstörbar ist und wie alles im Universum einer Struktur ständiger Veränderungen folgt. Selbst wenn das vorhandene Material ausreicht, uns von der Tatsache zu überzeugen, daß wir mehr als einmal auf der Erde leben, bleiben Details über die Abläufe solcher Wiedergeburtsszenarien weitgehend unbeantwortet. Wer jedoch die Reinkarnation als Faktum akzeptiert, wird zu einer erweiterten Betrachtungsweise kommen, die vor allem seinen eigenen Standpunkt im großen Welttheater des Lebens näher definiert. Die Reinkarnationslehre ist Bestandteil mystischer Überlieferungen und im Osten der Erde längst keine religiöse Auffassung mehr, sondern ein Naturgesetz.

In Bernardo Bertoluccis großartigem Film *Little Buddha* begegneten Millionen Menschen im Westen zum ersten Mal der Gestalt des Buddha und dem faszinierenden Kosmos des Buddhismus, der friedfertigsten aller Weltreligionen. Der bekannte Atomphysiker Professor Fritjof Capra hat es vor einigen Jahren unternommen, Parallelen und Übereinstimmungen zwischen den mystischen Erfahrungen der Buddhisten und naturwissenschaftlichem Denken nachzuweisen. Die erhaltenen Resultate aus dem Vergleich zwischen den Aussagen moderner Physik und östlicher Philosophie führen zu einem ganz neuen Bild unserer Welt, in der wir nur überleben können, wenn wir die wissenschaftliche Erfahrung mit der mystischen Dimension unseres Daseins verbinden und damit beides in unser Denken und Handeln mit einbeziehen.

»Absolutes Wissen ist eine völlig nicht-intellektuelle Erfahrung der Wirklichkeit«, sagt Capra, »die in einem ungewöhnlichen Bewußtseinszustand auftritt, den man auch als meditativen oder mystischen Zustand bezeichnen kann.«

Viele große Entdeckungen kommen aus dieser Quelle. Als Einstein gefragt wurde, wie er zur Relativitätstheorie gekommen ist, antwortete er: »Indem ich unumstößliche Gesetze umwarf.«

In der ewigen Philosophie des Hermes Trismegistos, dessen Existenz historisch nicht nachweisbar ist und der gerne als Weiser aus dem mythischen Atlantis gesehen wird, ist der Zyklus der Wiedergeburten fester Bestandteil.

Nähern wir uns also unvoreingenommen einem Gedankengut, das fast einem Drittel der Menschheit eine feste Lebensgrundlage bietet, dann akzeptieren wir, daß der Tod nicht als das Ausgelöschtsein der individuellen Persönlichkeit zu begreifen ist, sondern als Wandlungsprozeß. Auf der Bühne des Lebens spielen wir die verschiedensten Rollen in Theaterstücken, für die wir selbst das Drehbuch geschrieben, die Regie geführt, die Ausstattung entworfen, die Beleuchtung gesetzt und sogar die Musik gemacht haben. Heute ist es der König Lear und morgen Charleys Tante, aber wenn wir dann abgeschminkt in der Kantine sitzen und die Rolle langsam im Irrealen der Vergangenheit verschwindet, sind wir wieder der gleiche Mensch mit dem unverwechselbaren Wesenskern. So ähnlich können wir uns auch das Wiedergeburtsmodell vorstellen.

Sowohl über das individuelle Leben nach dem Tod als auch über die Möglichkeiten der Reinkarnation gibt es zahlreiche lesenswerte Veröffentlichungen, in denen oft der Versuch gemacht wird, durch gründliche Recherchen mögliche Vorleben nachzuweisen. Dabei stößt man immer wieder auf den Begriff *Karma,* ein Sanskrit-Wort, das so viel wie *Tat* oder *Handlung* heißt und die Vergangenheit des Menschen reflektiert, wobei es unwesentlich ist, ob Karma vor ein paar Stunden oder vor Jahrhunderten erzeugt wurde. Was immer uns auch geschieht, nach der Karmalehre ist es eine Resonanz auf frühere Handlungen, Gedanken und Worte. Karma ist weder Strafe noch Belohnung, es ist einfach ein Lernprozeß auf einem unendlich langen Weg, vergleichbar mit der Situation in der Schule: Der eine lernt schneller, der andere muß die Klasse wiederholen.

Mystiker gehen davon aus, daß die Seele vor ihrer Geburt einen Lebensplan erstellt, ähnlich dem Bauplan eines Hauses. Darin ist das zukünftige Dasein skizziert, auch im Hinblick auf spätere Erfahrungen und Lernprozesse. Dieser Lebensplan reflektiert die Zukunft des Menschen, kann von ihm jedoch durch seinen freien Willen verändert werden. Es gibt kein irgendwie festgelegtes Schicksal: Alles, was uns geschieht, ist von uns selbst ausgelöst und zu verantworten.

Der freie Wille repräsentiert die Gegenwart des Menschen. Wenn er geistig wachsen will, braucht er seine Energien nur auf die Gegenwart zu konzentrieren. Der richtige Umgang mit dieser Zeitebene ist der Schlüssel zur Verbesserung der Lebensqualität. Die großen Meister wiesen immer wieder darauf hin, daß das Wesen der Spiritualität darin besteht, in der Gegenwart zu leben. Der christliche Mystiker Meister Eckhart sagte einmal: »Die wichtigste Stunde ist immer die Gegenwart, der bedeutendste Mensch immer der, der dir gerade gegenübersteht.«

Deshalb ist primär unsere Vergangenheit erst einmal unwichtig, ob sie nun ein paar Stunden oder ein paar Jahrhunderte zurückliegt. Dies mag einer der Gründe sein, warum in unse-

rer gegenwärtigen Situation der Schleier des Vergessens über frühere Erdenleben gebreitet ist. Was wäre, wenn wir um all die Probleme früherer Inkarnationen wüßten, um die Tode, die wir gestorben, die Geburten, die wir durchlebt haben?
Es gibt verschiedene Methoden, den Vorhang zu lüften. In Reinkarnationssitzungen, in Träumen oder in Trance erfahren wir manches aus der Tiefe der Zeit, was zu uns gehört. Die Einzelheiten früherer Leben sind dabei unwichtig, doch die ethischen Werte, die erworben wurden, sind im Charakter des Menschen stets präsent.
Dr. David Cliness, Professor an der Youngstown State University, hat therapeutische Methoden entwickelt, seine Patienten in frühere Leben zurückzuführen, um traumatische Probleme ihrer Gegenwart zu lösen. Nach Cliness' Verständnis der Dynamik der Reinkarnation ist unser gegenwärtiges Leben ein Konglomerat von Themen, Schwächen, Fähigkeiten und Aufgaben, die nicht nur aus einer, sondern aus zahlreichen früheren Inkarnationen stammen.
»Wir werden nicht frei geboren«, sagt Cliness, »sondern mit tiefen Programmierungen aus Inkarnationen, die wir nie gekannt haben. Die Haupteinflüsse eines Lebens gehen gewöhnlich von drei bis fünfzehn Inkarnationen aus.«
Der Philosoph Rudolf Steiner, der sich gerne auch als Wiedergeborener aus Atlantis sah, sagte einmal: »In jeder Verkörperung findet sich der Mensch in einem physischen Organismus, der den Gesetzen der Natur entspricht. Und in jeder Verkörperung ist er derselbe Menschengeist. Als solcher ist er das Ewige in den mannigfaltigen Verkörperungen. Körper und Geist stehen einander gegenüber. Zwischen beiden muß etwas sein wie das Gedächtnis zwischen meinen Taten von gestern und denen von heute. Und dies ist die Seele. Sie bewahrt die Taten aus den früheren Leben. Sie bewirkt, daß der Geist in einer neuen Verkörperung als das-

jenige erscheint, was vorgehende Leben aus ihm gemacht haben.«

Die Seele kann auch als Bewußtsein des Menschen bezeichnet werden, das die Erfahrungen einer einzigen Inkarnation sammelt und integriert. Der Religionswissenschaftler Professor Christopher Bache bringt in diesem Zusammenhang noch den Begriff *Überseele* ins Spiel, eine Art individuelles größeres Bewußtsein, das ständig damit beschäftigt ist, die Erfahrungen des gegenwärtigen Lebens, aber auch aller Leben davor auszuwerten und als geistiges Wachstum zu registrieren. In der Reinkarnationslehre heißt es, daß wir als Überseele ein Wesen sind, das außerhalb der physikalischen Wirklichkeit existiert, das aber immer wieder in das Raum-Zeit-Kontinuum eintaucht und sich aus ihm löst. Bei der Beschreibung des Phänomens erweist sich wieder einmal unsere Sprache als wenig geeignetes Instrument, da sie für den Gebrauch innerhalb der linear ablaufenden Zeit geschaffen wurde.

Vielleicht hilft ein simpler Vergleich den Begriff der Überseele zu verdeutlichen. Stellen wir sie uns doch einfach als ein Raumschiff vor, das auf einer orbitalen Bahn unser jetziges Dasein umkreist und von dem wir uns als kleines Landefahrzeug abgekoppelt haben, um auf dem Planeten Erde Erkundungen aufzunehmen. Innerhalb dieser Zeit sind wir völlig selbständig und agieren in eigener Verantwortung vom Mutterschiff. Ist unsere Mission zu Ende, starten wir, koppeln an und vereinen uns wieder mit den Systemen des Raumschiffes, in dessen Bordcomputer unsere neuen Erfahrungen eingespeist werden und dessen Informationsspeicher dabei wesentlich aufgestockt wird.

Die Überseele – oder auch das Mutterschiff – sind während unserer irdischen Aufgaben stets zu erreichen, und vielleicht antwortet es uns in der Stimme der Engel oder jener Bewußtseinsebenen, die während des Channeling angesprochen werden. Es wäre im wahrsten Sinn des Wortes ein Dialog mit dem »höheren Selbst«.

»Ein Mensch, der sich mit dem Karmagedanken vertraut macht«, schrieb der englische Philosoph Paul Brunton nach einer einsam verbrachten Nacht in der Königskammer der Cheops-Pyramide, »wird sich bemühen, niemandem Schaden zuzufügen. Er ist sich der Tatsache bewußt, daß er sich letzten Endes selbst verletzt, wenn er andere verletzt. Denn das unfehlbare Gesetz des Karmas bringt ihm entweder die Schmerzen oder den Segen zurück, welchen er anderen zuteil werden ließ.«

Beim Gang über einen Friedhof stoßen wir auf Namen, hinter denen sich die unterschiedlichsten Lebensläufe verbergen. Es waren Menschen, die wie wir Glück erfuhren, Schmerz und Freude. Aufregend, sich vorzustellen, daß sie längst wiedergeboren sein können, an einem anderen Ort, in einer für sie völlig neuen Situation, möglicherweise in einer anderen Geschlechterrolle. Ähnliches gilt, wenn wir uns die Porträts alter Meister in den Museen betrachten: Menschen blicken uns an aus ernsten Gesichtern, Kinder lächeln schüchtern. An ihr damaliges Leben erinnern nur noch diese Gemälde. Phantastisch die Vorstellung, vielleicht in einen fernen Spiegel zu schauen. Nicht auszuschließen, daß wir zu einer der Personen auf den Bildern einen intimen Kontakt hatten.

Im Kunstmuseum der Stadt Nantes hängt ein großes Ölgemälde, auf dem die Hinrichtung einer adligen Familie während der Französischen Revolution dargestellt wird. Während der Großvater in seidener Bluse und Pluderhose dem wartenden Henker auf dem Schafott zugeführt wird, kauert unterhalb des Blutgerüstes eine junge Mutter mit ihren beiden blonden Töchtern. Sie liest ihnen aus der Bibel vor, die

Augen vor Angst geweitet. Hinter einer Menschenmauer von rotbemützten Jakobinern steht das gaffende Volk von Nantes. Die Gesichter dieser Zuschauer sind ganz anders als die der zum Tode verurteilten Personen. Eine seltsame Mischung aus Neugier und Schadenfreude liegt auf ihren Zügen. Sie warten auf ein Schauspiel, auf Rache, auf Blut. Sie kennen kein Mitleid, ihr Denken ist reduziert auf animalisches Verlangen.

Die Franzosen sind stolz auf ihre Revolution, deren Ideale von Gleichheit, Freiheit und Brüderlichkeit wesentliche Grundsätze unserer Demokratie geworden sind und die noch nie in der europäischen Geschichte so deutlich formuliert wurden. Aber eine Revolution des Geistes kann nicht auf den Körpern der Geschundenen ausgeführt werden.

Wo sind die Menschen auf dem Bild heute, vorausgesetzt, sie sind in unserer Gegenwart inkarniert? Wo ist der Henker, wo der alte Mann und die junge Frau? Haben sie ihr gemeinsames Karma auf irgendeiner Büroetage auszuleben? Wird die gaffende Menge irgendwann als Gruppe ein gemeinsames Schicksal erleiden?

Der Reinkarnationsforscher F. A. Newhouse führt als mögliche Erklärung für den Tod einer größeren Menschenmenge – etwa bei Flugzeugabstürzen, Erdbeben oder Feuersbrünsten – die gemeinsame Teilnahme an einem grausamen Spektakel aus fernen Zeiten an.

»Die Opfer können in einer römischen Arena gesessen haben«, schreibt Newhouse, »das Sterben christlicher Märtyrer bejubelnd. Möglicherweise haben sie sich zusammengerottet, um eine Frau als Hexe verbrennen zu lassen. Wer je in diese Art von Grausamkeit verwickelt war oder sie anregte, wird selbst eine Form gewaltsamen Todes erleiden.«

Das Bibelwort »Richtet nicht, auf daß ihr nicht selbst gerichtet werdet, denn mit dem Maß, mit dem ihr richtet, wird man

auch euch richten«, erhält vor dem Hintergrund des Karmageschehens eine neue Bedeutung.
Das Wissen um Karma ist auch eine Pflicht, Widerstand zu üben: gegen Tyrannei und Unterdrückung, gegen Quälerei, Willkür und Krankheit, gegen Ungerechtigkeit und Selbstgefälligkeit.
Oft stellen wir uns die Frage: Warum passiert mir das? Es passiert, weil wir es gewollt oder nicht verhindert haben. Das physikalische Gesetz von Ursache und Wirkung funktioniert genau wie das Karma. Niemand zieht die Fäden – außer wir selbst.
Unter diesem Aspekt darf menschliches Leid nicht als Zufall oder Mißgeschick angesehen werden, es ist vielmehr das Resultat falscher Lebensführung und falschen Denkens. Die Verschiedenartigkeit der Menschen, ihre oft tragischen Schicksale, aber auch ihr Glück, sind lediglich Resonanzen ihres eigenen Handelns in der Vergangenheit. Im karmischen Sinne ist Leid – so schwer verständlich das auch sein mag – lediglich eine Lektion auf dem weiten Weg zur Erlangung von Weisheit und Vollkommenheit. Talente und geniale Begabungen sind andererseits keine Belohnungen eines imaginären Schöpfers, sondern haben ihre Wurzeln in Inkarnationen, in denen auf dieses Ziel hingearbeitet wurde.
Die schon erwähnten Heilpraktiker Grazyna Fosar und Franz Bludorf (siehe Kapitel »Rettung für den Wald«) wollen in ihren Channelingsitzungen Protokolle über die Lebensläufe verschiedener Personen der Zeitgeschichte quer durch ihre wichtigsten Inkarnationen erhalten haben, nicht etwa – so heißt es in der Begründung für die historischen Indiskretionen –, um frivole Neugier zu befriedigen, sondern um anhand dieser Beispiele das Wirken des Karma nachvollziehen zu können. Spektakulärste Erkenntnis war dabei der Hinweis

auf Wolfgang Amadeus Mozart als Wiedergeburt von Johann Sebastian Bach.

Ist das kurze Leben des genialen Musikers eine Fortsetzung des immerhin fünfundsechzig Jahre währenden Erdendaseins von Bach? Zumindest gibt es zahlreiche Hinweise darauf, die sowohl von der Musikgeschichte als auch vom Lebenslauf der beiden Menschen her zu erklären wären.

Mozart, in Salzburg geboren, musizierte bereits mit vier Jahren am Hof der Kaiserin Maria Theresia, begann mit fünf Jahren zu komponieren und schuf in seinen nur fünfunddreißig Lebensjahren 600 Werke, die in dem berühmten Köchelverzeichnis registriert sind.

Es war ein Leben, das aus dem vollen schöpfte und verglühte, ein Leben farbigen Glanzes und trauriger Not. Die Spannweite von Mozarts Persönlichkeit umfaßt alle Schattierungen des Menschlichen: vom unbekümmert sinnenfrohen Papageno über den edlen Tamino bis zu dem weisen Sarastro. In der Fülle seines Schaffens zeugen weltliche und geistliche Musik, Klaviersonaten, Kammermusik, Sinfonien, Violin- und Flötenkonzerte, Messen, Singspiele und Opern von der anmutigen Klarheit und Heiterkeit eines Genius. Daß die Mutter dieser Heiterkeit das Leid ist, zeigen Mozarts Spätwerke, die großen Sinfonien, die *Zauberflöte* und das *Requiem.* Spätestens seit dem Film *Amadeus* kennen wir auch die Lebensgeschichte des Salzburger Musikus: seine Frau Constanze, das Bäschen, den Gegenspieler Salieri und das Ende im Armengrab.

Ganz anders dagegen Musik und Leben des ernsten Johann Sebastian Bach, am 28. Juli 1750 gestorben, sechs Jahre bevor im Hause eines Salzburger Hofkapellmeisters der kleine Amadeus auf die Welt gekommen ist.

Bach verließ als zehn Jahre altes Waisenkind seine Geburtsstadt Eisenach. Lehrjahre in der Heimat und in Norddeutschland beweisen Fleiß und zielgerichteten Willen. Fern lag dem Bachschen Geist das unsichere, schwärmerische Suchen späterer Zeiten. Wohl drang sein Ruf als Komponist und Orgelvirtuose über die Heimat hinaus, doch der Erfolg blieb gering. Ihn lockte auch nicht der äußere Glanz: Fast hausbacken bürgerlich scharte er eine ständig wachsende Familie um sich. Das änderte sich auch nicht, als er dem ehrenden Ruf nach Leipzig folgte und in der Thomaskirche die Orgelbank drückte. Er schrieb Orgelwerke und Instrumentalmusiken, Kantaten und Oratorien. Aber keiner verstand den Reichtum seiner Werke, auch dann nicht, als er bereits im Alter die Kunst der Fuge postulierte. Eine Reise an den Hof des Preußenkönigs Friedrich II. endete für ihn enttäuschend. Sein Leben, seine Mühe schienen vergeblich gewesen zu sein. Er starb fast vergessen.

»Es war von vornherein klar«, sagt Franz Bludorf, »daß zur Heilung dieser Seele nur eine weitere Inkarnation als Komponist beitragen konnte. Knapp sechs Jahre nach Bachs Tod wurde Mozart geboren. Eine unruhige Seele ist es allemal, die nur eine so kurze Zeitspanne zur Planung eines neuen Lebens nutzt.«

Grazyna Fosar und Franz Bludorf gingen in ihrem Gedankenspiel davon aus, daß Bach und Mozart tatsächlich Inkarnationen des gleichen Persönlichkeitskerns sind und sammelten Anhaltspunkte zur Untermauerung dieser Hypothese. Sie sahen es als einmalige Chance, durch den Vergleich von Charakter, Leben und Werk zweier historisch belegter Persönlichkeiten Indizien für die Existenz des Reinkarnationsphänomens zu erhalten.

Vom Charakter her waren Bach und Mozart völlig verschieden. Der eine ein zutiefst bürgerlicher, solider Mensch, ein Meister immerhin, aber – wie es der ursprünglichen Bedeutung des Begriffs *Meister* entspricht – aus dem musikalischen

Handwerk hervorgegangen. Der andere mit allen Attributen eines Genies ausgestattet: unstet, ruhelos, ausschweifend, keiner Konvention verhaftet, mit der ganzen Welt mehr oder weniger in Unfrieden.

Aber vergessen wir nicht: Niemand behauptet, Mozart *sei* Bach gewesen. Bei jeder Inkarnation – so heißt es – erhält der neue Mensch ein neues Ego, muß er andere Charakterzüge mitbringen, Neues integrieren, um so ein Karma aus den früheren Existenzen abzutragen und den Lebensplan zu erfüllen. Also sollte man wohl besser die Hypothese dahingehend abwandeln, daß eine Wesenheit – der unsterbliche Persönlichkeitskern – kurz hintereinander zwei charakterlich völlig unterschiedliche Aspekte aussandte, um meisterliche Musikwerke zu schaffen. Die spätere der beiden Inkarnationen, Mozart, konnte dabei vom Positivkarma, das heißt von den Erfahrungen des früheren Bach, profitieren, mußte aber auch einiges von deren Negativkarma abtragen. In den Beziehungen zu Frauen leistete sich Mozart lockere Affären im Gegensatz zum schwerblütigen Bach, der seine Erotik kaum auslebte. Die karmische Hauptaufgabe der Mozart-Inkarnation war jedoch die Vollendung des musikalischen Werkes.

Hinweise auf den genialen Musiker und Komponisten Mozart geben schon seine frühen Auftritte als Wunderkind. Er hatte – so die Theorie – einfach da weitergemacht, wo Bach nach seinem Tode aufhörte. Ein Leben reicht nicht aus, um Werke zu schaffen, wie sie Mozart in den fünfunddreißig Jahren seiner Erdenwanderung der Welt geschenkt hat. Wenn ein Mensch mit fünf Jahren zu komponieren beginnt und mit acht Jahren fähig ist, komplette Sinfonien zu schreiben, so muß er wohl die Kunst der Komposition mitgebracht haben.

Im 18. Jahrhundert war Johann Sebastian Bach fast in Vergessenheit geraten. Den Ton gaben andere an: Georg Friedrich Händel, Georg Philipp Telemann und später auch Joseph Haydn. Der kleine Mozart fühlte sich dennoch zur Musik Bachs hingezogen, löste sich dann jedoch von Stil und Tradition des Barock, verletzte ganz bewußt Kompositionsregeln, die Bach als unumstößlich aufgestellt hatte. Er wollte ja kein zweiter Bach sein, sondern etwas schaffen, was über diesen hinausging. Bach stellte die Erfahrungen seiner und der vergangenen Zeit auf ein solides Fundament. So hatte Mozart festen Boden unter den Füßen, um die Evolution der Musik voranzutreiben, nicht ohne auch an jenem Fundament zu rütteln.

In der Channeling-Information über Bach/Mozart heißt es: »Es gab kein Karma, das ihn zwang, noch einmal als Musiker wiederzukommen. Es war im gewissen Sinne eine Übertreibung. Diese Übertreibung ist der Motor der Evolution, denn nur so können Menschen Neues schaffen.«

Es ist müßig, darüber zu debattieren, ob nun Bach oder Mozart der größere Komponist gewesen ist. Über Geschmack läßt sich nicht streiten. Ebenso ist es unmöglich, einen perfekten und akkuraten Systematiker mit einem rastlosen, aber oft auch undisziplinierten Genie zu vergleichen. Ihre Kompositionen sind unsterbliche Kunstwerke, die noch Generationen von Menschen verzaubern werden. Natürlich ging Mozart über Bach hinaus, denn das ist nun mal der Lauf der Evolution. Genau wie Isaac Newton kein schlechterer Physiker war als Albert Einstein, nur weil er ein paar Generationen früher gelebt hat. Jeder Mensch ist im Kontext seiner Zeit zu sehen, in der er lebt und wirkt. Und jede Inkarnation auf dieser Welt ist immer eingebunden in die speziellen aktuellen Verhältnisse. Wenn wir tatsächlich wiedergeboren werden, dann sind wir nie exakt der gleiche Mensch, der wir zuvor waren. Unsere genetischen Anlagen sind anders, unsere Erziehung, das gesamte soziale und gesellschaftliche Niveau ist ein anderes. Es ist also unser Persönlichkeits*kern,* der erhalten bleibt, aber die (sichtbare) Schale darum herum ist jedes Mal eine andere.

Mozart hat sich nie über Bach erhaben gefühlt, im Gegenteil: Am Ende seines Lebens, im Jahre 1788, besuchte er auf einer Deutschlandreise auch die Thomaskirche in Leipzig und hörte dort eine Bachsche Mottete. Er wurde von der Musik so ergriffen, daß er sich spontan an die Orgel setzte und zu improvisieren begann.

Da geschah etwas nahezu Unglaubliches: Ein alter Kirchendiener erschrak und glaubte einen Moment lang, sein Lehrmeister Johann Sebastian Bach sei von den Toten zurückgekehrt, um noch einmal auf seiner Orgel zu spielen.

Er ahnte nicht, wie recht er möglicherweise hatte ...

20 Kontakt zu Außerirdischen

Was verändert sich auf der Erde?

Die Menschheit lebt in aufregenden Zeiten: Jede Minute wird auf der Erde eine neue chemische Formel entdeckt, alle drei Minuten ein neuer physikalischer Zusammenhang und alle fünf Minuten kommen Wissenschaftler zu einer neuen medizinischen Erkenntnis. Kein Mensch kann auf der Höhe des derzeitig existierenden Wissens sein, das sich beinahe explosionsartig vermehrt. Was aber geschieht, wenn wir von einer Sekunde zur anderen erfahren, daß es nicht nur ein irdisches, sondern auch ein außerirdisches Wissen gibt?

Mag sein, daß im fiktiv-fernen Atlantis die Hochzeit zwischen Himmel und Erde vollzogen wurde, die Reise zu den Sternen zum Alltäglichen gehörte. Das Wissen darüber ist im Labyrinth des Unbewußten verschwunden, gehört nunmehr zur kollektiven Sehnsucht des Menschengeschlechts. Seit Jahrtausenden bewegt uns die Frage: Sind wir allein im Universum? Oder gibt es andere Welten, Kulturen und Zivilisationen in der unergründlichen Schwärze des Alls?

Wimmelt es im Kosmos von intelligenten Lebewesen? Astronomische Modelle rechnen mit einem »Überfluß« an Planeten im Universum. Allein in der Milchstraße kreisen, neuen Schätzungen zufolge, vier Milliarden erdähnlicher, wasserreicher Wandelsterne, die mit Superteleskopen wie dem inzwischen wieder reparierten »Hubble« aufgespürt werden sollen. Steve Beckwith, Direktor am Max-Planck-Institut für Astronomie in Heidelberg, glaubt, daß es in unserer Galaxie Planeten im Überfluß gibt, darunter viele mit günstigen Lebensbedingungen. Auch der Münchner Astronom Reinhardt Genzel schätzt, daß in nicht einmal zwanzig Jahren zahlreiche Planeten kartographiert sein werden. Andere Astrophysiker sind überzeugt, daß der ausreichend beheizte und mit viel Wasser ausgestattete Planet Erde kein Einzelobjekt sein kann.

Am 12. Oktober 1992 – dem Tag, als vor 500 Jahren Kolumbus Amerika entdeckte – starteten deshalb amerikanische Wissenschaftler die bislang umfassendste Spüraktion nach Brudervölkern im Weltall. Jede Minute, so glauben hoffnungsfrohe NASA-Fahnder, treffen auf der Erde Funkbotschaften von Außerirdischen ein, die bisher unerkannt sind und die nun unter anderem von der Riesenschüssel des Arecibo-Teleskops im Dschungel von Puerto Rico eingefangen und zur Entzifferung nach Kalifornien weitergeleitet werden sollen. Obwohl der Senat das 100-Millionen-Dollar-Projekt inzwischen finanziell etwas abgespeckt hat, sollen bei dem Lauschangriff ins All rund 800 sonnenähnliche Sterne im Umkreis von 82 Lichtjahren – gleichsam die kosmischen Nachbarn der Erde – abgehört werden.

»Wir sind aus gewöhnlichem Sternenstaub entstanden«, sagt die Leiterin des *Seti*-Projektes (»Search for Extraterrestrial Intelligence«), Dr. Jill Tarter. »Es ist deshalb schwer vorstellbar, daß wir die einzigen Kreaturen im Weltall sein sollen.«

Der Astrophysiker Dr. Frank Drake hält die große Zahl der Sonnen und Galaxien im beobachtbaren Universum für einen Hinweis, daß es nur so von besiedelten Welten wimmeln muß. Der Nobelpreisträger Werner Arber bezweifelt aber, daß außerirdische Intelligenz menschenähnlich sein müsse. Unvorstellbar groß sei die Vielfalt an Erbinformationen, die mit dem aus vier Buchstaben bestehenden genetischen Alphabet, wie es auf der Erde entstand, kodiert werden könne. Nur ein winziger Bruchteil aller möglichen biologischen

Lebensformen sei bisher auf unserem Planeten ausprobiert worden. Eine Aufforderung an die Phantasie, sich die bizarrsten biologischen Modelle auszumalen.

»Wenn es irgendwo anderes Leben gibt, dann ist es so anders, daß wir es vermutlich gar nicht erkennen können«, folgert der Schweizer Astrophysiker Gustav Tammann.

Gegen diese Theorien sprechen die Vermutungen der »Ancient Astronaut Society« von einer Kolonialisierung des Universums durch eine menschenähnliche Rasse, deren Abkommen wir sind und deren genetische Konstruktion sich zumindest auf der Erde bewährt hat: ein Kopf als Denkzentrale, zwei Arme mit Händen zum Greifen, Trakte für den komplizierten Stoffwechsel und zwei Beine mit Füßen als Bewegungsapparat. Die aufrechte Haltung trotzt beständig der Schwerkraft und macht den Menschen so zum »erhobenen Geschöpf«.

Die *Seti*-Forscher können jede Lebensform akzeptieren, die einen bestimmten Stand der Technik erreicht hat, bei dem sie beinahe zwingend für ihre eigene Kommunikation Radiowellen nutzt und sich durch diese elektromagnetischen Signale verrät.

Auch die Menschheit posaunt ihre Existenz seit über 60 Jahren zu den Sternen hinaus: Radio- und Fernsehwellen, aber auch Signale, die von Radaranlagen kommen, strahlen über den Globus und eilen per Lichtgeschwindigkeit zu Nachbarsonnen und ihren möglichen Planeten. Ein TV-Fan im Sonnensystem von Tau Ceti – etwa 11,8 Lichtjahre von der Erde entfernt – könnte sich mit einem leistungsstarken Gerät über Fernsehshows ärgern, die 1982 in Deutschland gesendet wurden, zwei Jahre vor Einführung des Privat-TV.

Was aber geschieht auf der Erde, wenn *Seti* fündig wird und einer staunenden Weltöffentlichkeit die ersten intelligenten Signale aus dem All präsentiert, den allerersten Beweis für

Leben außerhalb unseres Planeten? Was hätte eine solche Information für Auswirkungen auf den Alltag des Menschen?

»Die erste und nachhaltigste Wirkung«, so der italienische Soziologe Professor Roberto Pinotti, »wäre eine Autoritätskrise in allen wesentlichen Bereichen unserer heutigen Gesellschaftsordnung. Insbesondere konservative Denkrichtungen würden einer umfassenden Veränderung unterworfen. Dies bezöge sich auf politische Bereiche genauso wie auf naturwissenschaftliche und auf philosophisch-religiöse.«

Im Studio der »Phantastischen Phänomene« diskutierten darüber Wissenschaftler der unterschiedlichsten Disziplinen. Zur Einstimmung hatten wir einige Einspielfilme vorbereitet, die nach Denkmodellen der NASA entstanden. Sollte ein Signal aus dem Weltraum eindeutig als von »außerirdischer Intelligenz stammend« identifiziert werden, wäre das sicher eine Sondermeldung im Fernsehen wert: »Wir unterbrechen unsere Sendung für eine wichtige Meldung aus unserer Nachrichtenredaktion. Wie die amerikanische Weltraumbehörde NASA soeben meldet, ist es gelungen, erstmals eine nicht-irdische Botschaft aus dem Weltraum zu erhalten, die mehrfach überprüft wurde und an deren außerirdischer Herkunft kein Zweifel besteht. Demnach werden seit kurzer Zeit Daten empfangen, die auf die Sendung eines Bildes oder einer Reihe von Bildern hindeuten.«

Eingeblendet werden Stellungnahmen des Generalsekretärs der Vereinten Nationen, Butros Ghali, und des amerikanischen Präsidenten Bill Clinton: »Wir können stolz auf die Entdeckung sein. Noch ist nicht abzusehen, welche Konsequenzen sie für uns haben wird. Ich wage nicht daran zu denken, was wir von einer Kultur lernen könnten, die uns um Jahrhunderte voraus ist. Wir werden beraten, was und wie wir ihnen antworten. Dies ist ein historischer Tag.«

Es folgt ein fiktives Szenario, das aus den Überlegungen des amerikanischen Astronomen Professor Carl Sagan entstanden ist und das als eine von vielen Möglichkeiten auch von der NASA akzeptiert wird. Danach ist die *Seti*-Zentrale bei der systematischen Himmelsdurchmusterung auf merkwürdige Signale gestoßen, einer Abfolge von Primzahlen im Abstand von jeweils 3,5 Millisekunden auf der *21-Zentimeter-Linie* des Wasserstoffes. Primzahlen sind ganze Zahlen, die nicht durch ganze Zahlen – außer der Eins – teilbar sind, sich also nicht in Faktoren zerlegen lassen, zum Beispiel 2, 3, 5, 7, 11, 13, 17, 19. Computer hatten diese Informationen aus dem kosmischen Grundrauschen herausgefiltert, sie als intelligent erkannt und Alarm geschlagen. Daraufhin hatte *Seti* auch andere radioastronomische Institute auf die ungewöhnliche Sendung aufmerksam gemacht, die alle das gleiche empfangen. Primzahlen in logischer Abfolge können nicht von irgendeinem Stern oder einem anderen natürlichen stellaren Objekt hergestellt werden. Daher muß man es mit einem künstlichen intelligenten Rufsignal zu tun haben.
Nachdem die Computer meterlange Papierfahnen mit endlosen Zahlenreihen ausgedruckt hatten, änderte sich plötzlich die Situation. *Seti* empfing einen binären Code, das heißt eine Abfolge von An- und Aus-Impulsen, von Eins bis Null. Die Computer bauten aus diesen Daten ein Bild auf, eine Schwarzweißfotografie, die bei den Wissenschaftlern für totale Verblüffung sorgte. Die vom Scanner umgesetzte Information zeigt den Astronauten Neil Armstrong, der am 21. Juli 1969 als erster Mensch einen außerirdischen Himmelskörper betrat: die Mondlandung der Amerikaner. Die in der Fernsehsimulation agierenden Experten entziffern dann auch bald den Herkunftsort der außerirdischen Signale als einen Planeten des Fixsterns »61 Cygni« im Sternbild

Schwan, elf Lichtjahre von der Erde entfernt, gewissermaßen in der stellaren Nachbarschaft.
»Die Botschaft ist unzweideutig«, erklärt der fiktive Leiter der Mission. »Zuerst das Rufsignal, dann das Bild von der Mondlandung. Sie haben offensichtlich die ganze Zeit unsere Radio- und Fernsehsendungen aufgefangen und wollen jetzt mit uns in Kontakt treten.«
Die Mondlandung war im Jahr 1969. Die Fernsehübertragung des Ereignisses brauchte elf Jahre, um »61 Cygni« zu erreichen, traf also 1980 dort ein. Etwa zwei Jahre später scheinen sich die Absender entschlossen zu haben, mit der Kommunikation zu beginnen. Elf Jahre später kehrt das Bild auf die Erde zurück. Die kosmische Flaschenpost hat ihren Zweck erfüllt, da sowohl die intelligente Absicht erkannt und auch die Quelle ausgemacht werden konnte.
Dem Bild folgte ein ungeheurer Datenfluß, der die kühnsten Hoffnungen der *Seti*-Leute übertraf: eine Art galaktische Enzyklopädie, fremdartiges Wissen, das erst entschlüsselt und analysiert werden muß.
Sollte sich die erste Kontaktaufnahme mit einer außerirdischen Intelligenz so oder ähnlich abspielen, wäre dies das größte geistige Abenteuer des Menschengeschlechts. Natürlich gibt es immer wieder Berichte über UFOs und Begegnungen mit deren Besatzungen. In der TV-Serie »Phantastische Phänomene« zeigten wir authentisches Filmmaterial über solche Erscheinungen, das aus kompetenten Quellen kommt und weder gefälscht noch sonstwie manipuliert worden war. Tausende von glaubwürdigen Augenzeugen haben ihre ungewöhnlichen Erlebnisse zu Protokoll gegeben, und in angeblichen Geheimpapieren ist die Rede von abgestürzten Raumschiffen, aus denen tote Besatzungen außerirdischer Herkunft geborgen worden sein sollen. Mit Genehmigung irdischer Regierungsstellen soll es sogar Operations-

basen für Extraterrestrier geben und auserwählte Kontaktpersonen, die eine bevorstehende offizielle Begegnung vorbereiten. In unserem Studio traten Menschen auf, die angaben, von UFO-Besatzungen entführt worden zu sein, und sogar das bei diesem Thema eher zurückhaltende ZDF informierte in einer einstündigen Reportage über das Entführungsphänomen in den Vereinigten Staaten.

So reagierten denn auch einige unserer Zuschauer verwirrt, als wir das *Seti*-Projekt vorstellten, wo doch die Existenz außerirdischer Besucher längst nachgewiesen sei. Dies aber ist das große Problem. Zwar existiert das UFO-Phänomen tatsächlich, doch die wohl wichtigsten Fragen sind bisher unbeantwortet: Was sind UFOs, was wollen sie und woher kommen sie?

Wenn nun tatsächlich zeitgleich mit unserer Epoche technisch und ethisch überlegene Zivilisationen im Universum existieren, denen unsere Existenz längst aufgefallen sein muß, warum nehmen sie dann keinen unmittelbaren Kontakt zu uns auf?

Die amerikanischen Astronomen Professor Carl Sagan und Professor Walter Newman wiesen darauf hin, daß ein »galaktischer Code« existieren könne, ein umfassendes Gesetz, das aggressiven Lebensformen jegliche Ausbreitung untersagt. Kriegerische Intelligenzen – so die Annahme – werden sich im Sonnensystem ihrer Entstehung auslöschen, sich in globalen Kriegen vernichten oder ihre Umwelt restlos ruinieren, ohne je die Chance zu haben, ihren Planeten zur Erforschung des Weltraums zu verlassen.

Dr. John Ball, US-Astronom, führt den bisher nicht aufgenommenen Kontakt auf seine Vermutung zurück, daß außerirdische Zivilisationen die Erde als eine Art Zoo ansähen, ein Reservat, in das jeglicher Eingriff verboten wäre. Professor Edward Harrison von der Universität in Cambridge glaubt, die Menschheit könne sogar einem regelrechten Embargo ausgesetzt sein, einem Interdikt, das schon seit 4,6 Milliarden Jahren bestehen müsse, als sich unser Planet aus Sternenstaub zu formen begann. Schon damals könnten intelligente Zivilisationen die gesamte Galaxis kolonialisiert haben. Der Physiker Professor James Deardorff von der Ohio State University sieht allerdings einen Lichtblick in den komplizierten Beziehungen. Er kann sich vorstellen, daß eine Kontaktsperre nach und nach aufgehoben wird, um die Erdbevölkerung auf eine Begegnung vorzubereiten. Dazu könnten sowohl dosiert eingesetzte UFO-Sichtungen, Begegnungen mit Außerirdischen und geistig aufgeschlossenen Menschen, holographische Darstellungen religiöser Ereignisse wie Marien-Erscheinungen als auch Radiokontakte über *Seti* sowie scheinbar fiktive Weltraumabenteuer in Film und Fernsehen beitragen. Mit einer solchen Strategie könnten – sonst unvermeidbare – Schockwirkungen abgeschwächt werden, die beim Zusammenprall total unterschiedlicher Kulturen unvermeidlich wären. Die als aggressiv geltende Menschheit könnte ja mit einer Zivilisation Kontakt aufnehmen, die längst auf einer anderen Stufe der Evolution angekommen ist und deren Ethik nicht in einer streng-religiösen Konstruktion zusammengefaßt ist, sondern die kosmische Dimension unendlicher Freiheit und Selbstverantwortung angenommen hat. Eine Intelligenz, die es geschafft hat, die gewaltigen Distanzen zwischen den Sternen zu überwinden, muß der unseren um Jahrtausende voraus sein. Ihre Spiritualität wird sich in weiten Bereichen von der unseren unterscheiden, eine Zwangsläufigkeit, da sich die irdischen Religionen unter ganz bestimmten geschichtlichen Bedingungen entwickelt haben: das Judentum aus älteren sumerischen und babylonischen Konzepten, das Christentum aus dem jüdischen, der Islam aus jüdischen, christlichen und arabischen Vorstellungen.

»Eine uns völlig fremde Kultur«, sagt der Naturwissenschaftler und Wissenschaftsautor Dr. Johannes Fiebag, »mit einer eigenen Evolution, mit einer eigenen Geschichte, vermutlich mit einem uns völlig absurd erscheinenden Ethos, wird auch einen völlig anderen Glauben haben, der so andersartig und bizarr sein könnte, daß wir ihn nicht einmal als Religion erkennen.«
Selbst in unserer aufgeklärten und hochtechnisierten Epoche spielen die oft total irrealen Glaubensvorstellungen der Weltreligionen eine so beherrschende Rolle, daß deswegen Kriege geführt, Menschen gefoltert und Attentate verübt werden. Das sinnlose Gemetzel auf dem Balkan ist ein ethnischer Konflikt, der historische Ursachen haben mag, die wiederum aus unterschiedlichem Religionsverständnis stammen. Die im Moment gültigen Weltreligionen – außer der buddhistischen Philosophie – entspringen allesamt einem antiken und, wie wir heute wissen, falschen Weltverständnis. Keine von ihnen hat bisher die modernen Erkenntnisse der Naturwissenschaften, insbesondere in der Astronomie, Geologie, Biologie und Physik, wirklich verinnerlicht.
»Vielleicht liegt hier die größte kulturelle Zeitbombe verborgen«, mutmaßt Johannes Fiebag. »Der Kontakt mit außerirdischer intelligenter Information müßte zwangsläufig zu einer Veränderung sämtlicher Werte in der menschlichen Gesellschaft führen. Die Frage ist, ob eine hochentwickelte außerirdische Kultur eine derartige Wirkung nicht voraussehen würde und schon deswegen keinen Kontakt zu uns aufnimmt.«
Immer wieder hat es in der Geschichte der Menschheit Versuche gegeben, durch die Botschaften großer Mystiker moralische Veränderungen in der Gesellschaft zu bewirken. Doch sowohl die Lehren von Mohammed und Jesus wie auch die von Buddha wurden institutionalisiert und dienen

einer fundamentalistischen Bürokratie als Rechtfertigung ihrer Existenz. Einer wie auch immer gearteten fremden Intelligenz dürfte das nicht verborgen geblieben sein.
Überhaupt ist zweifelhaft, daß wir es sind, die »die Anderen« entdecken. Die Initiative bei solchen Projekten geht meist von der überlegeneren Technologie aus – so hat Kolumbus Amerika entdeckt und nicht umgekehrt. Die eingeborenen Amerikaner wären mit ihren einfachen Booten gar nicht in der Lage gewesen, Europa zu besuchen. So kann auch die Suche der NASA nach außerirdischen Gesprächspartnern nur erfolgreich sein, wenn diese dialogbereit sind: sowohl technisch als auch philosophisch.
Zu den wichtigsten Strategien der NASA-Wissenschaftler bei den Kontaktversuchen mit Extraterrestriern befragten wir in der kalifornischen *Seti*-Zentrale den stellvertretenden Leiter des Projektes, Dr. Peter Backus:
»Wenn man intelligente Signale entdeckt, wie werden Sie darauf reagieren?«
»Unsere Testreihen schließen nicht nur unsere eigenen Computeranlagen mit ein«, antwortete Backus, »sondern auch solche, die in entfernten Teleskopstationen installiert sind. Erst wenn diese Untersuchungen abgeschlossen sind, werden andere Astronomen hier im Lande und rund um die Welt benachrichtigt. Wir alle müssen dann feststellen, daß es sich tatsächlich um ein Signal handelt, das von einem anderen Stern kommt. Wenn wir dies definitiv wissen, dann knallen hier bei uns die Sektkorken, und dann geben wir auch die Meldung an die Weltpresse, so schnell wie möglich.«
»Wie wird man mit weit entfernten Außerirdischen kommunizieren können, wenn sie ihre Botschaften schon vor Hunderten oder Tausenden von Jahren abgeschickt haben?«
»Wie kennen ja das gleiche Phänomen, wenn wir zum Beispiel die griechischen Philosophen studieren«, meinte

Backus. »Sie sind von uns durch große Zeiträume getrennt, und doch erreichen uns Informationen von ihnen, wenn auch in Form einseitig ausgerichteter Kommunikation. Aber es ist ein guter Vergleich dafür, was wir im Falle eines Informationsaustausches mit der Bevölkerung eines anderen Planeten zu erwarten haben.«

»Welche Folgen wird eine solche Entdeckung für jeden von uns haben?«

»Die Antwort ist: nicht viele«, lachte Backus. »Vorläufig. Man kann als Beispiel die Theorie des Kopernikus nennen, wonach die Erde um die Sonne kreist. Er veröffentlichte das, und es hatte vorerst keine Wirkung. Aber seine Theorie wurde durch die Beobachtungen von Brahe und Keppler bewiesen. Galileo zeigte, das man die Bewegungen von Objekten voraussagen kann, und Newton zeigte uns dies mit der Mathematik. Das alles führte zu einer wissenschaftlichen und industriellen Revolution, die die Welt veränderte. Ich glaube, auf die gleiche Weise wird auch die Erkenntnis wirken, daß wir als Menschheit nicht allein im Universum sind und daß die Anderen uns ähneln, was Intelligenz und Wissensdurst betrifft, und daß sie kommunizieren möchten. Dies wird unsere gesamte Einstellung darüber ändern, wer wir sind und wie wir zueinander stehen.«

Im Fernsehstudio der »Phantastischen Phänomene« diskutierten Wissenschaftler die Frage, was sich auf der Erde wohl ändern würde, hätte die Menschheit Kenntnis von einer außerirdischen Kultur. Wir suchen nach intelligentem Leben im Universum, gibt es eigentlich intelligentes Leben auf der Erde?

»Wonach suchen wir eigentlich, wenn wir Intelligenz suchen?« konterte der Philosoph Professor Jürgen U. Heinz. »Intelligenz ist nichts anderes als die Fähigkeit, eine bestimmte Organisation in sich selbst zu spiegeln und wahrzunehmen. Insofern ist es absolut sicher, daß außerhalb der Erde Intelligenz anwesend sein muß, die in verschiedenen Dimensionen dargestellt ist und nicht unbedingt biologische Formen haben muß. Folglich ist die Frage: Suchen wir überhaupt richtig, wenn wir nach Kontakten außerhalb der Erde fahnden; suchen wir nicht zu sehr im biologischen Konzept? Natürlich sind wir Erdenbewohner insofern intelligent, daß wir uns reflektieren können. Sind wir jedoch auch in der Lage, das Reflektierte umzusetzen und die in uns angelegten Mechanismen und Automatismen unseres biologischen Handelns so zu steuern, daß am Ende ein intelligentes Ergebnis steht? Dies bezweifle ich. Methodisch sind wir teilweise als Mensch intelligent, in der Summe unserer Handlungen widersprüchlich zu unserem eigenen Lebensinteresse.«

»Wir operieren mit einer Vielzahl von Sternen und Galaxien, um Leben im All nachzuweisen«, meinte der Global-Ökologe und Astronom Professor Heinz Kaminski. »Aber wir vergessen dabei, daß das ganze Universum erst einmal in unserem Kopf entsteht. Ein Kontakt mit außerirdischer Intelligenz würde einen geistigen Umbruch verursachen. Wir sprechen immer von unserer materiellen Existenz und vergessen dabei, daß das eigentliche Leben geistige Ursachen hat. Ein Eingriff von außen kann daher nur aus dem geistigen, nicht aber aus dem materiellen Raum kommen.«

Muß man die Geschichte der Kirche umschreiben, wenn man weiß, es gibt noch eine andere Menschheit?

»Dazu gibt es keine Veranlassung«, antwortete der Theologie-Professor und Biologe Dr. Rainer Koltermann. »Gott ist so groß, daß es überhaupt nicht verwunderlich ist, wenn in einem auf zwanzig bis dreißig Milliarden Lichtjahre ausgedehnten Universum noch etwas ist. Weil die Menschen nicht ertragen, daß dieses Weltall so groß ist, bevölkern sie es mit Intelligenz.«

In dem von uns inszenierten Film war der Empfang von Primzahlen als Möglichkeit einer Kontaktaufnahme dargestellt worden. Dies setzt voraus, daß überall im Universum die gleichen physikalischen Gesetze gelten.

»Nicht unbedingt«, meinte Professor Jesco von Puttkamer, Ingenieur und leitender NASA-Mitarbeiter. »Wir nehmen es an, aber wir haben dafür keine schlüssigen Beweise. Neuerdings ist in der Wissenschaft der Verdacht aufgetaucht, daß Mathematik vielleicht nicht absolut gilt, ein ganz aufregender Gedanke.«

»Aber die Naturgesetze gelten doch sehr weit in den Raum hinaus«, argumentierte Heinz Kaminski. »Und da die Naturgesetze teilweise nur als Mathematik faßbar sind, müßte deren Logik auch in unserem Kopf sein, denn sonst könnten wir die Gesetze des Universums nicht erkennen.«

»Wenn wir eine Logik akzeptieren, die wir durch unsere fünf Sinne wahrnehmen«, antwortete Jesco von Puttkamer, »dann bedeutet dies noch lange nicht, daß dies die einzige Logik ist.«

Das Thema rief den Philosophen auf den Plan. »Ich bin der Meinung, daß dies eine Frage des Ausschnitts ist«, meinte Jürgen U. Heinz. »Die Logik, die wir gegenwärtig anwenden, ist eine Logik, die gewachsen ist aus der Erfahrung, aus unserem gegenwärtigen Meßraum. Wir wissen, daß im ganz kleinen Raum – bei den Quanten – und im ganz großen Raum – siehe schwarze Löcher – diese Logik auch nicht mehr gilt.«

»Bei unserem Flug zum Mond war ja jede Millisekunde des Unternehmens ein Beweis für die Gültigkeit der Keplerschen Gesetze«, warf Kaminski ein. »Und nach diesem Naturgesetz konnte auch die Rückreise angetreten werden. Auf diese

Weise fliegen die Voyagersonden über die Grenzen unseres Planetensystems.«

»Wenn wir aber weitergeflogen wären«, meinte Jesco von Puttkamer, »möglicherweise mit Lichtgeschwindigkeit, hätten die Newtonschen Gleichungen nicht mehr gestimmt, und wir hätten die Einsteinsche Relativitätstheorie anwenden müssen. Und selbst Einstein kann nur ein Newton sein zugunsten eines zukünftigen Super-Einsteins.«

»Es gibt ja auch den Punkt, an dem wir uns vorstellen müssen, daß Mathematik und physikalischer Raum überhaupt mal begonnen haben«, erinnerte Heinz. »Vor ihrem Beginn, den wir als nicht-philosophisch und mathematisch als null bezeichnen können, geschieht ja so etwas wie ein Schöpfungs-, Rückkopplungs- oder Selbstorganisationsakt, der außerhalb dessen ist, was wir gegenwärtig beschreiben können.«

»Mir scheint vor dem Hintergrund möglicher außerirdischer Intelligenz mehr Selbstbewußtsein angebracht«, sagte Heinz Kaminski. »Wir sollten aufgeben, immer diese Winzlinge sein zu wollen. Der Mensch ist nicht das Maß aller Dinge, aber er ist auch kein Winzling. Der Mensch denkt dieses Universum, und dieses hebt ihn über die Materie hinaus.«

»Der schweizer Psychoanalytiker C. G. Jung hat gesagt, der Kontakt mit Außerirdischen würde uns die Zügel entreißen, und er hat davor gewarnt, daß es uns die Träume nehmen würde«, ließ sich Jesco von Puttkamer vernehmen. »Mindestens drei Nobelpreisträger haben ebenfalls vor einem Radiokontakt gewarnt, weil wir die Evolution unseres Bewußtseins aus uns heraus entwickelt haben, von der magischen über die mythische und mentale Zeit hinweg bis hin zu einer integralen Zeit, in der wir in der Zukunft eine Ganzheit anstreben werden. Eingriffe von außen könnten uns dabei entmündigen.«

Bei all der Heftigkeit in der Diskussionsrunde, all den philosophischen und naturwissenschaftlichen Argumenten mußte auch die Frage besprochen werden, ob sich die Menschen im Alltag für eine solche Problematik überhaupt interessieren. Tatsächlich ergab eine Umfrage in der Münchner Innenstadt, daß eine Kontaktaufnahme zu einer außerirdischen Intelligenz die meisten der befragten Passanten überhaupt nicht berührte. Nur einige junge Leute hofften, daß die Menschen ihre Selbstherrlichkeit und Arroganz aufgeben oder zumindest mal überprüfen würden, angesichts einer fremden Kultur.

»Die Leute schätzen völlig realistisch ein, daß ein Kontakt zu Außerirdischen erst einmal keine große Reaktion haben wird«, meinte Philosoph Heinz, »weil wir in unseren kleinen Bedingungen gefangen bleiben. Es wird dann erst diskutiert werden, wenn das größere Kollektiv antwortet. Und dann wird die Frage sein: Sind die anderen stärker als wir und müssen wir uns bedroht fühlen? Danach werden wir unser Verhalten richten.«

»Man kann es mit der Angst zu tun bekommen, wenn man bedenkt, wie weit verbreitet heute noch Xenophobien sind, Fremdenangst und Rassenhaß«, gab von Puttkamer zu bedenken. »Wenn wir die Unmenschlichkeit des Menschen anderen Menschen gegenüber beobachten oder wie sich manche Tieren gegenüber benehmen, dann sehe ich für eine Akzeptanz der Außerirdischen schwarz.«

»Dann können wir nur hoffen«, antwortete Heinz, »daß, wenn die größere Intelligenz auftaucht, auch die größere Kraft da ist.«

»Wir würden ohnehin nur Außerirdische respektieren, die sowohl technisch als auch moralisch höher entwickelt sind als wir«, mutmaßte Jesco von Puttkamer. »Wenn sie uns gleichwertig wären oder gar unter unserem Entwicklungsstand, würden wir sie behandeln wie die Tiere oder wie Gastarbeiter.«

»Geschieht aber nicht täglich in dieser Welt auch so unendlich viel Gutes«, argumentierte Heinz Kaminski, »über das nur nicht berichtet wird? Unsere Medien sind leider soweit, daß sie nur noch das Negative melden. Aber die Wesen, die uns von außen betrachten, würden auch erkennen, daß in den Menschen vieles steckt, was es zu hegen und zu pflegen gilt. Und sie werden Freude an uns haben.«

Zum Schluß des Fernsehgesprächs wurden die Gäste gebeten, doch eine ganz persönliche Frage an die Außerirdischen zu richten:

Jesco von Puttkamer: »Wie habt ihr das geschafft?«

Jürgen U. Heinz: »Schaut euch unsere gegenwärtige Denkstruktur an und sagt mir, was wir falsch machen und welche Regel ich anwenden muß, um die Fehler zu korrigieren innerhalb einer bestimmten Zeit mit der vorhandenen Menge Mensch?«

Rainer Koltermann: »Wie könnt ihr intelligent sein und zugleich ethisch handeln?«

Heinz Kaminski: »Nennt mir euer Gesellschaftssystem!«

Selbst wenn die Fragen nicht gleich beantwortet werden konnten, besteht doch noch eine Chance des Dialogs. Denn auch diese Fernsehsendung machte sich mit Lichtgeschwindigkeit auf eine Reise zu den Sternen. Durchaus möglich, daß sie in hundert, tausend oder Millionen Jahren von einer Zivilisation empfangen wird, die momentan noch gar nicht existiert. Man wird die Fragen diskutieren und vielleicht auch Antworten formulieren, doch es muß bezweifelt werden, ob sich auf der Erde dann noch jemand dafür interessiert.

21 Rückkehr nach Atlantis

Pläne für das dritte Jahrtausend

Der gemächlich aufsteigende Sonnenball taucht die weiße Stadt in ein zartes Rosa. Der Himmel hinter ihren Konturen ist strahlend blau, die Farbe unseres Sterns. Ein paar Wolken segeln absichtslos dahin. Irgendwo im Westen schimmert die Küste Afrikas. Ein Bild im Bild der Welt, getaucht in die Farben des Glücks, Traum und Erwachen zugleich.
In der Akropolis legen weißgekleidete Männer bunte Sitzkissen auf die noch kalten Steinstufen. In ein paar Stunden soll hier über neue, umweltfreundliche Technologien diskutiert werden. In den kleinen Cafés rund um den schlanken Obelisken pressen Frauen Orangen aus, deren Saft sie in Kristallkrügen aufbewahren. Es duftet nach Tee und Kaffee, auf Buffets sind selbstgebackene Brote ausgebreitet, Dörrobst und Nüsse. In die etwa ein Dutzend kleiner und etwas größeren Häuser längs der schmalen Gassen und rund um die Plätze von Atlantis dringt das helle Licht des Morgens. Wenn sie gleich die Fenster öffnen, werden die Menschen von überall her das Meer sehen. Nirgendwo wird er sich ihren Blicken entziehen, der blauschimmernde Atlantik, in dem die Insel seit Jahrtausenden verankert ist wie eine ewige Arche.
Unten an den Tempelhäusern klingt schon das Lachen der Kinder, die früh aufgestanden sind, um sich in Ruhe in eines der Seminare einzuschreiben. Es ist ein guter Brauch von Atlantis, daß es keine Verbote und Einschränkungen gibt, keine Privilegien und Gesetze, sondern Freiheit für alle Denker und ihre Schulen, Systeme und Erklärungen des Ursprungs aller

Dinge. Ja, gerade Kinder sollen mitsprechen, diskutieren, fordern. Sie repräsentieren Gegenwart und Zukunft, sind frei von Paradigmen und Ideologien. Ihr unverbrauchter Rat ist gefragt, und ihr Lachen mischt sich belebend in das Grübeln und die Ernsthaftigkeit der Alten.
Unter den Arkaden treffen die Jungen und Mädchen auf ein paar Männer in dunklen Nadelstreifenanzügen, die gerade angekommen sind und sich verwundert umsehen. Sie gehen unter einem weißen Säulengang, vorbei an den Foren und Atrien zum Amphitheater, wo heute abend ein Konzert stattfinden wird mit Zwölftonmusik und Obertonsingen, heilende Klänge, wie es in der Ankündigung heißt. Doch zuvor lenken sie ihre Schritte zu einem kleinen Tempel, in dem junge Leute ihnen zur Begrüßung einen Kiwi-Cocktail reichen, um sie dann zu ihren Wohnhäusern ins Stadtzentrum zu begleiten. Bunte Bougainvilleas umrahmen die zierlichen Säulen am Eingang. In den lichtdurchfluteten Wohnräumen stehen Skulpturen, die Wände sind mit Bildern geschmückt, deren Farben aus anderen Welten stammen könnten. Aus dem Fenster nach Osten fällt der Blick auf eine schlanke, spitze Pyramide, auch der »Kirchturm« genannt. Darunter im »Raum der Stille« ist Platz zum Denken, Nichtdenken, Einkehr oder Innenschau. Keine wie auch immer gestalteten Devotionalien zwängen den Geist in eine bestimmte Form.
Die Männer sind auf einer Insel der Poesie angekommen, in deren Südwesten diese Stadt entstanden ist: ihre Pavillons und Gärten, ihre Tempel und Säulengänge, die himmelstrebende Pyramide und die schlanke, mit Renaissance-Elementen durchsetzte Akropolis. Die grünen Grotten und leuchtenden Museen spiegeln Harmonie, Schönheit und Liebe. Bald werden die Ankömmlinge erkennen, daß ihre einzige Beschäftigung hier die philosophische Diskussion sein wird, nicht immer nur reglementiert in den dafür vorgesehenen

Räumen, sondern auf allen Plätzen dieses Utopia, in den Straßen, auf den Treppen, unter den Arkaden. Gaumen, Nase, Augen und Ohren werden durch Speisen, Düfte, die Schönheit der Tempel und Foren erfreut werden und durch die Musik, die überall leise erklingt und ihre beruhigende Wirkung in der Stadt verbreitet. Hier ist Platz für jeden guten Gedanken, Offenheit vorhanden für jede Idee, Nährboden für humane Lebenskraft in Fülle. Ein Frühlingswind hat sich aufgemacht zu den Berggipfeln in der Ferne, von denen klare Wasser ins Tal stürzen.

Die Männer von heute sind in einer Stadt von morgen angekommen, die wirkt wie eine Metropole von vorgestern: Atlantis. Noch vor ein paar Stunden waren sie als Abgeordnete ihres nationalen Parlaments zum Flugzeug gehetzt, hatten sich als Vorstandsvorsitzender des Autokonzerns zum Flughafen chauffieren lassen und als Chef eines Computerunternehmens letzte Anweisungen über das Funktelefon übermittelt. Dann sind sie auf dem Flughafen von Teneriffa gelandet und herauf nach Atlantis gebracht worden, wo alles ganz anders ist als dort, woher sie kommen. Noch schützen sie sich in ihrer dunkelblauen Managerkluft vor dem Ungewöhnlichen, dem Entspannten, dem Menschsein in diesem kanarischen Arkadien.

Aber schon bald werden sie die belebende Kraft ihrer Gedanken erleben, die Grenzenlosigkeit ihrer Vorstellungen und die erfrischende Erkenntnis, daß es außerhalb ihrer Welt der Entscheidungen, Beschlüsse, Gewinne und Verluste auch noch die Welt ihrer eigenen, großartigen Gegenwart gibt.

Ein Tag auf Atlantis ist eine Mischung aus Arbeitskongreß, Ferien, akademischer Belehrung und politischer Debatte und vor allem eine Rund-um-Kur für Körper, Seele und Geist. Neben globalen Themen stehen auch Fragen der persönlichen Lebensgestaltung auf dem Plan, die Gäste werden sich

der Bedeutung von Atem und Ernährung wieder bewußt und lernen einen neuen Umgang mit sich selbst.
»Überzeugen kann man nicht, weil man überzeugen will, sondern nur, wenn man Angebote macht, mit deren Hilfe sich die Menschen selbst überzeugen können«, steht auf einer Säule gemeißelt. Der Philosoph Graf Dürckheim hat den Satz formuliert. Überall begegnen die Besucher von Atlantis solchen Aphorismen in Stein: »Wenn höhere Wesenheiten auf uns Erdenmenschen blicken, werden sie Mitleid mit uns empfinden, weil sie sehen, wie unzulänglich wir unseren inneren Reichtum bisher aktiviert haben.« Und auf einem Sims der Akropolis mahnt Demokrit aus ferner Zeit: »Da flehen die Menschen die Götter an um Gesundheit und wissen nicht, daß sie die Macht darüber selbst besitzen.«
Wie wahr der Meister sprach, erfahren die Manager, Politiker, Künstler und Techniker von den Naturärzten, die ihnen die Verantwortung über Glück und Gesundheit übertragen, sie auf die Macht ihrer Gedanken verweisen, das Wunderwerk ihres Immunsystems, den Unterschied zwischen Nahrungs- und Lebensmitteln und die zerstörende Wirkung von Nikotin- und Alkoholgenuß über das erträgliche Maß hinaus. Vom Abmessen und Abwägen ist die Rede, von der Verantwortung für sich selbst. Nicht belehrt soll werden, sondern informiert. Jeder lernt von den Erfahrungen des anderen, die Kultur des Zuhörens kommt zur neuen Blüte.
Eine Atmosphäre der Offenheit führt Politiker und Naturheilkundler zusammen, den Arzt mit dem Philosophen, den Umweltminister mit dem Experten für alternative Energien. Der Bankvorstand diskutiert mit Historikern über eine Zeit, in der Zinsen verboten und der Geldaustausch Pflicht war, in der Geld entwertet wurde, wenn man es nicht in Umlauf brachte, eine Zeit, in der das Handwerk blühte und zur Blüte der Geschichte zählte. Der Astrophysiker versucht seinen

Kollegen von der Existenz der Antimaterie zu überzeugen und davon, daß es ganze Galaxien aus diesem Stoff geben kann mit Bewohnern einer Spiegelwelt. Der Mediziner erfährt von der Gesundheitsfürsorge im alten China, wo man den Arzt so lange bezahlte, wie man gesund war und die Zahlung einstellte, wenn man krank wurde. Der Friedensforscher stimmt zu, wenn die Chaostheoretiker von der belebenden Kraft der Unordnung referieren, der Regisseur einigt sich mit dem Buchautor endlich darauf, daß eine Literaturverfilmung ein eigenständiges Kunstwerk ist. Die Begegnung mit Menschen aus den verschiedensten Wirkungskreisen, Ländern und Kulturen der Erde mit entsprechend anderen Erfahrungen und unterschiedlichen Denkstrukturen soll Anregungen vermitteln, ohne Zeitdruck und streng geregelten Tagesplan, befreit von Sachzwängen und Alltagsproblemen.
Zweihundert Gäste sind ständig hier, bleiben einen Monat lang und sollen möglichst wenig mit der Welt da draußen kommunizieren, sondern sich auf den überschaubaren Kosmos vor ihren Augen konzentrieren Die Stadt hat Ateliers für Maler und Bildhauer, Musiker und Schriftsteller, Designer und Architekten, die hier eine Infrastruktur gefunden haben und so lange nutzen, bis befristete Projekte zu Ende gebracht sind. Museen und Theater, Film- und Fernsehstudios, Bibliotheken und Druckereien, aber auch Gelegenheit zur Entspannung und körperlichen Betätigung schaffen die Voraussetzungen für ungetrübte Aufenthalte. Das in der Vergangenheit gern geübte Abdrängen der Künstler in gesellschaftliche Außenseiterpositionen hat die Wirksamkeit von Kunst in der Gesellschaft immer wieder eingeschränkt. Dies ist in Atlantis korrigiert worden. Nicht nur zufällig treffen die Manager, die Regierungsräte und Minister auf eine Spezies, die ihnen sonst fremd und bisweilen auch unheimlich ist: Schauspieler, Maler, Dichter, Publizisten, Philosophen und Schriftsteller sind

Querdenker, die sich nicht in politischen Prozessen verschleißen und in den festgemauerten Kategorien der Wirtschaft verirren. In ihrer Zivilisationskritik fordern sie die Auflösung starrer Ideologien, stellen Fortschrittsgläubigkeit, mechanische Weltsicht und materialistisches Wertesystem radikal in Frage, streiten darüber, wie die Welt zu retten ist, und sind davon überzeugt, daß man sich nicht länger auf Technologie und Wissenschaft allein verlassen kann. Sie fordern eine andere Heilkunde, die auf jahrhunderte- bis jahrtausendealte Traditionen aufbaut mit den Heilmitteln Licht, Luft, Sonne, Wasser und Moor. Sie erinnern an die blühenden Schulen der Erkenntnis, in denen in der Antike das Fasten als Urheilmittel gepriesen wurde, als Generalreinigung von Körper und Geist.

Die Künstler sollten nach den Vorstellungen der Atlantis-Gründer die Impulsgeber der geistigen Metropole sein. Ihr originelles Denken ermögliche es, das Spezialistentum aufzubrechen und gewohnte Gleise zu verlassen, seien es doch in der Vergangenheit die Poeten und Philosophen gewesen, die wesentliche historische und wirtschaftliche Entwicklungen vorausgedacht hätten.

Auf Atlantis lernen die zivilisatorischen Fleischesser die Bekömmlichkeit von frischem Gemüse, Obst und Kräutern, die Lebenskraft von Nüssen, Keimen und Wurzeln kennen. »So lange es Schlachthäuser gibt, wird es auch Schlachtfelder geben«, wird Tolstoi zitiert. Und ein Philosoph beklagt, daß ein Rind in dieser Welt nie richtig Rind sein darf, weil es schon bei der Geburt allein auf die Zahl seiner Steaks reduziert wird. Noch auf dem Teller, versteckt unter Zwiebeln und ertränkt in der Soße, sei der Rostbraten vor allem ein totes Tier, kaltgemacht von einer Schar von Metzgern, Schlachtern, Zerlegern. »Den Mordauftrag erteilen wir, die Fleischfresser, täglich an der Metzgertheke«, ruft der Philosoph.

Magier treten auf, und die Manager und Politiker sehen voller Staunen, daß sie nicht in Kristallkugeln schauen und beschwörende Formeln beten, sondern Technologien anmahnen, die wie Science-fiction anmuten und doch nicht belächelt werden können. Manfred Kage, der Herr von Schloß Weissenstein, bemängelt den gegenwärtigen Zustand der Technischen Hochschulen und Wirtschaftsunternehmen, die aus der Angst, Terrain zu verlieren, Forschungsaufträge nicht weiterführen oder einfach auf die althergebrachte Weise abwickeln.

»Es gibt alternative Denker. Schenkt ihnen Gehör«, fordert Kage. »Kümmert euch um die Entwicklung der Antigravitation als Transportmittel, Nullpunktenergie, Tachyonen- und Magnetfeldgeneratoren als alternative Energiegewinnungskonzepte. Untersucht Phänomene, die heute noch als übersinnlich oder paranormal verspottet werden: Psychokinese, Teleportation und Materialisation, Wünschelrutengehen, Gedankenübertragung und Zukunftsschau. Erforscht die Grundlagen und Zusammenhänge zwischen der Homöopathie, den spirituellen und natürlichen Heilmethoden wie Reiki. Untersucht die Wirkung unserer Träume und die Möglichkeiten von Astral- und Bewußtseinsreisen. Achtet auf die Informationen guter Channelingmedien und schafft Architekturkonzepte auf der Grundlage der Schönheit und der Biologie.«

Kage erinnert an den Tag, an dem die Astronauten Armstrong und Aldrin nach der Landung auf dem Mond die Landefähre »Eagle« verließen und ihre Kameras auf ein epochales Schauspiel richteten: Hinter den Kratern von Luna erhob sich majestätisch ein nie zuvor gesehener »Mond« – leuchtend stieg TERRA als blaues Juwel über den gelben Horizont ihres Trabanten. Vom Fernsehen in Millionen Hirne übertragen, war das Spektakel auch eine Botschaft: Unser

Heimatplanet Erde, ein riesiges, aber äußerst sensibles Raumschiff, dessen Oberfläche nicht straflos verändert oder gestört werden kann. Aus den Fluten seiner Ozeane ragen gerade mal 22 Prozent festes Land als gigantische Inseln heraus.

Von einer dieser grünen und braunen Inseln sandte die Steuerzentrale in Houston ihre elektronischen Kommandos an das Raumschiff »Apollo« und ermöglichte so den Astronauten sicheres Navigieren.

»Doch wo und wie ließe sich eine entsprechende Steuerzentrale für das Raumschiff TERRA denken und wünschen?« fragt Kage. »Hier in dem wiederauferstandenen Atlantis. Ein ideelles Zentrum, wo sich im Auftrag von Regierungen und Industriekonzernen ständig Eliten aus Kunst, Wissenschaft und Philosophie mit konkreten Lösungen für eine humane Zukunft beschäftigen. Doch es darf nicht nur geredet, unsere Gedanken müssen aus der theoretischen Diskussion in die Praxis überführt werden. Wichtig scheint mir, daß alle künftigen Planungen und Ziele auf die sensiblen Antennen künstlerischer Menschen eingerichtet werden.«

Das alte Atlantis ist untergegangen im Meer, berichten die Mythen, untergetaucht an einer Stelle, in der sich wieder die Wolkentürme am Himmel im tiefen Blau des Ozeans spiegeln, wenn seine Oberfläche für kurze Zeit zur Ruhe gekommen ist. Ein neues Atlantis ist wiedergekommen, der Anfang der alten Welt wird zum Ort des Aufbruchs für eine neue Zeit.

Ein Tag im Jahre 2004. Der Stuttgarter Galerist und Kunsthändler Hans-Jürgen Müller ist gerade siebzig Jahre alt geworden. Zusammen mit seiner Frau Helga bummelt er durch die Gelehrtenrepublik, in der er Gärtner werden wollte, wenn das Werk erst vollbracht war. Kaum jemand nimmt von dem Ehepaar Notiz, das die Treppen hinauf zur Akropolis steigt. Lächelnd erinnern sie sich an die schlaflosen Nächte, die ihnen dieses Projekt bereitet hatte. Einer der besten Architekten der Welt, ein Querdenker seines Standes, der in London lebende Luxemburger Léon Krier, hatte sie mit dem Entwurf überrascht, Atlantis als eine Kritik an der lebensfeindlichen Stadtplanung der Moderne wieder erstehen zu lassen, bewußt auf jene Formen zurückzugreifen, die sich seiner Meinung nach im Lauf der Geschichte als archetypische Baustrukturen herausgestellt hatten. Er hatte sich einer bekannten Partitur bedient, um daraus ein neues Arrangement für eine Insel mit ihrer Sonne und ihren Felsen zu schreiben. Ein einzigartiges Utopia, um das Beste in neuem Glanz wiederauferstehen zu lassen, was die Europäer in ihrer Geschichte je hatten: eine lebensfreudige Stadt, in der Menschen ohne Behinderungen durch Lärm und Gestank ihre kreativen Potentiale nutzen können.

In anderen Entwürfen war das gesamte Bauvolumen unter ein einziges Dach gezwängt worden, Krier verteilte es auf viele große und kleine Komplexe und schuf auf kleinstem Raum maximale Erlebnismöglichkeiten. Sein Werk hat Architekturgeschichte gemacht, wurde in Ausstellungen in Frankfurt, Brüssel und Stuttgart von seinen Kollegen allerdings vorwiegend negativ kritisiert, was wiederum den Vorteil hatte, daß das Projekt ins Gespräch gebracht worden ist. Architekturstudenten entwarfen ihre eigene Version von Atlantis. Um an dem Widerstand gegen Kriers Klassizismus nicht das ganze Werk scheitern zu lassen, baten Helga und Hans-Jürgen Müller den Erbauer des Münchner Olympiadachs, Frei Otto, zusätzlich ein kleineres Kommunikationszentrum als Vorstufe zu Atlantis zu realisieren. Die Leute, die in diesem »Mariposa« – das heißt Schmetterling – logieren, erleben ein ökologisch gestaltetes Dorf, das sich harmonisch in die Vegetation der Landschaft einfügt, über eine mustergültige Wasserversorgung verfügt und sich durch eigene Energie aus Solarflächen total unabhängig gemacht hat.

»Mit der Gestaltung einer inspirierenden Umgebung beginnt für mich die Erneuerung des Denkens«, hatte Hans-Jürgen Müller gesagt, als er zum ersten Mal von Atlantis sprach. Seine Stadt dort oben auf dem Hochplateau von Teneriffa sollte ästhetischen und ökologischen Vorbildcharakter haben, mußte zukunftsweisend sein ohne falsch verstandene Esoterik. Was gegen die inhumane Stadtstruktur des 20. Jahrhunderts gesetzt werden sollte, durfte nicht für den Tag gebaut, sondern mußte auch noch in Jahrzehnten Gültigkeit besitzen.

Für Hans-Jürgen Müller und seine Frau Helga, die fast zwanzig Jahre lang Zeit, Kraft und zwei Millionen Mark in ihr Projekt gesteckt haben, ist die Vision von Atlantis ein Aufbäumen gegen die Katastrophen der Welt, gegen Ozonloch und Treibhauseffekt, Bevölkerungsexplosion, Umweltzerstörung, Rohstoffmangel, Artensterben, Drogenmißbrauch, Hunger und Krieg. Kopfschüttelnd registrieren sie die Unfähigkeit der meisten Politiker und Manager, den Egoismus von Staatslenkern und die Resignation von Philosophen, Publizisten und Naturwissenschaftlern als lächerlich gemachte Rufer in der Wüste.

»Wenn wir Erdenbürger überhaupt noch in der Lage sein sollten, den Untergangskurs zu korrigieren«, sagt Hans-Jürgen Müller, »dann nur, indem die fähigsten Köpfe aller Disziplinen zusammenkommen, um über eine grundlegende Neuorientierung zu beraten, den Bau eines kosmopolitischen Dorfs namens Atlantis.«

Der Weg war weiter und dornenreicher, als die Müllers es befürchtet hatten. Zwar fehlte es nicht an moralischer Unterstützung. Der Bundespräsident schrieb einen Brief, der Bundeskanzler hörte interessiert zu, der spanische Ministerpräsi-

dent sprach mit dem Präsidenten der autonomen Regierung der Kanaren. Alle waren sie dafür, aber keiner griff in die Kasse. In einem extra dafür konstruierten Wohnmobil fuhren die Müllers ihr Atlantis-Modell zu Kongressen und Ausstellungen, warben dafür auf der »Documenta« und in den Vorstandsetagen großer Unternehmen, wo sich auch Partner fanden, die Utopia mit modernen Leuchten, Küchen und Mobiliar ausstatten wollen. Architekten waren begeistert von der Vorstellung, endlich an einem Projekt zu arbeiten, das sie aus der Enge örtlicher Bauvorschriften und kleinlicher Bauherrenzwänge herausführen würde. Schon bald erkannten die Müllers, daß es keine Medici-Mäzene mehr gibt, sondern nur noch kleinliches Kosten-Nutzungs-Denken als Grundübel unserer Zeit.
In Stuttgart bauten sie eine Fabriketage zur edlen Galerie Atlantis aus, die als Schaltzentrale fungierte. Ähnlich wie der Münchner Rudolf Gantenbrink mit seinem UPUAUT-Projekt hatten sie erkannt, daß sie für alternative Projekte nicht mit hektographierten Handzetteln und improvisierten Auftritten werben konnten, sondern so professionell wie nur möglich arbeiten mußten. Sie baten Freunde und Fremde um Kunstwerke für spätere Aktionen, diskutierten medienwirksam mit dem Prinzen von Wales und arbeiteten unaufhaltsam auf dieses magische Jahr 2000 zu, an dem sich Atlantis der Welt präsentieren sollte, für 500 Millionen Mark errichtet und auferstanden aus Träumen.
Atlantis ist ein Abenteuer, das immer weitere Kreise zieht. »Daß wir unseren Plan heute noch nicht verwirklichen können«, so die Müllers in der Gegenwart des Jahres 1994, »ist unsere große Chance. Nichts wäre schlimmer gewesen, als ein großzügiger Finanzier von Anfang an. Dann hätten alle gesagt, wir haben uns auf so einer einsamen Insel von einem reichen Spinner ein Altersheim hinsetzen lassen.«

Erst im Widerstand sehen die Atlantis-Planer die Chance zur Bewußtseinserweiterung. Wenn sich immer mehr Menschen mit dem Projekt auseinandersetzen, fragen sie auch nach dem Zustand der Welt, forschen nach den Quellen atlantidischer Ideale und den Gründen, warum ein Goldenes Zeitalter wenigstens zu den Wunschträumen der Menschen gehören sollte.

Atlantis ist ein Handlungskonzept, eine von einem auffordernden Optimismus getragene Idee, ein Appell vielleicht an eine junge Generation, die sich zwar vergleichsweise frei, oft aber sinnentleert findet. Das mechanische Weltbild abzulösen und zu einer ganzheitlichen Weltschau zu gelangen, erfordert ein von Grund auf anderes Denken. Persönlichkeiten aus allen Bereichen werden in Atlantis gegen Anonymität, Absicherungs-und Leistungsdenken, den ganzen alten Konformismus also, neue Ideen setzen und Kräfte der Anmut, Gelassenheit und Geduld mobilisieren. Dem einzelnen Menschen fällt es schwer, Haltungen und Einstellungen zu verändern. Eingebettet in das Atlantis-Konzept aber ist es leichter, sich künftigen Möglichkeiten eines lebenswerteren Daseins zu verschreiben.

Helga und Hans-Jürgen Müller sind weiter auf der Suche nach der Finanzierung von Utopia. »Wer teure Bilder und Skulpturen sein eigen nennt, wer demnach auf der Sonnenseite dieser Welt lebt, hat auch eine Verpflichtung, sein Geld für die Erhaltung der Schöpfung einzusetzen«, sagt Müller. Und der Zukunftsforscher Robert Jungk assistiert: »Geld gibt es genug auf dieser Welt. Es wird nur für die falschen Dinge ausgegeben.«

Der Atlantis-Plan könnte scheitern, weil er ein Denken voraussetzt, das in Atlantis erst gefördert werden soll. Wären dann Arbeit, Kraft und Geld vergebens eingesetzt worden? Natürlich haben die Stuttgarter Pragmatiker auch darüber nachgedacht. »Dann haben wir«, sagt Helga Müller, »wenigstens nicht tatenlos zugesehen, wie dieser Planet zugrunde geht.«

Noch ist keine Resignation spürbar, steuern die beiden Optimisten unverdrossen ihr Ziel an, werben, planen, entwickeln neue Ideen, wenn sie alte Muster für überholt halten. Als Visionäre sind sie längst nicht mehr allein. In Zürich wurde eine »Atlantis Foundation« gegründet, die auf der Halbinsel Sinai ein Heilzentrum für Leute bauen möchte, »die in der stürmischen Entwicklung des Wassermann-Zeitalters alte Verhaltensmuster durch neue bewußte Lebensweisheiten ablösen wollen.«

Im Innern von sieben Pyramiden sollen höhere Energien aktiviert und damit Menschen therapiert werden. In der Transzendentalen-Pyramide, umgeben vom Schimmern der Bergkristalle und den Farben von Amethysten, soll der Besucher seine eigene Medialität entsprechend einordnen können.

Alle diese Pläne mögen Utopien sein, aber wie sagte Professor Robert Jungk zu den Stuttgarter Atlantis-Planern: »Utopie? Anfangs vielleicht. Aber was einst Traum bleiben durfte, muß heute Entwurf und Wirklichkeit werden. Nicht nur mehr der Wunsch, sondern die Not verlangt nach neuen menschlichen Lebensformen.«

Atlantis hat sich aus seinem Mythos befreit. Auch wenn seine möglicherweise noch vorhandenen Tempel und Mauern, die Pracht seiner Paläste und das Wunder ihrer Gärten für immer verschollen bleiben, zeigt sich das wahre Erbe in der Vision des Menschen von der Majestät seiner Existenz.

Begriffserklärungen

Amnesie: Gedächtnisblockade.

Ancient Astronaut Society: In Chicago ansässige Gesellschaft, die eine Existenz außerirdischer Astronauten auf der Erde in vorgeschichtlicher Zeit nachweisen will.

Apokalypse: Das letzte Buch des Neuen Testaments, die Offenbarung des Johannes. Schilderung des Weltuntergangs.

Archetypus: Urbild. Der schweizer Psychoanalytiker C. G. Jung versteht darunter eine bildhafte Traumsprache.

Astralkörper: Feinstofflicher Körper, der den festen Körper von Lebewesen umhüllen bzw. durchdringen soll. Hinweise darauf gibt es durch die Kirlian-Fotografie und die Biophotonenforschung.

Astrologie: Die Beschäftigung mit wissenschaftlich nicht anerkannten kosmischen Einflüssen auf das irdische Leben.

Astrophysik: Physikalische und chemische Erforschung kosmischer Objekte. Teilgebiet der Astronomie.

Aura: Feinstoffliches, nicht-materielles Energiefeld bei Mensch, Tier und Pflanze. Auch Ätherleib oder Energiekörper genannt.

Außersinnliche Wahrnehmung: Sammelbegriff für Hellsehen, Präkognition und Telepathie. Auch außersinnliche *Erfahrung.*

Automatisches Schreiben: Unbewußtes Schreiben im Trancezustand.

Biophotonen: Unsichtbares Licht, von dem – laut Professor Popp – jedes Lebewesen umgeben ist. Dient der Übermittlung von Zellinformationen.

Elektron: Das Elementarteilchen mit der geringsten Masse.

Erscheinungen: Manifestation geistiger Substanzen auf der materiellen Ebene. Lassen sich konventionell-physikalisch nicht erklären.

Exobiologen: Biologen, die nach organischem Leben außerhalb der Erde suchen.

Feinstoffkörper: Körper von geringer Materie, der den grobstofflichen Körper umgibt. Physikalisch nicht nachgewiesen.

Fernheilung: Durch geistige Impulse ausgelöst. Heiler und Patient sind dabei räumlich getrennt.

Frequenz: Anzahl der Schwingungen pro Zeiteinheit.

Galaxie: Eine riesige Ansammlung von Sternen – ein Sternensystem –, die durch Gravitation zusammengehalten werden. Unsere Milchstraße zum Beispiel.

Gravitation: Eine durch die Raum-Zeit-Struktur hervorgerufene Eigenschaft, die durch die Masse eines Objekts verursacht wird. Anziehungskraft.

Hologramm: Dreidimensional wirkendes Gebilde; materiell erscheinende Projektion. In allen seinen Teilen ist das Ganze enthalten.

Holographisches Universum: Von dem Physiker David Bohm und dem Neurophysiologen Karl Pribram konzipiertes Weltbild, nach dem unser Gehirn ebenso wie der ganze Kosmos holographisch konstruiert sind. Jedes Teilstück – und sei es noch so klein – enthält das Ganze. Erklärungsmodell für fast alle *Phantastischen Phänomene.*

Homo sapiens: Der derzeit auf der Erde lebende Mensch. Eigentlich Homo sapiens sapiens.

Hubble: Nach einem Astronomen benanntes Riesenteleskop der Amerikaner, das von seiner Umlaufbahn um die Erde den Kosmos erforscht.

Hypnose: Schlafähnlicher Zustand, der durch Suggestion herbeigeführt wird.

Jenseits: Im allgemeinen Sprachgebrauch der Ort, in dem sich Verstorbene aufhalten. Da es aber außerhalb von Raum und Zeit liegt, ist es eher *jenseits* unserer Vorstellungskraft.

Imagination: Einbildungskraft. Mit Imaginationsübungen läßt sich das körperliche Abwehrsystem trainieren.

Karma: Schicksal, das der Mensch erschafft.

Kirlian-Fotografie: Von dem Russen Kirlian entwickeltes Verfahren, organische und anorganische Objekte im hochfrequenten Feld zu fotografieren. Es sind *nicht* – wie früher angenommen – Bilder der Aura oder des feinstofflichen Körpers.

Kosmos: Griechische Bezeichnung für das Weltall.

Lama: Priester bzw. Mönch aus Tibet.

Luzide Träume: Träume, bei denen der Mensch weiß, *daß* er träumt.

Magie: Das Wissen um die Kräfte der Seele und ihre bewußte Anwendung, die mit dem *Ritual* erreicht wird. Ziel ist die Entdeckung und Erweiterung veränderter Bewußtseinszustände.

Manifestation: Offenbarwerden von Krankheiten. In der Psychologie das Zutagetreten verdrängter Inhalte.

Mantra: Silben oder Worte – akustische Hilfsmittel – zur Konzentration bei der Meditation. Zum Beispiel: *Aum.*

Meditation: Eine den ganzen Menschen umfassende Übung zur geistigen Sammlung und Besinnung. Dem regelmäßig Übenden bringt sie Einsichten in den Kern seines Wesens.

Medium: Vermittler zwischen der geistigen und der materiellen Wirklichkeit.

Megalithkultur: Europäische Kulturphase des ausgehenden 4. und 5. Jahrtausends v.d.Z.

Mirakel: Anderes Wort für Wunder oder Unerklärbares.

Mimikry: Anpassungsverhalten in der Natur. Tiere nehmen die Farbe ihrer Umgebung an, um nicht gesehen zu werden.

Morphogenetische Felder: Nach der Theorie von Professor Rupert Sheldrake eine Art Weltgedächtnis, in dem Form und Verhalten von Organismen enthalten sind. Entwickelt eine bestimmte Anzahl von Mitgliedern einer Spezies ein bestimmtes Verhalten, dann wird dies automatisch von den anderen Mitgliedern übernommen. Diesen geistigen Kontakt nennt Sheldrake *morphische Resonanz.*

Mystik: Eine Form religiösen Verhaltens, aber auch Praktiken wie Meditation oder Askese zur Vereinigung mit dem Göttlichen.

NASA: National Astronautics and Space Administration. Amerikanische Weltraumbehörde.

Neutron: Elektrisch-neutrales Elementarteilchen. Zusammen mit den Protonen bildet es den Atomkern.

New Age: Das neue Zeitalter. Von den USA ausgehende philosophische Bewegung.

Okkultismus: Das Unbekannte, außerhalb der Enge des Bewußtseins Gelegene. Der englische Autor Colin Wilson: »Die Zivilisation wird sich nicht weiterentwickeln, wenn wir das *Okkulte* nicht mit gleicher Selbstverständlichkeit anzunehmen lernen wie die Atomenergie.«

Okkultistin: Frau, die sich mit übersinnlichen Kräften beschäftigt.

Out-of-Body-Experience: Außerkörperliche Erfahrung.

Parapsychologie: Erforschung von Psi-Phänomenen wie Telepathie, Spuk u.a. Eigentlich veraltete und kaum mehr praktizierte Sicht dieser Phänomene. *Parapsychologe* ist keine geschützte Berufsbezeichnung.

Piktogramm: Bildhafte Darstellung. Ein in allen Sprachen verständliches Symbol.

Prähistorie: Geschichte *vor* der offiziellen Geschichtsschreibung.

Präkognition: Zukunftsschau, die durch außersinnliche Wahrnehmung meist spontan entsteht.

Psi: Sammelbezeichnung für alle paranormalen Fähigkeiten; eigentlich der 23. Buchstabe im griechischen Alphabet.

Psyche: Griechisches Wort für Seele. Gesamtheit bewußter und unbewußter Vorgänge im Menschen.

Psychokinese: Einwirkung des Geistes auf Materie: wie Metallbiegen, Feuerlaufen, Beeinflussung von Kompaßnadeln. Psychokinese ist durch zahlreiche systematisch durchgeführte Laborversuche bestätigt.

Psycho-Neuro-Immunologie: PNI. Positive Beeinflussung körperlicher Organe durch den Geist.

Psychotherapeut: Beruf, der ein Studium der Medizin oder Psychologie voraussetzt, um seelisch Kranke zu heilen.

Pythia: Weibliches Medium beim antiken Orakel von Delphi. In seiner Blütezeit waren dort drei Pythien gleichzeitig tätig.

Quanten: Bei mikrophysikalischen Vorgängen werden die Quanten als kleinste Energiemengen von Atomen aufgenommen oder abgegeben und verhalten sich wie Teilchen (Elementarteilchen). Viele der *Phantastischen Phänomene* gehören in den Bereich der Quantenphysik.

Radiästhesie: Wünschelrutengehen.

Reanimation: Wiederbelebung nach klinisch totem Zustand.

Reinkarnationstherapie: Rückführung in frühere Erlebnisbereiche, möglicherweise frühere Existenzen.

Spiritualität: Suche nach dem Sinn und Ziel des Lebens. Die geistige Anerkennung des Seins.

Spiritisten: Anhänger von Geisterbeschwörungen.

Spuk: Akustische und visuelle Phänomene, die auch von lebenden Menschen ausgelöst werden können. Spiritisten vermuten dahinter die Aktion von Geistwesen, möglicherweise Verstorbenen. Ortsgebundener Spuk ergibt sich aus der Manifestation eines grausigen Geschehens.

Suggestion: Auftrag, der einer hypnotisierten Person erteilt wird.

Telepathie: Gedankenübertragung als außersinnliche Wahrnehmung.

Theosoph: Mystiker, der »Gott durch die Welt« finden will.

Terra: Das lateinische Wort für Erde und Land.

Trance: Bewußtseinszustand, der durch Hypnose, Meditation, Drogen, Autosuggestion oder Atemtechniken ausgelöst wird und in dem das Ichgefühl vorübergehend aufgehoben ist.

Unterbewußtsein: Alle nicht im Bewußtsein enthaltenen Informationen der Seele und des Geistes.

V.d.Z.: Geschichtliche Bezeichnung für »vor der Zeitenwende« oder auch vor der Geburt von Jesus.

Vision: Optisches, außersinnlich wahrgenommenes Bild, das während des Erlebens als *wirklich* empfunden wird.

Wunder: Theologischer Begriff für ein ungewöhnliches Ereignis, das den Naturgesetzen widerspricht. Dagegen Augustinus: »Wunder geschehen nicht im Widerspruch zur Natur, sondern zu dem, was wir von der Natur wissen.«

Yoga: Indischer Heilsweg mit dem Ziel, das *Selbst* zu erfahren.

Zenit: Senkrecht über dem Beobachtungsort liegender Punkt des Himmelsgewölbes. Sonnenhöchststand.

Literaturverzeichnis und Quellennachweis

Bücher

Bache, Christopher M.: *Das Buch von der Wiedergeburt,* Bern 1993
Bro, H. Harmon: *Edgar Cayce,* Genf 1992
Buttlar, Johannes von: *Adams Planet,* München 1991
–: *Die Wächter von Eden,* München 1994
Capra, Fritjof: *Das Tao der Physik,* Bern 1984
Cayce, Edgar: *Edgar Cayce on Atlantis,* New York 1968
Cerminara, Gina: *Karma und Wiedergeburt,* Freiburg 1963
Cerny, Christiane: *Ägyptenreise,* München 1993
Church, Howard: *Die 17 Leben des Edgar Cayce,* Genf 1988
Greiffenhagen, Sylvia: *Tiere als Therapie,* München 1993
Haller, Kurt: *Gott selber sieht da lächelnd zu,* Heilbronn 1992
Hasselmann/Schmolke: *Welten der Seele,* München 1993
Hausdorf, Hartwig: *Die weiße Pyramide,* München 1994
Holbe, Rainer: *Neue unglaubliche Geschichten,* München 1987
–: *Wir von Atlantis,* München 1988
–: *Botschaften aus anderen Dimensionen,* München 1988
–: *Die Botschaft der Engel,* München 1989
–: *Phantastische Phänomene,* München 1993
Kusztrich, Imre: *Haustiere helfen heilen,* Genf 1988
Lavabre, Marcel: *Mit Düften heilen,* Freiburg 1992
Luginbühl, Max: *Das Geheimnis des Dreikräftespiels,* Pfullingen 1950
Mallasz, Gitta: *Die Antwort der Engel,* Einsiedeln 1989
Mandel, Peter: *Farbklangtherapie,* Bruchsal 1987
–: *Großes Handbuch der Farbpunktur,* Bruchsal 1986
Mann, A. T.: *Prophezeiungen zur Jahrtausendwende,* Bern 1994
Müller, Hans-Jürgen und Helga: *Atlantis – eine Zwischenbilanz,* Stuttgart 1992

Nidiaye, Safi: *Neues Wissen, neues Denken für eine bessere Zukunft,* Genf 1993
Orban, Peter: *Die Reise des Helden,* Frankfurt 1991
Paungger/Poppe: *Aus eigener Kraft,* München 1993
Rätsch, Christian: *Lexikon der Zauberpflanzen,* Graz 1988
–: *Lexikon der Zaubersteine,* Graz 1989
Schuld/Petit: *Die geheimnisvollen Kräfte der Pyramide,* München 1978
Sheldrake/McKenna/Abraham: *Denken am Rande des Undenkbaren,* Bern 1993
Talbot, Michael: *Das holographische Universum,* München 1992
York, Ute: *Mondstrahlen,* München 1993
Zink, David: *Von Atlantis zu den Sternen,* München 1978

Zeitungen und Zeitschriften

Der Spiegel, 42/92, 22/93
Die Welt, 1/93
Die Zeit, 20/93, 31/93, 32/93
Süddeutsche Zeitung, vom 30. März 1992
Esotera, 5/93, 6/93
Frankfurter Allgemeine Magazin, 651/1992
Impulse, 10/93
Karmakurier, 2/92, 3/93
Mensch und Technik, 4/92
Stern, 23/93, 44/93
2000 – Magazin für Neues Bewußtsein, 5/93, 6/93

Aufsätze

Fiebag, Johannes: *Kontakt – Und dann?* Vortrag, One-day-meeting der »Ancient Astronaut Society«, Zürich 1993.